U0524586

国家社科基金项目"融合多源异构数据的图书精准画像构建研究"（编号：19CTQ031）

Evaluating Communication Impacts
of Books via Integrating Multiple-source
Heterogeneous Data

融合多源异构数据的图书传播影响力评价

周清清　章成志　著

中国社会科学出版社

图书在版编目（CIP）数据

融合多源异构数据的图书传播影响力评价 / 周清清，章成志著. -- 北京：中国社会科学出版社，2025.3.
ISBN 978-7-5227-4931-0

Ⅰ. G239.2

中国国家版本馆CIP数据核字第2025Z4K479号

出 版 人	赵剑英
责任编辑	刘晓红
责任校对	阎红蕾
责任印制	戴　宽

出　　版	中国社会科学出版社
社　　址	北京鼓楼西大街甲158号
邮　　编	100720
网　　址	http://www.csspw.cn
发 行 部	010-84083685
门 市 部	010-84029450
经　　销	新华书店及其他书店
印　　刷	北京君升印刷有限公司
装　　订	廊坊市广阳区广增装订厂
版　　次	2025年3月第1版
印　　次	2025年3月第1次印刷
开　　本	710×1000　1/16
印　　张	17
字　　数	272千字
定　　价	96.00元

凡购买中国社会科学出版社图书，如有质量问题请与本社营销中心联系调换
电话：010-84083683
版权所有　侵权必究

目 录

第一部分 理论梳理与影响力评价体系构建

第一章 绪论 ... 3
第一节 研究背景与问题提出 ... 3
第二节 国内外相关研究现状 ... 9
第三节 研究内容 ... 35

第二章 理论基础 ... 39
第一节 图书、著作、专著概念辨析 ... 39
第二节 数据融合 ... 43
第三节 影响力评价 ... 47
第四节 引文内容分析 ... 57
第五节 评论挖掘 ... 64
本章小结 ... 78

第三章 图书影响力多源异构评价数据识别与获取 ... 79
第一节 图书多维影响力评价体系框架 ... 79
第二节 图书影响力多源评价数据识别 ... 81
第三节 图书影响力多源评价数据获取 ... 82
第四节 图书影响力多源评价数据分析 ... 86
本章小结 ... 88

第二部分　融合多源异构数据的图书学术传播影响力评价

第四章　基于图书内容数据的学术影响力评价 …………… 91
第一节　基于图书内容数据的学术影响力评价指标获取 …… 92
第二节　基于图书内容数据的学术影响力评价指标计算 …… 93
第三节　基于图书内容数据的学术影响力评价指标呈现 …… 96
第四节　基于图书内容数据的学术影响力评价指标分析 …… 99
本章小结 ……………………………………………………… 108

第五章　基于图书引用数据的学术影响力评价 …………… 109
第一节　基于图书引用数据的学术影响力评价指标获取 …… 111
第二节　基于图书引用数据的学术影响力评价指标计算 …… 113
第三节　基于图书引用数据的学术影响力评价指标呈现 …… 126
第四节　基于图书引用数据的学术影响力评价指标分析 …… 137
本章小结 ……………………………………………………… 140

第三部分　融合多源异构数据的图书社会传播影响力评价

第六章　基于图书评论数据的社会影响力评价 …………… 145
第一节　基于图书评论数据的图书社会影响力评价框架 …… 146
第二节　图书评论数据的篇章级情感分析 ………………… 146
第三节　图书评论数据的属性抽取 ………………………… 150
第四节　图书评论数据的属性情感判断 …………………… 162
第五节　基于图书评论数据的图书影响力指标 …………… 166
本章小结 ……………………………………………………… 177

第七章　基于图书利用数据的社会影响力评价 …………… 179
第一节　基于图书利用数据的社会影响力评价指标获取 …… 181
第二节　基于图书利用数据的社会影响力评价指标计算 …… 182
第三节　基于图书利用数据的社会影响力评价指标呈现 …… 184

第四节　基于图书利用数据的社会影响力评价指标分析………190

本章小结…………………………………………………………191

第四部分　融合多源异构数据的图书综合传播影响力评价

第八章　融合多源异构数据的图书综合影响力……………………195

第一节　融合多源异构数据的图书综合影响力计算…………195

第二节　融合多源异构评价数据的图书综合影响力呈现……202

第三节　融合多源异构评价数据的图书综合影响力评价结果

　　　　分析……………………………………………………209

本章小结…………………………………………………………212

第九章　融合多源异构数据的图书影响力应用……………………213

第一节　图书多层次影响力评价应用…………………………213

第二节　图书多样化影响力评价结果呈现……………………218

本章小结…………………………………………………………223

第十章　研究总结、不足与展望……………………………………224

第一节　研究总结………………………………………………224

第二节　研究不足与展望………………………………………226

参考文献…………………………………………………………………227

第一部分
理论梳理与影响力评价体系构建

  图书是科技活动成果的载体和传播平台，是学术交流系统的重要组成部分。与论文、报告等科研成果相比，图书能够提供更加深入、专业且全面的信息。作为一种重要的媒介形式，图书的传播过程不仅是对信息的简单传递，更是文化价值的互相交流。图书的内容及形式在其传播过程中会对不同用户群体（包括公众、机构等）产生影响，即图书传播影响力（以下简称"图书影响力"）。对图书影响力的科学评价能够有效支持著作内容优化、出版资源分配、学术成果遴选等，已经成为学术界与社会界共同关注的重要任务。

  随着网络技术的飞速发展及数据资源的持续开放，图书影响力评价模式、技术、方法及需求也在不断创新。本部分阐述图书影响力评价的相关理论、数据、方法，并总结现有研究不足，在此基础上提出图书影响力评价体系框架，并进行多源异构评价数据的识别、获取与分析。

第一章

绪 论

本章从图书影响力评价研究背景出发提出研究问题,在对图书影响力评价研究现状进行总结与归纳的基础上,提出主要的研究思路与方法。

第一节 研究背景与问题提出

科学文献是对人类知识的客观记录,是人类社会系统的重要组成部分,具有悠久的历史。为了更加有效地收藏与利用文献,在实践基础上诞生了文献学。随着数理统计理论和方法的引入,如今文献学更趋向计量化研究。文献计量以 Cole 和 Eales 在 1917 年的研究作为起点[1][2]。之后,图书馆学家 W. Hulme 首次使用"统计书目学"(Statistical Bibliography)名称,旨在利用统计方法探究图书资料的特性。1969 年,情报学家 Alan Pitchard 建议用"Bibliometrics"取代"统计书目学",并认为文献计量学是将数学与统计的方法运用于图书及其他介质研究的一门学科,这标志着这一新兴学科——文献计量学的正式诞生[3]。这之后陆续出现了"探究科学活动规律"的科学计量学(Scientometrics)、"研究信息现象、过程与规律"的信息计量学(Informetrics)、"以网络数据为计量对象"的网络信息计量学(Webmetrics),以及"以知识单元为

---

[1] Lawani S. M., "Bibliometrics: Its Theoretical Foundations, Methods and Applications", *Libri*, Vol. 31, No. 1, 1981, pp. 294-315.

[2] 邱均平等编著:《科学计量学》,科学出版社 2016 年版,第 1—3 页。

[3] Pritchard A., "Statistical Bibliography or Bibliometrics?", *Journal of Documentation*, Vol. 25, No. 4, 1969, pp. 348-349.

计量对象"的知识计量学（Knowledgemetrics）等①②。这些学科致力于对各类对象，如文献、机构、人才等进行多种计量研究。

科学文献的影响力评价作为文献计量的重要研究方向及知识管理的重要研究领域，已经成为学术界与工业界的热门话题。科学事业稳健发展的前提是高效的科学研究与合理的科学管理。同时，科学管理离不开完善的影响力评价体系。如果无法保证评价体系的合理、高效、科学，那么研究成果的质量将难以持续提高，进而影响科学事业的快速进步与稳定发展。此外，完善的影响力评价体系与用户、机构等都密切相关。对于用户而言，如何从海量的科学文献中高效地选择影响力较高的作品；对于机构而言，如何根据成员的研究成果进行有效的人才选拔；对于图书馆、书店而言，如何选择高影响力的作品用于收藏与销售，这些都需要依据影响力评价结果决定。

影响力评价作为时下的研究热点，已有丰硕的研究成果。然而，目前多数研究者致力于论文、期刊等对象的评价研究。关于图书的影响力研究相对较少，或与图书自身特性有关，如计量工作量巨大、相关数据难以统计、图书内容评价费时费力等，这显然偏离了文献计量学的初衷。与此同时，随着科学技术的发展，图书计量的各类资源逐渐丰富，如海量的在线数据资源等，相关的数据获取与分析方法也日渐成熟，如自然语言处理技术等，使科学高效的图书计量成为可能。

图书作为科研工作产出的重要体现、传承学术思想的重要载体，是学术交流系统的重要组成部分。图书与期刊或其他交流手段相比，能提供更为宽广、深入和全面的信息。同时，科学的图书影响力评价体系能够促进图书出版行业的良性发展：一方面，能够为出版监管部门提供有效的图书出版管理依据，为图书出版发展提供决策支持，进而准确把握图书出版的动向和趋势，提高图书的市场竞争力；另一方面，可以为图书馆等机构进行科学的馆藏评估，优化馆藏资源，并为读者提供高质量的图书。因此，构建完善、科学、全面的图书影响力评价体系，评价图

---

① Raan A., "Scientometrics: State-of-the-Art", *Scientometrics*, Vol. 38, No. 1, 1997, pp. 205–218.

② Sengupta I. N., "Bibliometrics, Informetrics, Scientometrics and Librametrics: An Overview", *Libri*, Vol. 42, No. 2, 1992, pp. 75–98.

书的影响力是非常有意义的。

图书影响力评价的传统方法是同行评议等人工评价方法。虽然这类方法起步较早并在不断完善,但是其缺点也是难以忽视的,如评议成本高、耗时长,并且易受到评议人员自身的水平和偏好的影响,造成评价结果公平性、可靠性的下降。同时,随着出版物数量的激增,基于人工评价的方法显然已经无法适用。以亚马逊网站为例,就 Amazon.cn 而言,截至 2017 年 12 月,共有超过 700 万种图书,其中 30 天内上架图书为 12507 种,90 天内上架图书为 69093 种;就 Amazon.com 而言,截至 2022 年 11 月,其 30 天内上架图书超过 60000 种,90 天内上架图书超过 90000 种;此外,根据 2021 年的《中国出版年鉴》,2021 年全国出版图书共 48.91 万种,共出版 103.73 亿册。表 1.1 为 2020 年全国各类出版物出版总量分布,可以看出图书类的出版品种远大于其他四种出版物,约占全部出版品种的 90%。同时,图书的总印数为 23.22 亿册,占比约为 7.1%,仅低于报纸的印册数量。从以上数据来看,即使举全国专家之力,也难以在短期内完成图书影响力评价工作。

表 1.1   2020 年全国各类出版物出版总量

类型	图书	期刊	报纸	音像制品	电子出版物
品种(种)	213636	10192	1810	5312	7825
总印数(亿册)	23.22	11.13	289.14	1.22	2.53

随着引文数据库、全文数据库等不断增多,影响力评价方法不断完善,评价范围也在不断扩大。引用频次逐渐成为重要且可行的评价资源。1980 年,Morman 开始利用被引频次进行出版物影响力的评价[1]。Glänzel 和 Moed、Leeuwen 和 Moed 等均利用期刊或者论文的被引信息进行影响力评价[2][3]。国内引文数据库的陆续建立与完善,如中国科学引

---

[1] Morman E. T., "Citation Indexing: Its Theory and Application in Science, Technology, and Humanities by Eugene Garfield", *Technology & Culture*, Vol. 21, No. 4, 1980, pp. 384-385.

[2] Glänzel W., Moed H. F., "Journal Impact Measures in Bibliometric Research", *Scientometrics*, Vol. 53, No. 2, 2002, pp. 171-193.

[3] Leeuwen T. N. V., Moed H. F., "Development and Application of Journal Impact Measures in the Dutch Science System", *Scientometrics*, Vol. 53, No. 2, 2002, pp. 249-266.

文数据库（Chinese Science Citation Database，CSCD）、中文社会科学引文索引（Chinese Social Sciences Citation Index，CSSCI）等，使科研管理机构能够根据这些数据库进行影响力评价。然而，这些评价研究多数致力期刊、论文的引文分析，而忽略了其他类型出版物，如图书、研究报告等。Hicks认为社会科学的研究成果中有40%—60%为图书[1]，同时发现图书在人文社会学科中占据较大比重，并且其被引较其他类型出版物更为频繁。Kousha和Thelwall跟踪了在Google Books上包括人文科学和社会科学在内的10个学科图书与期刊的引用，发现图书的引文达到WoS引文的31%以上，可见图书引用在社会科学和人文科学非常重要[2]。同年，Kousha和Thelwall对2003年51种ISI索引期刊上累计1923篇论文的图书引用进行了分析，发现引用更多图书类参考文献的论文具有更高的被引次数[3]。因此，图书是非常重要的科研成果，我们在进行科研评价时不能仅以期刊论文作为评价对象，图书也需要重视[4]。

与其他形式的出版物评价相似，图书影响力评价研究多数利用被引频次作为依据。如苏新宁借助CSSCI对中国人文社会科学图书学术影响力进行分析[5]。这类方法理论成熟、易于实现，但是缺乏关于引用的上下文信息（引文内容）的分析，无法判断用户的引用动机。如关于图书 Sentiment Analysis and Opinion Mining[6] 的两个引文内容：

---

[1] Hicks D., "The Difficulty of Achieving Full Coverage of International Social Science Literature and the Bibliometric Consequences", *Scientometrics*, Vol. 44, No. 2, 1999, pp. 193-215.

[2] Kousha K., Thelwall M., "Google Book Search: Citation Analysis for Social Science and the Humanities", *Journal of the American Society for Information Science & Technology*, Vol. 60, No. 60, 2009, pp. 1537-1549.

[3] Kousha K., Thelwall M., "Google Book Search Citation as Impact Indicator: A Case Study on Imformation and Library Science Journal Articles", Proceedings of 12th International Conference of the International Society for Scientometrics and Informetrics, Sponsored by International Society of Scientometrics and Informetrics, Brazi, July 14-21, 2009.

[4] 黄慕萱：《人文社会科学研究评鉴特性及指标探讨》，《清华大学学报》（哲学社会科学版）2010年第5期。

[5] 苏新宁：《我国人文社会科学图书被引概况分析——基于CSSCI数据库》，《东岳论丛》2009年第7期。

[6] Liu B., *Sentiment Analysis and Opinion Mining*, California: Morgan & Claypool Publishers, 2012, pp. 1-180.

①来自 Mukherjee 和 Liu[①] 的引文内容,"*Aspect-based sentiment analysis is one of the main frameworks for sentiment analysis (Liu, 2012)*"。②来自 Xia 等[②]的引文内容,"*Among them, the structural correspondence learning (SCL) algorithm (Liu, 2012) is the most representative*"。其中,引文①对 *Sentiment Analysis and Opinion Mining* 的引用是作为背景知识的简单提及,而引文②中提及了 *Sentiment Analysis and Opinion Mining* 中的具体算法,引用的动机和意图完全不同。因此,基于被引频次的评价方法无法细致深入地挖掘用户的真实引用意图,难以识别虚假引用、反面引用等。

随着 Web 2.0 的飞速发展,研究人员逐渐使用替代指标进行图书的影响力评价。Donovan 和 Butler 认为出版社威望也可以作为评价图书影响力的指标之一[③]。White 等提出可以利用 Libcitation(图书的馆藏资源)评价图书影响力[④]。Torres-Salinas 和 Moed 同样认为国家或国际图书馆馆藏数量能够为图书影响力评价提供有效的信息[⑤]。Kousha 等研究分析 Google 图书与 Google 学术能否作为被引次数的替代资源[⑥]。然而,这些基于频次的替代计量方法与传统基于被引频次的方法类似,都缺乏内容信息,因而难以识别用户的态度与动机。因此,仅仅利用基于频次的方法进行图书评价研究不能全面地评价图书影响力。

---

① Mukherjee A., Liu B., "Aspect Extraction through Semi-Supervised Modeling", Proceedings of the Meeting of the Association for Computational Linguistics, Sponsored by the The Association for Computational Linguistics, Jeju Island, Korea, July 8-14, 2012.

② Xia R. et al., "Feature Ensemble Plus Sample Selection: Domain Adaptation for Sentiment Classification", *Intelligent Systems IEEE*, Vol. 28, No. 3, 2013, pp. 10-18.

③ Donovan C., Butler L., "Testing Novel Quantitative Indicators of Research 'Quality', Esteem and 'User Engagement': An Economics Pilot Study", *Research Evaluation*, Vol. 16, No. 4, 2007, pp. 231-242.

④ White H. D. et al., "Libcitations: A Measure for Comparative Assessment of Book Publications in the Humanities and Social Sciences", *Journal of the American Society for Information Science & Technology*, Vol. 60, No. 6, 2009, pp. 1083-1096.

⑤ Torres-Salinas D., Moed H. F., "Library Catalog Analysis as a Tool in Studies of Social Sciences and Humanities: An Exploratory Study of Published Book Titles in Economics", *Journal of Informetrics*, Vol. 3, No. 1, 2009, pp. 9-26.

⑥ Kousha K. et al., "Assessing the Citation Impact of Books: The Role of Google Books, Google Scholar, and Scopus", *Journal of the American Society for Information Science & Technology*, Vol. 62, No. 11, 2011, pp. 2147-2164.

为弥补传统基于频次方法的不足，已有研究利用非频次类信息进行图书影响力评估。如为了增加图书影响力评价的全面性，部分研究人员尝试将被引次数指标与图书评论结合。例如，Nicolaisen 提出确定专家评论学术质量的计量技术[1]。Zuccala 等利用机器学习方法定量分析专家评论，并将其编码作为评价指标来评估图书的影响力[2]。与此同时，迅速发展的电子商务网站与社交媒体网站提供了大量的在线评论信息，如亚马逊、GoodRead、当当、豆瓣、微博等平台的图书相关评论数据。Kousha 和 Thelwall 利用亚马逊评论进行图书的影响力评价[3]。Zhou 等同样利用亚马逊评论进行多粒度的评论挖掘，从而分析图书的影响力[4]。在线评论信息海量丰富且直接表达了用户的偏好，这些评论信息能够真实地反映图书的影响力，然而多数现有研究忽视了对评论内容的深入挖掘。

综上所述，本书发现现有的图书影响力评价存在以下几个问题。

（1）数据源单一。目前，图书影响力评价研究多数基于单一数据源，如被引频次、评论等。与此同时，图书的影响力是综合的，既包括其在学术界的传播所形成的学术传播影响力，也包括其在社会界传播所形成的社会传播影响力，因此基于单一数据源的图书影响力评价通常是不全面的。

（2）忽略内容信息的挖掘。虽然部分现有研究考虑了图书相关的内容信息，但没有对内容信息进行深入分析。具体而言，首先，图书的目录是作者对图书的精炼总结，能够反映图书的主题、内容等，是与图书直接相关的内在数据，是进行图书影响力评价的重要资源，而现有研究较少关注图书的目录信息。其次，现有的引文分析研究利用引文的引

---

[1] Nicolaisen J., "The Scholarliness of Published Peer Reviews: A Bibliometric Study of Book Reviews in Selected Social Science Fields", *Research Evaluation*, Vol. 11, No. 3, 2002, pp. 129-140.

[2] Zuccala A. et al., "A Machine-Learning Approach to Coding Book Reviews as Quality Indicators: Toward a Theory of Megacitation", *Journal of the Association for Information Science & Technology*, Vol. 65, No. 11, 2014, pp. 2248-2260.

[3] Kousha K., Thelwall M., "Can Amazon. Com Reviews Help to Assess the Wider Impacts of Books?", *Journal of the Association for Information Science & Technology*, Vol. 67, No. 3, 2014, pp. 566-581.

[4] Zhou Q. et al., "Measuring Book Impact Based on the Multi-Granularity Online Review Mining", *Scientometrics*, Vol. 107, No. 3, 2016, pp. 1435-1455.

用次数、作者、机构等进行评价，忽视了引文内容，难以识别用户的引用意图。此外，现有的引文分析多数关注期刊、论文的评价，对于图书的评价较少。而图书作为科研工作产出的重要体现，是非常具有评估意义的。同时，图书的施引文献能够反映图书对其他领域、学科的影响，因此对施引文献的挖掘也是非常必要的。最后，目前利用在线评论进行图书评价的研究较少。并且，现有研究基于评论进行图书影响力评价时，多数只进行粗粒度的分析，如只利用在线评论的星级/评分信息进行评估，忽视了细粒度的内容信息挖掘，没有关注用户对于图书不同属性的评价，如用户对于图书的内容、纸张、印刷等属性的关注程度与情感倾向。

综上所述，为了识别用户的真实意图，全面、高效地评估图书传播影响力，本书将融合多源异构数据并进行多粒度的评价数据挖掘，整合多维评价信息进行综合的图书影响力评价，以期为知识管理、知识传播领域研究提供支持。

第二节　国内外相关研究现状

为了解目前国内外的研究现状，本书利用 CNKI、Web of Science、Google Scholar、Microsoft Academic 等数据库进行检索，并对本书主要涉及的"图书影响力评价""评论挖掘""引文内容分析"等相关研究现状进行总结与梳理。

一　图书影响力评价相关研究现状

目前，国内外对图书的影响力评价研究主要可分为三个方面，即图书学术影响力评价、图书社会影响力评价及图书综合影响力评价。

在图书学术影响力评价方面，图书的被引频次是常用的评价方法，这得益于日益丰富成熟的文献数据库[1][2]。CSSCI 是其中比较成熟的引文数据库。苏新宁借助 CSSCI 对中国人文社会科学图书学术影响进行了分析，

---

[1] 邹志仁：《中文社会科学引文索引（CSSCI）的新进展》，《南京大学学报》（哲学·人文科学·社会科学版）2002 年第 5 期。
[2] 苏新宁：《中文社会科学引文索引（CSSCI）的设计与应用价值》，《中国图书馆学报》2012 年第 5 期。

给出了人文社会科学各学科最有学术影响力的前5种国内学术著作①。随后众多研究人员利用 CSSCI 中的引用数据分别进行了多个学科领域高学术影响图书的识别，包括法学领域最有学术影响力的 120 种国内学术著作②，哲学领域最有学术影响力的 128 种国外学术著作③，教育学研究领域最有学术影响力的 127 种国内学术著作④，外国文学研究领域最有学术影响力的 54 种国内学术著作⑤，语言学研究领域最有学术影响力的 67 种国外学术著作⑥，图书馆、情报与文献学领域最有学术影响力的 137 种国内外学术著作⑦等。此外，孙立媛等基于 CSSCI，利用文献信息计量学的方法，从多个角度探究了马克思著作对我国宗教学的影响，研究结果表明马克思著作在我国宗教学研究中具有较大影响力⑧。孟凯等基于 CSSCI 的引用分析表明《资本论》《1844 年经济学哲学手稿》《德意志意识形态》《共产党宣言》等马克思著作具有较高的被引频次，对中国马克思主义理论学科研究的影响显著⑨。白云对毛泽东著作的引用分析表明，《在延安文艺座谈会上的讲话》《新民主主义论》等在艺术学研究中被引较多，是对我国艺术学研究具有重要影响力的毛泽东著作⑩。

---

① 苏新宁：《我国人文社会科学图书被引概况分析——基于 CSSCI 数据库》，《东岳论丛》2009 年第 7 期。

② 丁翼：《法学图书学术影响力分析（国内学术著作）——基于 CSSCI（2000—2007）》，《东岳论丛》2009 年第 11 期。

③ 胡玥：《对我国哲学研究最有影响的国外学术著作——基于 CSSCI 的分析》，《东岳论丛》2009 年第 12 期。

④ 杨秦：《对我国教育学研究最有影响的国内学术著作分析——基于 CSSCI（2000—2007 年度）数据》，《西南民族大学学报》（人文社会科学版）2010 年第 2 期。

⑤ 钱爱兵：《对我国外国文学研究最有影响的国内学术著作分析——基于 CSSCI（2000—2007 年度）数据》，《西南民族大学学报》（人文社会科学版）2009 年第 12 期。

⑥ 周冰清：《对我国语言学研究最有影响的国外学术著作分析——基于 CSSCI（2000—2007 年度）数据》，《西南民族大学学报》（人文社科版）2010 年第 10 期。

⑦ 贾洁：《我国"图书馆、情报与文献学"图书学术影响力报告——基于 CSSCI 的分析》，《中国图书馆学报》2010 年第 2 期。

⑧ 孙立媛等：《基于 CSSCI 的马克思著作对宗教学影响力探究》，《西南民族大学学报》（人文社科版）2019 年第 1 期。

⑨ 孟凯等：《马克思著作引用和我国马克思主义理论研究——基于 CSSCI（1998—2016）引文数据分析》，《中南大学学报》（社会科学版）2018 年第 6 期。

⑩ 白云：《马克思主义中国化理论成果对艺术学研究的影响分析——基于 CSSCI（1998—2020 年）引用毛泽东著作论文的研究》，《北京联合大学学报》（人文社会科学版）2021 年第 3 期。

2011年，Thomson Reuters将Book Citation Index（BKCI）作为Science Citation Index（SCI）的一部分①。BKCI的出现，促进了图书影响力评估的进程②。随着Thomson Reuters的Web of Science数据库、Elsevier的Scopus数据库、Springer的Bookmetrix及前文提及的BKCI的发展，许多研究人员开始使用这些或者类似的引用指标来评价图书影响力③。Bar-Ilan比较了三种不同的数据库（Google学术、Scopus及Web of Science）关于图书 Introduction to Informetrics④ 的被引频次，从而分析三种数据库的异同之处⑤。Falagas等则比较了PubMed、Scopus、Web of Science及Google Scholar，发现在引文分析方面，Scopus提供的覆盖率比Web of Science高出约20%⑥。熊霞等比较了三种图书学术影响力评价工具，即BKCI、Scopus和Bookmetrix，研究表明三种工具各有优缺点，有必要根据实际评价需求进行合理选择与整合⑦。刘晓娟和马梁以BKCI收录的学术著作为研究数据集，旨在为学术著作评价提供参考，通过对学术著作的出版量、被引频次的大小与分布的分析发现社会科学和艺术与人文科学学科的学术著作被引频次始终维持在较低的水平，呈现出两极分化的趋势⑧。宋雯斐和刘晓娟对BKCI中图书情报学学科图书的引文数据进行引用半衰期、被引半衰

---

① Leydesdorff L., Felt U., "Edited Volumes, Monographs, and Book Chapters in the Book Citation Index (Bkci) and Science Citation Index (SCI, SSCI, A&Hci)", *Computer Science*, Vol. 1, No. 1, 2012, pp. 28-34.

② 齐东峰、陈文珏:《图书引文索引（BKCI）——新的图书评价及参考工具》,《图书馆杂志》2013年第4期。

③ Meho L. I., Yang K., "Impact of Data Sources on Citation Counts and Rankings of Lis Faculty: Web of Science vs. Scopus and Google Scholar", *Journal of the American Society for Information Science & Technology*, Vol. 58, No. 13, 2007, pp. 2105-2125.

④ Egghe L., Rousseau R., *Introduction to Informetrics. Quantitative Methods in Library, Documentation and Information Science*, New York: Elsevier Science Publisher, 1990, pp. 1-383.

⑤ Bar-Ilan J., "Citations to the 'Introduction to Informetrics' Indexed by Wos, Scopus and Google Scholar", *Scientometrics*, Vol. 82, No. 3, 2010, pp. 495-506.

⑥ Falagas M. et al., "Comparison of Pubmed, Scopus, Web of Science, and Google Scholar: Strengths and Weaknesses", *Faseb Journal Official Publication of the Federation of American Societies for Experimental Biology*, Vol. 22, No. 2, 2008, pp. 338-342.

⑦ 熊霞等:《外文电子图书学术影响力评价方法探讨——基于BKCI、Scopus Article Metrics、Bookmetrix的实例比较》,《现代情报》2016年第10期。

⑧ 刘晓娟、马梁:《基于BKCI的学术著作引文分布研究》,《图书情报工作》2017年第24期。

期统计,并与 WoS 中该学科的期刊引文半衰期、被引半衰期进行比较,结果表明该学科图书引用半衰期大于期刊引用半衰期,图书被引半衰期要小于期刊被引半衰期①。Ye 基于 BKCI 提出了 Chinese Book Citation Index（CBKCI）数据库②。此外,Google Scholar 也是有效的学术影响力评价工具③④。Noruzi 比较了 Web of Science 和 Google Scholar,发现 Google Scholar 为其他引文索引提供了免费的替代或补充⑤。雷顺利利用 Google Scholar 获取 1995—2005 年出版的教育类学术图书的引文量并进行统计分析,得出教育学领域高影响力著作、出版社和作者⑥。

总结而言,研究人员利用 CSSCI、BKCI 等数据库工具进行了大量的图书学术影响力评价研究。这类影响力评价方法具有较高的可行性,且操作简单。然而,许多图书并未被各类文献数据库收录,尤其是新出版的图书,因此难以利用被引频次对这类图书进行准确的学术影响力评价。同时,被引频次缺乏内容信息,无法识别虚假引证与负面引证,难以明确作者真实的引用意图。为此,引文内容分析逐渐成为研究人员关注的重点⑦。然而,现有的引文内容分析多数关注论文相关的引文内容⑧,如祝清松和冷伏海对碳纳米管纤维研究领域的高频被引论文的引文内容进行分析

---

① 宋雯斐、刘晓娟:《基于 BKCI 的图书半衰期分析——以图书情报学学科为例》,《图书情报工作》2016 年第 12 期。

② Ye J., "Development, Significance and Background Information about the 'Chinese Book Citation Index'(CBKCI) Demonstration Database", *Scientometrics*, Vol. 98, No. 1, 2014, pp. 1–8.

③ Harzing A., Van D., "Google Scholar as a New Source for Citation Analysis", *Ethics in Science & Environmental Politics*, Vol. 8, No. 1, 2008, pp. 61–73.

④ Kousha K., Thelwall M., "Google Scholar Citations and Google Web/Url Citations: A Multi-Discipline Exploratory Analysis", *Journal of the Association for Information Science & Technology*, Vol. 58, No. 7, 2010, pp. 1055–1065.

⑤ Noruzi A., "Google Scholar: The New Generation of Citation Indexes", *Libri*, Vol. 55, No. 4, 2005, pp. 170–180.

⑥ 雷顺利:《教育学学术著作影响力分析——基于 google Scholar 引文数据》,《图书情报知识》2013 年第 4 期。

⑦ 刘盛博等:《引文分析的新阶段:从引文著录分析到引用内容分析》,《图书情报知识》2015 年第 3 期。

⑧ 毕崇武等:《引文内容分析视角下图书情报领域知识计量研究刍议》,《图书情报工作》2021 年第 21 期。

从而判断论文的被引原因①。彭泽等基于引文内容分析提取知识流动路径②。当前仅有少量研究关注图书的引文内容分析，如McCain和Salvucci对引用《神话人月》（*The Mythical Man Month*）的497篇期刊论文中574篇引文内容进行分析以评价其学术影响力③。雷天骄等通过对比《小科学，大科学》的中外文文献引文内容，从而评价图书的学术影响力④。章成志等对Morgan和Claypool出版的39本图书的引文内容进行分析，从而用于支持学术影响力评价⑤。可见，引文内容的分析能够有效支持图书的学术影响力评价，有必要将现有的引文内容分析方法运用至图书领域的学术影响力评价。

在图书的社会影响力评价方面，研究人员认为图书的影响力不仅体现在其学术研究方面的价值，也在于其在社会交流方面的价值，基于引用频次等数据的图书学术影响力评价结果越来越不适用于Web2.0时代的评价需求。因此，研究人员尝试利用替代指标进行图书的影响力评价，从而获得图书的社会影响力评价结果。社会影响力的评价资源丰富多样，如来自图书馆的评价数据，包括图书的借阅次数⑥⑦、图书的馆藏资源（Libcitation）⑧⑨。与此同时，日益丰富的社交媒体也提供了大

---

① 祝清松、冷伏海：《基于引文内容分析的高被引论文主题识别研究》，《中国图书馆学报》2014年第1期。

② 彭泽等：《引文内容视角下的引文网络知识流动路径分析》，《情报理论与实践》2020年第12期。

③ McCain K. W., Salvucci L. J., "How Influential is Brooks' Law? A Longitudinal Citation Context Analysis of Frederick Brooks' the Mythical Man–Month", *Journal of Information Science*, Vol. 32, No. 3, 2006, pp. 277–295.

④ 雷天骄等：《基于引文内容分析的图书学术影响研究——以〈小科学，大科学〉为例》，《图书与情报》2021年第2期。

⑤ 章成志等：《学术专著引用行为研究——基于引文内容特征分析的视角》，《情报学报》2017年第3期。

⑥ White B., "Citations and Circulation Counts: Data Sources for Monograph Deselection in Research Library Collections", *College & Research Libraries*, Vol. 78, No. 1, 2017, pp. 53–65.

⑦ Goertzen M., "Weak Correlation between Circulation and Citation Numbers Suggests That Both Data Points Should Be Considered When Deselecting Print Monographs", *Evidence Based Library and Information Practice*, Vol. 14, No. 4, 2019, pp. 165–167.

⑧ Thompson J. W., "The Death of the Scholarly Monograph in the Humanities? Citation Patterns in Literary Scholarship", *Libri*, Vol. 52, No. 3, 2002, pp. 121–136.

⑨ Enger K. B., "Using Citation Analysis to Develop Core Book Collections in Academic Libraries", *Library & Information Science Research*, Vol. 31, No. 2, 2009, pp. 107–112.

量的评价数据①②，如 Shema 等分析了发布在 Research Blogging.org 的博客信息，并证明了博客提及频次也可作为评价图书社会影响力的替代资源③。Oberst 和 Studiecentrum 基于出版物的在线观看、下载或被提及的次数从而度量出版物的社会影响力④。Zuccala 通过计算 Goodreads 中的读者等级计量历史领域学术著作的广义影响力，结果表明 Goodreads 可以作为替代数据资源用于度量人文社科领域著作的社会影响力⑤。Donovan 和 Butler 利用图书的出版社威望从而判断其社会影响力⑥。Kousha 和 Thelwall 利用教学大纲中的提及情况判断出版物的影响力⑦⑧。此外，Impact Story、Altmetric.com、Plum Analytics、Webometric Analyst、Kudos 及 PLOS ALM 等多个替代计量工具的研发与完善，为获取多样化的计量指标从而度量图书的社会影响力提供了可靠的研究基础⑨⑩⑪。

与图书的学术影响力评价研究类似，频次类的替代计量指标虽然能

---

① 魏明坤：《学术论文影响力评价指标相关性及次生影响力系数研究》，《情报理论与实践》2020年第5期。

② Batooli Z. et al., "Evaluation of Scientific Outputs of Kashan University of Medical Sciences in Scopus Citation Database Based on Scopus, Researchgate, and Mendeley Scientometric Measures", *Electronic Physician*, Vol.8, No.2, 2016, pp.2048-2056.

③ Shema H. et al., "Do Blog Citations Correlate with a Higher Number of Future Citations? Research Blogs as a Potential Source for Alternative Metrics", *Journal of the Association for Information Science & Technology*, Vol.65, No.5, 2014, pp.1018-1027.

④ Oberst U., Studiecentrum A., "Measuring the Societal Impact of Research with Altmetrics: An Experiment", *Journal for Library Culture*, Vol.5, No.1, 2017, pp.16-21.

⑤ Haustein D.S., "Altmetrics for the Humanities: Comparing Goodreads Reader Ratings with Citations to History Books", *Aslib Proceedings*, Vol.67, No.3, 2015, pp.320-336.

⑥ Donovan C., Butler L., "Testing Novel Quantitative Indicators of Research 'Quality', Esteem and 'User Engagement': An Economics Pilot Study", *Research Evaluation*, Vol.16, No.4, 2007, pp.231-242.

⑦ Kousha K., Thelwall M., "Assessing the Impact of Disciplinary Research on Teaching: An Automatic Analysis of Online Syllabuses", *Journal of the American Society for Information Science and Technology*, Vol.59, No.13, 2008, pp.2060-2069.

⑧ Kousha K., Thelwall M., "An Automatic Method for Assessing the Teaching Impact of Books from Online Academic Syllabi", *Journal of the Association for Information Science and Technology*, Vol.67, No.12, 2016, pp.2993-3007.

⑨ 刘恩涛等：《Altmetrics 工具比较研究》，《图书馆杂志》2015年第8期。

⑩ 金贞燕等：《Altmetrics 数据整合分析工具的现状特点及相关问题研究》，《情报理论与实践》2019年第4期。

⑪ 罗木华：《国内 altmetrics 研究进展述评与思考》，《情报资料工作》2016年第2期。

够从不同维度评价图书的社会影响力，内容信息的缺失却使图书使用者的真实意图变得难以判断。因此已有研究尝试利用图书相关的内容信息进行图书的社会影响力评价，从而提升影响力评价效果，其中图书的评论数据则是最为常见的评价资源，包括来自学界专家的评论与来自大众用户的评论。在专家评论方面，Kousha 和 Thelwall 验证了来自 Choice 网站（Current Reviews for Academic Libraries，由美国高校与学术图书馆协会发布）的学术评论能否系统地用于评价图书影响力、理解力及教育价值的指标[1]。研究结果表明，从 Choice 的学术图书评论中抽取的指标能够评价图书不同方面的影响力。Zuccala 和 Leeuwen 分析了历史和文学领域的图书评论，发现引用图书的评论更易发表[2]。在大众评论方面，亚马逊、Goodreads 等均是常见的图书评论来源[3]。Kousha 和 Thelwall 利用亚马逊评论进行图书的影响力评价[4]。Zhou 等通过多粒度的挖掘在线评论从而评价学术著作的影响力[5]。Rajesh 等对计算机领域热门图书的在线评论，包括亚马逊评论与 Goodreads 评论进行情感分析，从而进行图书社会影响力分析[6]。兰雪和韩毅挖掘豆瓣读书图书评分数据以度量图书影响力[7]。魏佳文和韩毅利用扎根理论对 CBKCI 统计报告公布的被引前十的古籍类中文学术图书的 1142 条豆瓣读书网短评进行分析，通过对评论发表的动机进行分类，最终确定以讨论作为发表动机而生成

---

[1] Kousha K., Thelwall M., "Alternative Metrics for Book Impact Assessment: Can Choice Reviews Be a Useful Source?", Proceedings of the 15th International Conference on Scientometrics and Informetrics, Sponsored by the International Society of Scientometrics and Informetrics, Istanbul, Turkey, June 29–July 4, 2015.

[2] Zuccala A., Leeuwen T. V., "Book Reviews in Humanities Research Evaluations", Journal of the American Society for Information Science & Technology, Vol. 62, No. 10, 2014, pp. 1979–1991.

[3] Kousha K. et al., "Goodreads Reviews to Assess the Wider Impacts of Books", Journal of the Association for Information Science and Technology, Vol. 68, No. 8, 2017, pp. 2004–2016.

[4] Kousha K., Thelwall M., "Can Amazon. Com Reviews Help to Assess the Wider Impacts of Books?", Journal of the Association for Information Science & Technology, Vol. 67, No. 3, 2014, pp. 566–581.

[5] Zhou Q. et al., "Measuring Book Impact Based on the Multi-Granularity Online Review Mining", Scientometrics, Vol. 107, No. 3, 2016, pp. 1435–1455.

[6] Rajesh P. et al., "Book Impact Assessment: A Quantitative and Text-Based Exploratory Analysis", Journal of Intelligent & Fuzzy Systems, Vol. 34, No. 5, 2018, pp. 3101–3110.

[7] 兰雪、韩毅：《Altmetrics 评价视域下社会化阅读平台图书评分数据可用性研究——以豆瓣读书为例》，《农业图书情报学报》2021 年第 11 期。

的短评能够有效评价图书的影响力①。然而现有基于图书评论的影响力评价研究仍存在明显不足，如基于专家书评的图书影响力评价方法成本较高，且评论数量较少。同时，基于大众评论挖掘的影响力评价方法多数只进行了粗粒度的情感分析，并未对图书用户的关注热点进行深度挖掘，因此难以基于图书评论数据获取精准的图书社会影响力评价结果。

鉴于单一的评价资源无法全面地评价图书的影响力，研究人员致力于构建系统的评价指标体系从而评价图书的综合影响力。姜春林梳理了图书影响力评价研究涉及的评价指标、评价方法及评价数据（源）等，从而对当前我国学术图书评价研究提出建议②。杨思洛等以《中国引文数据库》为数据源，从引文分析的角度对档案学图书影响力进行统计，从图书影响力、出版社影响力、作者影响力和年代影响力等方面做了分析，并根据高影响力图书的同被引分析，归纳出档案学领域图书的主要内容③④。路永和和曹利朝通过对关联规则综合评价的探讨，提出基于支持度、置信度、Jaccard 兴趣度、吸引度和收益因素的图书推荐模型⑤。李雁翎等从作者、出版社、图书馆、销售和网络舆情五个来源的图书信息进行全面综合评价，提出了五维图书评价体系及分析模型⑥。王兰敬和叶继元基于"全评价"理论，通过分析当下中文人文社会科学学术图书评价的现状，建议建立以同行专家定性评价为主、定量评价为辅的图书评价指标体系和评价方法⑦⑧。阮选敏等综合运用多种统计

---

① 魏佳文、韩毅：《中文学术图书的 Altmetrics 数据生成动机及数据可用性探析——以豆瓣读书平台"短评"为例》，《图书情报工作》2021 年第 2 期。

② 姜春林：《国外人文社会科学学术图书评价研究进展》，《西南民族大学学报》（人文社科版）2019 年第 2 期。

③ 杨思洛等：《基于引文分析的图书影响力研究——以图书情报领域为例》，《情报资料工作》2010 年第 1 期。

④ 杨思洛等：《基于引文分析的档案学领域图书影响力研究》，《档案与建设》2014 年第 5 期。

⑤ 路永和、曹利朝：《基于关联规则综合评价的图书推荐模型》，《现代图书情报技术》2011 年第 2 期。

⑥ 李雁翎等：《五维图书评价体系及分析模型的建构》，《情报科学》2013 年第 8 期。

⑦ 王兰敬、叶继元：《中文人文社会科学学术图书评价的瓶颈因素及对策研究》，《图书与情报》2014 年第 6 期。

⑧ 叶继元：《中文人文社会科学学术图书质量评价体系再探讨》，《现代出版》2020 年第 5 期。

分析方法，判断书名长度、有无丛书项、所属学科、出版社等图书自身特征以及作者人数、作者机构、基金自足等图书作者特征对于图书影响力的作用，从而获取用于评价图书影响力的有效指标①。阮选敏等对图书的书名进行了深入分析，获取图书书名的标点符号、标号与点号、标点组合、符号的数量及标题句式等特征，从而判断其与图书影响力的关联。其在2844种学术图书的实证分析表明，标点符号在书名中的合理使用能够提升图书的影响力②。彭秋茹等综合考虑图书作者、图书读者及图书自身等因素，设计多级评价指标体系，并对图书馆情报与文献学领域的103种学术图书进行实证分析，从而有效度量图书的综合影响力③。蒋颖认为有必要从学术图书生命周期视角出发，建立中文学术图书全过程评价模型，从而真正提升图书影响力评价的可靠性与全面性，最终建立以同行评审为基础、定量评价为辅助的图书综合性评价体系④。金洁琴和冯婷婷获取图书被引、图书馆藏、图书作者影响力、图书评论及图书的社交媒体数据等构建图书影响力评价指标体系，并基于高影响力图书集进行实证分析，从而验证评价体系的可靠性⑤。

综上所述，图书影响力评价研究整合了多种类型的评价资源，用以评价图书在不同维度的影响力。然而多数现有研究关注于频次类的评价数据（如引用频次），忽略了内容类的评价信息，少有深入挖掘与图书评价相关的语义信息（如引文内容），以致无法识别用户的购买意图、引用动机等，进而难以得到全面的图书影响力评价结果。为弥补基于单一评价数据源导致的不足，已有研究开始构建包含内容信息的影响力评价指标体系，然而多数指标体系必须依赖专家进行评分，难以适应大规模的图书影响力评价需求。因此，识别频次指标的同时，有效挖掘其

---

① 阮选敏等：《我国人文社会科学学术图书被引影响因素研究》，《图书馆论坛》2019年第5期。
② 阮选敏等：《题名标点对我国人文社会科学学术图书被引的影响研究》，《情报学报》2019年第5期。
③ 彭秋茹等：《中文人文社会科学学术图书的影响力评价——以图书馆情报与文献学为例》，《图书情报工作》2021年第21期。
④ 蒋颖：《中文学术图书评价的瓶颈与突破——基于图书生命周期视角的分析》，《中国社会科学评价》2022年第4期。
⑤ 金洁琴、冯婷婷：《中文人文社会科学学术图书的学术影响力与社会影响力评价研究——以省哲学社会科学优秀成果奖为例》，《情报理论与实践》2023年第3期。

内容信息，融合多源评价数据以实现自动、高效的图书影响力评价是非常有理论价值和实践意义的。

二 引文内容分析相关研究现状

引文内容分析（Ctation Context Analysis），即基于引文内容的分析[1]，与之相关的研究还包括引文上下文分析[2]、全文本引文分析[3]等。区别于传统的引文分析，引文内容分析更加关注于引文的内容挖掘，通过对引文内容的深入分析、语义挖掘等识别引用的动机、引用主题等信息[4]。本书主要从基于频率的引文内容与基于文本的引文内容进行研究现状的总结与归纳。

不同于传统的引文分析，基于频率的引文内容分析更加关注于引用频次的细粒度分析[5][6]。Ding等认为传统的引文分析是受限的，因为它假设所有引用都具有相似的价值和同等的权重[7]。Voos和Dagaev分析了引文等价的问题，他们认为可以利用单篇文献的被引频次判断被引文献对施引文献的影响力[8]。Eclevia和Janio认为引用是一种线性关系，可以通过文献的引用次数来理解两篇文献之间的关系[9]。Bornmann和Daniel的研究结果同样表明，一篇文献被单篇施引文献的引用次数越多，施引

---

[1] 祝清松、冷伏海：《基于引文内容分析的高被引论文主题识别研究》，《中国图书馆学报》2014年第1期。

[2] 刘洋、崔雷：《引文上下文在文献内容分析中的应用》，《情报科学》2015年第5期。

[3] 赵蓉英等：《全文本引文分析——引文分析的新发展》，《图书情报工作》2014年第9期。

[4] 陈颖芳、马晓雷：《基于引用内容与功能分析的科学知识发展演进规律研究》，《情报杂志》2020年第3期。

[5] Giuffrida C. et al., "Are All Citations Worth the Same? Valuing Citations by the Value of the Citing Items", *Journal of Informetrics*, Vol. 13, No. 2, 2019, pp. 500-514.

[6] Huang S. et al., "Fine-Grained Citation Count Prediction via a Transformer-Based Model with among-Attention Mechanism", *Information Processing & Management*, Vol. 59, No. 2, 2022, p. 102799.

[7] Ding Y. et al., "Content-Based Citation Analysis: The Next Generation of Citation Analysis", *Journal of the Association for Information Science & Technology*, Vol. 65, No. 9, 2014, pp. 1820-1833.

[8] Voos H., Dagaev K. S., "Are All Citations Equal? Or, Did We Op. Cit. Your Idem?", *Journal of Academic Librarianship*, Vol. 1, No. 6, 1976, pp. 19-21.

[9] Eclevia M. R., Janio R. V., "Analysing and Mapping Cited Works: Citation Behaviour of Filipino Faculty and Researchers", *Qualitative and Quantitative Methods in Libraries*, Vol. 5, No. 2, 2016, pp. 355-364.

文献对该文献的认可程度越大,换言之,该文献对于施引文献的影响力越高①。刘盛博等基于 PubMed Central 全文数据库的分析结果表明,应当以文献在施引文献中实际被引次数/引文在参考文献中出现次数作为指标衡量引用质量②。此外,很多研究人员开始关注引文的多引现象。Herlach 表明约有 1/3 的文献在施引文献中的被引超过一次③。同时,他们认为可以通过被引次数作为判断文献与施引文献之间关系的评价指标,并证明这一指标与基于专家的人工判断结果一致。Pak 等证实了基于被引次数的参考文献引用分布符合帕累托分布,有超过 20% 的参考文献在正文中被提及三次及以上④。Wang 等开发了基于神经网络的高精度引文识别算法,从而自动提取施引文献中的文献引用次数,抽取结果表明文献引用次数的统计分布符合广义帕累托分布。同时,被提及两次以上的参考文献约占总数的 20%—40%⑤。因此,多引现象是非常普遍的。

以上基于频率的引文内容分析,虽然能够弥补基于传统被引次数分析的不足,但是在当今复杂的学科发展背景下,缺乏内容信息的挖掘,平等引用的假设和对明确计数的完全依赖导致难以识别用户的真实引用意图等,会极大影响引文分析的有效性⑥。

鉴于基于频次引文内容分析的不足,更多的引文内容分析研究致力于引用文本的挖掘,其中主要的挖掘任务包括引用位置、引用动机、引

---

① Bornmann L., Daniel H. D., "What do Citation Counts Measure? A Review of Studies on Citing Behavior", *Journal of Documentation*, Vol. 64, No. 1, 2008, pp. 45-80.

② 刘盛博等:《基于引用内容性质的引文评价研究》,《情报理论与实践》2015 年第 3 期。

③ Herlach G., "Can Retrieval of Information from Citation Indexes Be Simplified? Multiple Mention of a Reference as a Characteristic of the Link between Cited and Citing Article", *Journal of the American Society for Information Science & Technology*, Vol. 29, No. 6, 1978, pp. 308-310.

④ Pak C. M. et al., "A Study on the Citation Situation within the Citing Paper: Citation Distribution of References According to Mention Frequency", *Scientometrics*, Vol. 114, No. 3, 2018, pp. 905-918.

⑤ Wang W. et al., "Research on Citation Mention Times and Contributions Using a Neural Network", *Scientometrics*, Vol. 125, 2020, pp. 2383-2400.

⑥ Zhang R., Yuan J., "Enhanced Author Bibliographic Coupling Analysis Using Semantic and Syntactic Citation Information", *Scientometrics*, Vol. 127, No. 12, 2022, pp. 7681-7706.

用内容主题及引用情感等[①②]。引用位置是指引文在施引文献正文中出现的位置，包括引文出现的章节、顺序等信息[③]。Cano首次将引用位置作为引文内容分析的重要因素，他们根据引用出现位置距文章开头的距离，将引用位置分为三种：开始位置（0—15%）、中间位置（20%—75%）、结尾位置（80%—100%）[④]。Hu等基于JOI期刊的350篇论文的全文分析结果表明，引文多数集中出现在文献的第一部分，即文献的引言部分，并且在该部分出现的引文次数是其他部分（包括方法、结果及结论）引文出现次数的三倍[⑤]。Lu等基于2005年的"H-指数"论文和这些文献在2006—2014年影响力变化的分析结果表明，超过40%的引文出现在施引文献的引言部分，并且这个现象基本不随时间的变化[⑥]。Jones等发现引文的各种特征可以预测其对引用论文的重要性，包括引文的位置、引用次数及被引论文的作者是否在引用论文中被点名[⑦]。王露荷等从引用位置、引用语境及引用强度等方面识别引文特征，从而辅助科学评价[⑧]。章成志等从引用位置、引用强度及引用上下文特征分析了学术专著的引文行为[⑨]。赵蓉英等的研究表明引文在施引文献中的分布是不均匀的，多数引用集中在文献的前部分[⑩]。An等对

---

① 王露、乐小虬：《科技论文引用内容分析研究进展》，《数据分析与知识发现》2022年第4期。

② Zhang G. et al., "Citation Content Analysis: A Framework for Syntactic and Semantic Analysis of Citation Content", *Journal of the Association for Information Science & Technology*, Vol. 64, No. 7, 2013, pp. 1490-1503.

③ 刘晓娟等：《全文引文分析方法在Altmetrics中的衍化与应用——以博文为例》，《信息资源管理学报》2021年第3期。

④ Cano V., "Citation Behavior: Classification, Utility, and Location", *Journal of the Association for Information Science & Technology*, Vol. 40, No. 4, 1989, pp. 284-290.

⑤ Hu Z. et al., "Where are Citations Located in the Body of Scientific Articles? A Study of the Distributions of Citation Locations", *Journal of Informetrics*, Vol. 7, No. 4, 2013, pp. 887-896.

⑥ Lu C. et al., "Understanding the Impact Change of a Highly Cited Article: A Content-Based Citation Analysis", *Scientometrics*, Vol. 112, No. 2, 2017, pp. 927-945.

⑦ Jones T. H. et al., "Tracing the Wider Impacts of Biomedical Research: A Literature Search to Develop a Novel Citation Categorisation Technique", *Scientometrics*, Vol. 93, No. 1, 2012, pp. 125-134.

⑧ 王露荷等：《图书情报领域期刊全文本引文特征研究——基于被引参考文献深度分析功能》，《图书情报工作》2023年第9期。

⑨ 章成志等：《学术专著引用行为研究——基于引文内容特征分析的视角》，《情报学报》2017年第3期。

⑩ 赵蓉英等：《基于位置的共被引分析实证研究》，《情报学报》2016年第5期。

29158 篇文献的研究同样表明引用位置的分布是偏斜的①。吴涵等对1473 篇文献的引用位置进行分析,发现文献的引用位置呈"头重脚轻"特征②。

引用动机分析即基于语义的引文内容分析③,主要是通过对文献进行分析,从而判断作者在写作时的引用动机。早期的引用动机分析主要依靠人工判断进行动机分类,语料的规模较小,且主观性大。Garfield 在进行引文分析时指出文献的引用存在不同的动机或原因,并将这些动机归纳为 15 类:①向开拓者致敬。②佐证相关工作。③确定方法、实验等。④提供背景阅读。⑤纠正自己的工作。⑥纠正他人的工作。⑦批判之前的工作。⑧证实观点。⑨警醒未来工作。⑩提供关于传播性差、索引低或未完成工作的线索。⑪验证数据与事实类别。如物理常数等。⑫确定一个概念或者观点被讨论的原始出版物。⑬确定描述同名概念或属于的原始出版物或其他工作。⑭否定他人的工作或观点(负面引用)。⑮争论他人的优先权④。Moravcsik 和 Murugesan 将引用功能分为四类:①概念或方法的引用。②知识的演化和扩展。③陈述性或敷衍引用。④质疑或否定性引用,研究结果表明约有 40% 的引用为陈述性或敷衍引用⑤。部分学者认为依赖人工判断的引文动机分析存在可靠性问题⑥。基于这一问题,研究人员通过对作者进行调查,包括问卷、访谈等,从而获得最直接的结果。Prabha 通过问卷收集作者的引用动机,分析结果表明参考文献中 93% 的参考文献作者曾经阅读过,约 63% 的文献是作者着重阅读的,同时被访者认为仅有约 30% 的文献是不可或

---

① An J. et al., "Exploring Characteristics of Highly Cited Authors According to Citation Location and Content", *Journal of the American Society for Information Science and Technology*, Vol. 68, No. 8, 2017, pp. 1975-1988.

② 吴涵等:《引用位置视角下数据论文引用行为特征分析——以 scientific Data 为例》,《图书馆杂志》2022 年第 6 期。

③ Ding Y. et al., "Content-Based Citation Analysis: The Next Generation of Citation Analysis", *Journal of the Association for Information Science & Technology*, Vol. 65, No. 9, 2014, pp. 1820-1833.

④ Garfield E., "Can Citation Indexing Be Automated", *Essay of an Inforamtion Scientist*, Vol. 1, 1965, pp. 84-90.

⑤ Moravcsik M. J., Murugesan P., "Some Results on the Function and Quality of Citations", *Social Studies of Science*, Vol. 5, No. 1, 1975, pp. 86-92.

⑥ Bornmann L., Daniel H. D., "What do Citation Counts Measure? A Review of Studies on Citing Behavior", *Journal of Documentation*, Vol. 64, No. 1, 2008, pp. 45-80.

缺的①。Liu 对 415 名中国物理学家的问卷调查结果显示，虽然作者的引用动机是独特且复杂的，但是这些学者同时表示参考文献中仅有约 80% 的文献对于文献是必要的②。马凤和武夷山同样通过问卷调研了学界的引用动机，结果表明超过 60% 的作者认为即使不引用某些文献，也不会影响论文的科学性、完备性等③。张汝昊和袁军鹏抽取施引论文引文内容的语义和语境特征，从而识别引用动机④。李卓等分析了图书的被引动机分布及其与引用位置、引用长度的关系，实验结果表明使用引用是最为常见的引用动机，同时引用动机与引用位置显著相关⑤。熊回香等构建科研人员的引用动机模型，并利用层次注意力网络模型进行引用动机分类，将引用动机分为科学性引用动机和战略性引用动机，从而基于引用动机进行引文推荐⑥。Yaniasih 和 Budi 基于深度学习方法对 2153 条引文内容进行分析，从而自动识别引用动机⑦。刘宇等对图书情报与数字图书馆领域 198518 条文献题录中的 337 篇重复发表文献为研究对象分析我国相关领域科研人员的引用动机，结果表明科研人员的引用动机具有明显的权威尊崇色彩⑧。Jiang 和 Chen 创建了大规模引文内容数据集，并在此数据集上提出、验证并集成多个基于 SciBERT 的引用动机分类模型，从而有效地提升了引用动机分类性能⑨。刘运梅等利

---

① Prabha C. G., "Some Aspects of Citation Behavior: A Pilot Study in Business Administration", *Journal of the American Society for Information Science & Technology*, Vol. 34, No. 3, 1983, pp. 202–206.

② Liu M., "Study of Citing Motivation of Chinese Scientists", *Journal of Information Science*, Vol. 19, No. 1, 1993, pp. 13–23.

③ 马凤、武夷山：《关于论文引用动机的问卷调查研究——以中国期刊研究界和情报学界为例》，《情报杂志》2009 年第 6 期。

④ 张汝昊、袁军鹏：《融合引用语义和语境特征的作者引文耦合分析法》，《情报学报》2022 年第 8 期。

⑤ 李卓等：《基于引文内容的图书被引动机研究》，《图书与情报》2019 年第 3 期。

⑥ 熊回香等：《基于篇章结构和引用动机的引文推荐研究》，《图书情报工作》2023 年第 8 期。

⑦ Yaniasih Y., Budi I., "Systematic Design and Evaluation of a Citation Function Classification Scheme in Indonesian Journals", *Publications*, Vol. 9, No. 3, 2021, pp. 1–14.

⑧ 刘宇等：《知识启迪与权威尊崇：基于重复发表的引文动机研究》，《图书馆论坛》2018 年第 4 期。

⑨ Jiang X., Chen J., "Contextualised Segment-Wise Citation Function Classification", *Scientometrics*, Vol. 128, No. 9, 2023, pp. 5117–5158.

用内容标注的方式深入挖掘引用动机[1]。周志超梳理了自动引文分类的相关研究，发现引用动机功能分类研究有从多分类向二分类转移的趋势，与此同时，自动引文分类面临语料库学科单一、引用语境界定存在争议、分类数据不平衡性等问题[2]。

引文内容主题分析能够为文献的评价、分类、聚类等研究提供有效的支持[3]。传统的文献主题分析主要借助文献的标题、摘要、关键词等题录信息，随着引文内容分析方法的发展与引文内容数据获取技术的进步，已有研究借助引文内容对文献主题进行挖掘[4]。Schneider 从引文内容中半自动地解析和过滤名词短语，从而抽取上下文及相关短语用于概念群组的可视化[5]。McCain 和 Salvucci 对图书《人月神话》的 497 篇施引文献的 574 条引文内容进行分析，从而获取了该图书的主题分布[6]。Chen 等整合网络可视化、谱聚类、自动聚类标注及文本摘要技术进行引用聚类的结构和动态的表征和解释[7]。Chang 比较了自然科学与人文社会科学的引文内容差异，实验结果表明研究人员通常引用特定主题的文献用于支持引用，但是不同学科的引用原因是有差异的[8]。魏晓俊等基于共被引主题的相似性和相关性，利用引用标注位置、作者、语义角色分析、句

---

[1] 刘运梅等：《基于内容标注的三角引用动机研究方法探析》，《图书情报工作》2021年第10期。

[2] 周志超：《基于机器学习技术的自动引文分类研究综述》，《数据分析与知识发现》2021年第12期。

[3] 卢垚等：《基于主题分析的交叉学科科技文献资源遴选方法研究——以蜜蜂学为例》，《数学图书馆论坛》2020年第11期。

[4] 张艺蔓等：《融合引文内容和全文本引文分析的知识流动研究》，《情报杂志》2015年第11期。

[5] Schneider J. W., "Concept Symbols Revisited: Naming Clusters by Parsing and Filtering of Noun Phrases from Citation Contexts of Concept Symbols", *Scientometrics*, Vol. 68, No. 3, 2006, pp. 573-593.

[6] McCain K. W., Salvucci L. J., "How Influential is Brooks' Law? A Longitudinal Citation Context Analysis of Frederick Brooks' the Mythical Man-Month", *Journal of Information Science*, Vol. 32, No. 3, 2006, pp. 277-295.

[7] Chen C., Ibekwe-Sanjuan F., Hou J., "The Structure and Dynamics of Cocitation Clusters: A Multiple-Perspective Cocitation Analysis", *Journal of the Association for Information Science & Technology*, Vol. 61, No. 7, 2010, pp. 1386-1409.

[8] Chang Y. W., "A Comparison of Citation Contexts between Natural Sciences and Social Sciences and Humanities", *Scientometrics*, Vol. 96, No. 2, 2013, pp. 535-553.

法分析等信息抽取相应的引用主题①。Zou 等提出两种主题模型，即 Citation-Context-LDA 与 Citation-Context-Reference-LDA 以识别引用主题②。Jebari 等对 PubMed Central 的 64350 篇论文的引文内容进行分析以获取引用主题，从而判断研究趋势③。Kajikawa 等利用引文网络分析和主题模型来获取技术与创新管理领域的研究前景和趋势④。张金柱等对引文内容特征项进行语义向量表示并通过聚类得到引用主题，从而识别科学技术在内容层次上的关联关系，进而有效提升科学技术关联分析的性能⑤。颜端武等挖掘引文主题时间分布和主题强度识别演进过程，从而为科研成果评价和科研政策制定提供支持⑥。张金柱等以人工智能研究领域中的代表性高被引论文为研究对象，比较多种文本聚类方法识别引用主题⑦。

引文内容的情感极性判断也是重要的引文内容研究方向⑧。引用情感即施引文献对被引文献的态度和倾向⑨⑩。Tahamtan 和 Bornmann 认为有必要分析多种引用特征，包括引用中的语义和语言模式、引用文献中的引用位置及引用极性（如消极、中性、积极），从而厘清施引文献和

---

① 魏晓俊等：《语句层共被引关系内容抽取与分类及其应用研究——以 athar 引用语料库为例》，《情报理论与实践》2023 年第 2 期。

② Zou L. et al., "Citation Context-Based Topic Models：Discovering Cited and Citing Topics from Full Text", *Library Hi Tech*, Vol. 39, No. 4, 2021, pp. 1063-1083.

③ Jebari C. et al., "The Use of Citation Context to Detect the Evolution of Research Topics：A Large-Scale Analysis", *Scientometrics*, Vol. 126, No. 4, 2021, pp. 2971-2989.

④ Kajikawa Y. et al., "Academic Landscape of Technological Forecasting and Social Change through Citation Network and Topic Analyses", *Technological Forecasting and Social Change*, Vol. 182, 2022, p. 121877.

⑤ 张金柱等：《基于专利科学引文内容表示学习的科学技术主题关联分析研究》，《数据分析与知识发现》2019 年第 12 期。

⑥ 颜端武等：《基于引文主路径和时序主题的科学发现知识演进分析》，《情报理论与实践》2020 年第 6 期。

⑦ 张金柱等：《基于引用内容聚类的文献被引主题识别及其演化分析》，《情报科学》2023 年第 2 期。

⑧ 陆伟等：《面向引用关系的引文内容标注框架研究》，《中国图书馆学报》2014 年第 6 期。

⑨ Small H., "Interpreting Maps of Science Using Citation Context Sentiments：A Preliminary Investigation", *Scientometrics*, Vol. 87, No. 2, 2011, pp. 373-388.

⑩ Zhao D. et al., "Corpus Construction and Mining for Citation Context Analysis", *Data Science and Informetrics*, Vol. 1, No. 1, 2021, pp. 96-114.

被引文献之间的关系①。Lin 等的研究表明文献引用中否定引用的比例很高,大量文献否定了以前的研究②。章成志等从引用位置、引用强度、引用长度及引用情感等方面分析引文内容,从而提高图书评价结果的准确性和科学性③。刘运梅和马费成通过计算引用强度、引用位置、引用顺序、引用情感,从而挖掘三角引用现象的内在机理与特征④。徐琳宏基于支持向量机整合引用位置与情感词构建引文情感的自动识别系统从而判断引文情感极性⑤。欧石燕和凌洪飞通过对引文内容的分析发现引用功能与引用情感存在相关性,同时引文内容特征存在学科差异⑥。徐琳宏等对施引文献的引用情感进行分析,发现引用位置与引用长度能够显著影响引用极性,并且正面引用的文献其影响力要明显高于中性引用文献⑦。章成志等的研究表明不同学科领域对中文图书的引用位置具有明显的学科差异,且多数为中性引用⑧。郭倩影等构建了由引用强度、引文网络、引用时长和引用内容四个维度组成的学术传承性文献识别框架,结果表明引文强度、引文内容的分析能有效提升识别准确率⑨。王景周和崔建英分析文献的参考文献,并挖掘引用内容、引用动

---

① Tahamtan I., Bornmann L., "What do Citation Counts Measure? An Updated Review of Studies on Citations in Scientific Documents Published between 2006 and 2018", *Scientometrics*, Vol. 121, No. 3, 2019, pp. 1635-1684.

② Lin C. S. et al., "Citation Functions in Social Sciences and Humanities: Preliminary Results from a Citation Context Analysis of Taiwan's History Research Journals", *Proceedings of the American Society for Information Science and Technology*, Vol. 50, No. 1, 2013, pp. 1-5.

③ 章成志等:《基于引文内容的中文图书被引行为研究》,《中国图书馆学报》2019 年第 3 期。

④ 刘运梅、马费成:《面向全文本内容分析的文献三角引用现象研究》,《中国图书馆学报》2021 年第 3 期。

⑤ 徐琳宏等:《基于机器学习算法的引文情感自动识别研究——以自然语言处理领域为例》,《现代情报》2020 年第 1 期。

⑥ 欧石燕、凌洪飞:《引用文本自动分类及其应用研究》,《图书情报工作》2022 年第 16 期。

⑦ 徐琳宏等:《施引文献视角下正面引用论文的影响力及其影响因素的研究——以自然语言处理领域为例》,《情报学报》2021 年第 4 期。

⑧ 章成志等:《基于引文内容的中文图书被引行为研究》,《中国图书馆学报》2019 年第 3 期。

⑨ 郭倩影等:《基于引文网络的学术传承性文献识别方法研究——以 2017 年诺贝尔生理学或医学奖为例》,《情报杂志》2019 年第 4 期。

机及引用情感，从而辅助遴选同行评审专家①。石泽顺和肖明对引文信息进行多维度抽取与分析，包括引用数量、引用功能、引用情感及引用位置的分布，实验结果表明基于引文内容数据的分析能够有效优化传统引文分析法②。Yousif 等提出基于卷积和递归神经网络的多任务学习模型，该模型利用任务特定信息对引文内容进行建模以判断引用情感，并在两个公共数据集取得较优性能③。Yan 等获取了 25 篇诺贝尔文献的 12393 个引文和 75 篇文献的 30851 个引文，通过判断引文情感从而验证作者地位对文献感知质量的影响。结果显示，获奖后对诺贝尔文献的引用情感有所上升④。Muppidi 等获取科研文献中的引文内容，抽取引文特征，从而构建监督分类器以判断引文情感极性⑤。Aljuaid 等提出基于语篇引文情感分析的二元分类方法，并对不同的基于机器学习的模型进行了比较以确定引用情感⑥。

综上，本书发现研究人员通过细粒度的频次分析弥补传统引文分析的不足，然而基于频率的引文内容分析仍然缺乏内容挖掘，难以获取用户的真实意图。因此，许多研究关注基于文本的引文内容分析，以此识别引用位置、动机及引文内容的主题，但是目前多数研究依赖大量的人工判断，或者依靠传统的问卷访谈等方法，这类方法主观性高、周期长、成本高，难以适用于大规模的分析。此外，现有研究多数关注对期刊论文的引文内容分析，少有研究关注图书的引文内容分析，而图书作

---

① 王景周、崔建英：《基于稿件引文内容分析的同行评审专家遴选方法》，《编辑学报》2020 年第 5 期。

② 石泽顺、肖明：《基于本体和关联数据的全文引文分析方法研究》，《图书馆杂志》2021 年第 4 期。

③ Yousif A. et al., "Multi-Task Learning Model Based on Recurrent Convolutional Neural Networks for Citation Sentiment and Purpose Classification", *Neurocomputing*, Vol. 335, No. 28, 2019, pp. 195–205.

④ Yan E. et al., "Authors' Status and the Perceived Quality of Their Work: Measuring Citation Sentiment Change in Nobel Articles", *Journal of the Association for Information Science and Technology*, Vol. 71, No. 3, 2020, pp. 314–324.

⑤ Muppidi S. et al., "An Approach for Bibliographic Citation Sentiment Analysis Using Deep Learning", *International Journal of Knowledge-Based and Intelligent Engineering Systems*, Vol. 24, No. 4, 2021, pp. 353–362.

⑥ Aljuaid H. et al., "Important Citation Identification Using Sentiment Analysis of In-Text Citations", *Telematics and Informatics*, Vol. 56, No. Jan., 2021, p. 101492.

为重要的成果类型,也具有较高的挖掘价值。

三 评论挖掘相关研究现状

评论挖掘即从海量评论信息中挖掘出用户关注的信息,其中最主要的技术为情感分析。情感分析包括篇章级[1]、句子级[2]、属性级[3]等多个层级的分析。本书主要涉及篇章级情感分析与属性级情感分析。

篇章级情感分析的目的是判断整篇文章的情感倾向。研究方法主要分为两类:监督学习方法与非监督学习方法。监督学习方面,Pang 等最先利用机器学习技术识别篇章的情感倾向[4]。Li 和 Sun 比较了影响监督学习情感分析性能的因素:特征表示方法、特征权重及特征维度,实验表明不同的组合将产生不同的性能[5]。Zou 等通过构建语法树获得语法特征,然后将其加入情感特征词,从而提高情感分析的准确性[6]。Fang 和 Chen 将词典知识加入 SVM 分类方法中从而提高情感分析的性能[7]。杨鼎和阳爱民利用情感词典对文本进行处理和表示,然后基于朴素贝叶斯理

---

[1] Pang B. et al., "Thumbs Up? Sentiment Classification Using Machine Learning Techniques", Proceedings of the Empirical Methods in Natural Language Processing, Sponsored by the Association for Computational Linguistics, Philadelphia, PA, USA, July 6-7, 2002.

[2] Wiebe J. M. et al., "Development and Use of a Gold-Standard Data Set for Subjectivity Classifications", *Pediatric Clinics of North America*, Vol. 13, No. 3, 2002, pp. 835-862.

[3] Hu M., Liu B., "Mining and Summarizing Customer Reviews", Proceedings of the Tenth International Conference on Knowledge Discovery and Data Mining, Sponsored by the Special Interest Group on Management of Data, Seattle, Washington, USA, August 22-25, 2004.

[4] Pang B. et al., "Thumbs Up? Sentiment Classification Using Machine Learning Techniques", Proceedings of the Empirical Methods in Natural Language Processing, Sponsored by the Association for Computational Linguistics, Philadelphia, PA, USA, July 6-7, 2002.

[5] Li J., Sun M., "Experimental Study on Sentiment Classification of Chinese Review Using Machine Learning Techniques", Proceedings of the International Conference on Natural Language Processing and Knowledge Engineering, Sponsored by the Chinese Association for Artificial Intelligence, Beijing, China, August 30-September 1, 2007.

[6] Zou H. et al., "Sentiment Classification Using Machine Learning Techniques with Syntax Features", Proceedings of the International Conference on Computational Science and Computational Intelligence, Sponsored by the IEEE Computer Society, Las Vegas, NV, USA, December 7-9, 2015.

[7] Fang J., Chen B., "Incorporating Lexicon Knowledge into SVM Learning to Improve Sentiment Classification", Proceedings of the Workshop on Sentiment Analysis Where AI Meets Psychology Sponsored by the Asian Federation of Natural Language Processing, Chiang Mai, Thailand, November 8-13, 2011.

论构建文本情感分类器①。随着深度学习在许多其他应用领域的成功,近年来深度学习也被广泛应用于情感分析②③④。Moraes 等比较了 SVM 与人工神经网络在篇章级情感分析的性能优劣⑤。Bhuvaneshwari 等基于 Bi-LSTM 自注意的卷积神经网络模型来进行评论文本的情感分类,该模型使用 CNN 和 Bi-LSTM 自动学习分类特征,并捕获语义和上下文信息⑥。Basiri 等提出基于注意力的双向 CNN-RNN 深度模型,以降低特征维数并区分不同特征的权重,与六种深度神经网络模型的比较结果表明,该模型在长评论和微博语料的情感极性分类方面都取得了更优的结果⑦。Kota 和 Munisamy 将卷积神经网络、双向长短期记忆和注意力方法相结合,设计了一种基于神经网络的深度学习方法用于情感分析⑧。Zhang 等提出递归注意力 LSTM 神经网络以迭代定位覆盖关键情感词的注意力区域,减少关注范围和标记数量,对关键词进行权重优化从而判断文本情感极性⑨。Uan 等整合深度学习和元优化方法以提升情感分析的性能⑩。Chen 等提出利用鲁棒优化的 BERT 预训练方法和 p-范数广义学习进行负面情感分类,

---

① 杨鼎、阳爱民:《一种基于情感词典和朴素贝叶斯的中文文本情感分类方法》,《计算机应用研究》2010 年第 10 期。

② Zhang L. et al., "Deep Learning for Sentiment Analysis: A Survey", *Wiley Interdisciplinary Reviews: Data Mining and Knowledge Discovery*, Vol. 8, No. 4, 2018, p. e1253.

③ Peng S. et al., "A Survey on Deep Learning for Textual Emotion Analysis in Social Networks", *Digital Communications and Networks*, Vol. 8, No. 5, 2022, pp. 745-762.

④ Islam S. et al., "A Review on Recent Advances in Deep Learning for Sentiment Analysis: Performances, Challenges and Limitations", *An International Journal of Advanced Computer Technology*, Vol. 9, No. 7, 2020, pp. 3775-3783.

⑤ Moraes R. et al., "Document-Level Sentiment Classification: An Empirical Comparison between SVM and ANN", *Expert Systems with Applications*, Vol. 40, No. 2, 2013, pp. 621-633.

⑥ Bhuvaneshwari P. et al., "Sentiment Analysis for User Reviews Using Bi-Lstm Self-Attention Based Cnn Model", *Multimedia Tools and Applications*, Vol. 81, No. 9, 2022, pp. 12405-12419.

⑦ Basiri M. E. et al., "Abcdm: An Attention-Based Bidirectional Cnn-Rnn Deep Model for Sentiment Analysis", *Future Generation Computer Systems*, Vol. 115, No. 3, 2021, pp. 279-294.

⑧ Kota V. R., Munisamy S. D., "High Accuracy Offering Attention Mechanisms Based Deep Learning Approach Using CNN/Bi-LSTM for Sentiment Analysis", *International Journal of Intelligent Computing and Cybernetics*, Vol. 15, No. 1, 2022, pp. 61-74.

⑨ Zhang Y. et al., "Conciseness is Better: Recurrent Attention Lstm Model for Document-Level Sentiment Analysis", *Neurocomputing*, Vol. 462, 2021, p. 101-112.

⑩ Uan A. et al., "An Emotion Analysis Scheme Based on Gray Wolf Optimization and Deep Learning", *Concurrency and Computation Practice and Experience*, Vol. 33, No. 13, 2021, p. e6204.

与深度学习模型相比，该方法结构简单且训练的参数少[①]。Lin 等结合长短期记忆神经网络和注意力机制构建情感分类模型从而判断网约车评论数据的情感倾向[②]。Jiang 等结合双向长短期记忆和位置注意机制提出神经网络模型用于生鲜电商评论的情感分类[③]。在非监督学习方面，Turney 通过计算形容词或动词词组与"excellent"和"poor"的互信息，从而判断评论的情感极性[④]。Sharma 和 Dey 利用反馈神经网络，结合信息增益与情感词典进行情感分析[⑤]。庞磊等利用情绪词和表情图片两种情绪知识对大规模微博非标注语料进行筛选并自动标注，并用自动标注好的语料作为训练集构建微博情感文本分类器，对微博文本进行情感极性自动分类[⑥]。代大明等首先使用情绪词从未标注数据中抽取高正确率的自动标注数据作为训练样本，然后采用半监督学习方法训练分类器进行情感分类[⑦]。Lu 和 Zhang 结合情感词典与多通道卷积神经网络以构建情感分析模型，实验结果表明该模型不仅可以在情感文本中提取更多的语义信息，而且能够在情感文本中识别隐藏的情感信息[⑧]。

属性级情感分析致力于更细粒度的评论分析，可进一步分为属性提

[①] Chen G. et al., "P-Norm Broad Learning for Negative Emotion Classification in Social Networks", *Big Data Mining and Analytics*, Vol. 5, No. 3, 2022, pp. 245–256.

[②] Lin X. M. et al., "Sentiment Analysis of Low-Carbon Travel App User Comments Based on Deep Learning", *Sustainable Energy Technologies and Assessments*, Vol. 44, No. 3, 2021, p. 101014.

[③] Jiang T. Q. et al., "A Sentiment Classification Model Based on Bi-Directional Lstm with Positional Attention for Fresh Food Consumer Reviews", Proceedings of the 20th International Conference on Software Quality, Reliability and Security Companion, Sponsored by the IEEE Computer Society, Macau, China, December 11–14, 2020.

[④] Turney P. D., "Thumbs up or Thumbs Down? Semantic Orientation Applied to Unsupervised Classification of Reviews", Proceedings of the Annual Meeting of the Association for Computational Linguistics, Sponsored by the Association for Computational Linguistics, Philadelphia, Pennsylvania, USA, July 8–10, 2002.

[⑤] Sharma A., Dey S., "A Document-Level Sentiment Analysis Approach Using Artificial Neural Network and Sentiment Lexicons", *ACM Sigapp Applied Computing Review*, Vol. 12, No. 12, 2012, pp. 67–75.

[⑥] 庞磊等：《基于情绪知识的中文微博情感分类方法》，《计算机工程》2012 年第 13 期。

[⑦] 代大明等：《基于情绪词的非监督中文情感分类方法研究》，《中文信息学报》2012 年第 4 期。

[⑧] Lu X., Zhang H. "An Emotion Analysis Method Using Multi-Channel Convolution Neural Network in Social Networks", *Computer Modeling in Engineering & Sciences*, Vol. 125, No. 1, 2020, pp. 281–297.

取与属性情感分析两大子任务。属性提取，即提取评论中提及的属性[1]。属性抽取方法可分为三类：监督学习方法、半监督学习方法与非监督学习方法。在基于监督学习的属性抽取方面，Kobayashi 等利用监督学习方法同时抽取属性、属性间关系并识别产品类型[2]。Jin 和 Ho 利用词汇化 HMM 抽取属性。该方法整合了语言特征，如词性和上下文线索进行自动学习[3]。Wu 等提出基于问答交互水平和高交互水平的四维文本表示模型，从而在问答型评论文本中抽取产品属性[4]。在基于半监督学习的属性抽取方面，Wu 等将传统的依存分析扩展成为短语依存分析从而挖掘属性词与属性词组[5]。Wei 等利用正负情感词列表构建基于语义的产品属性抽取技术从而识别属性词与情感词[6]。在基于非监督学习的属性抽取方面，Hu 和 Liu 认为用户多次提及的词汇即为属性词，因此该方法利用词频抽取热门属性[7]。Popescu 和 Etzioni 通过计算候选属性词的 PMI，从而过滤非属性词，提高属性抽取的性能[8]。Li 等考虑了形容词规

---

[1] Liu B., *Sentiment Analysis and Opinion Mining*, California: Morgan & Claypool Publishers, 2012, pp. 1–180.

[2] Kobayashi N. et al., "Extracting Aspect-Evaluation and Aspect-of Relations in Opinion Mining", Proceedings of the Joint Conference on Empirical Methods in Natural Language Processing and Computational Natural Language Learning, Sponsored by the Association for Computational Linguistics, Prague, Czech Republic, June 28–30, 2007.

[3] Jin W., Ho H. H., "A Novel Lexicalized Hmm-Based Learning Framework for Web Opinion Mining", Proceedings of the 26th International Conference on Machine Learning, Sponsored by the International Machine Learning Society, Montreal, Canada, June 14–18, 2009.

[4] Wu H. et al., "Big Data Management and Analytics in Scientific Programming: A Deep Learning-Based Method for Aspect Category Classification of Question-Answering-Style Reviews", *Scientific Programming*, Vol. 2020, No. 1, 2020, p. 4690974.

[5] Wu Y. et al., "Phrase Dependency Parsing for Opinion Mining", Proceedings of the Conference on Empirical Methods in Natural Language Processing, Sponsored by the the Association for Computational Linguistics, Singapore, August 6–7, 2009.

[6] Wei C. P. et al., "Understanding What Concerns Consumers: A Semantic Approach to Product Feature Extraction from Consumer Reviews", *Information Systems and e-Business Management*, Vol. 8, No. 2, 2010, pp. 149–167.

[7] Hu M., Liu B., "Mining Opinion Features in Customer Reviews", Proceedings of the 19th National Conference on Artifical Intelligence, Sponsored by the American Association for Artificial Intelligenc, San Jose California, USA, July 25–29, 2004.

[8] Popescu A. M., Etzioni O., "Extracting Product Features and Opinions from Reviews", Proceedings of the HLT/EMNLP on Interactive Demonstrations, Sponsored by the Association for Computational Linguisticsc, Vancouver, British Columbia, Canada, October 6–8, 2005.

则、背景知识，选择结合 NLP 技术与统计方法进行属性抽取[1]。Raju 等首先抽取全部的名词并将其聚类，然后利用各个类簇进行属性抽取[2]。

属性情感分类即确定每个属性在句中的情感倾向，是正面的、负面的还是中性的。研究方法可以分为两类：监督学习方法与基于字典的方法。目前的监督学习方法主要是利用解析来确定依存及其他相关信息。Boiy 和 Moens[3] 以及 Jiang 等[4]利用解析器来生成属性集并对其进行分类。也有研究人员尝试集成句法结构与图神经网络以处理属性情感分析任务[5][6]。Zhao 等提出具有位置感知图卷积网络模型用于属性情感的判断[7]。Du 等提出双向边缘增强图卷积网络模型，该模型会有效结合句法结构和依存标签信息，从而明显提升属性情感判断效果[8]。Zhao 等提出聚合图卷积网络以增强目标节点的表示能力，进而提高属性情感判断的性能[9]。Liang 等提出基于 SenticNet 的图卷积网络模型，该模型利用属性的上下

---

[1] Li Z. et al., "Automatic Extraction for Product Feature Words from Comments on the Web", Proceedings of the 5th Asia Information Retrieval Symposium on Information Retrieval Technology, Sponsored by the Information Retrieval Symposium, Sapporo, Japan, October 21-23, 2009.

[2] Raju S. et al., "An Unsupervised Approach to Product Attribute Extraction", Proceedings of the 31th European Conference on IR Research on Advances in Information Retrieval, Sponsored by the Institut de Recherche en Informatique de Toulouse, Toulouse, France, April 6-9, 2009.

[3] Boiy E., Moens M. F., "A Machine Learning Approach to Sentiment Analysis in Multilingual Web Texts", *Information Retrieval*, Vol. 12, No. 5, 2009, pp. 526-558.

[4] Jiang L. et al., "Target-Dependent Twitter Sentiment Classification", Proceedings of the Meeting of the Association for Computational Linguistics: Human Language Technologies, Sponsored by the Association for Computational Linguistics, Portland, Oregon, USA, June 19-24, 2011.

[5] Xiao L. et al., "Exploring Fine-Grained Syntactic Information for Aspect-Based Sentiment Classification with Dual Graph Neural Networks", *Neurocomputing*, Vol. 471, No. 1, 2022, pp. 48-59.

[6] Xiao Y., Zhou G., "Syntactic Edge-Enhanced Graph Convolutional Networks for Aspect-Level Sentiment Classification with Interactive Attention", *IEEE Access*, Vol. 8, 2020, pp. 157068-157080.

[7] Zhao M. et al., "A Multi-Task Learning Model with Graph Convolutional Networks for Aspect Term Extraction and Polarity Classification", *Applied Intelligence*, Vol. 53, No. 6, 2022, pp. 6585-6603.

[8] Du J. et al., "Bidirectional Edge-Enhanced Graph Convolutional Networks for Aspect-Based Sentiment Classification", Proceedings of the IEEE Annual Computers, Software, and Applications Conference, Sponsored by the IEEE Computer Society, Madrid, Indonesia, July 12-16, 2021.

[9] Zhao M. et al., "Aggregated Graph Convolutional Networks for Aspect-Based Sentiment Classification", *Information Sciences*, Vol. 600, 2022, pp. 73-93.

文情感知识判断属性的情感极性①。Jiang 等考虑属性实体内的语义相关性，提出基于整合属性实体和位置感知变换的图卷积网络模型，从而判断属性情感②。此外，还有其他许多监督学习的方法，如 Wei 和 Gulla 提出的层次分类模型能够有效地识别每个情感表达的范围③。Toh 和 Wang 首先利用 CRF 分类器抽取属性，然后利用线性分类器确定属性情感倾向④。Nguyen 和 Shirai 基于结构树与依存树构建内核树方法抽取属性词与情感词之间的关系，从而确定属性情感⑤。在基于字典的属性情感分析方面，Hu 和 Liu 认为基于字典的方法可以避免监督学习的一些弊端，并且在多领域应用中显示出了较好的性能⑥。Ding 等提出了一种基于词典的简单方法，并且在多种情况下表现良好⑦，Yu 等、Blair-Goldensohn 等结合监督学习方法对该方法进行了优化⑧⑨。Thet 等提出

---

① Liang B. et al., "Aspect-Based Sentiment Analysis via Affective Knowledge Enhanced Graph Convolutional Networks", *Knowledge-based Systems*, Vol. 235, 2022, p. 107643.

② Jiang B. et al., "Aspect-Level Sentiment Classification via Location Enhanced Aspect-Merged Graph Convolutional Networks", *The Journal of Supercomputing*, Vol. 79, No. 9, 2023, pp. 9666-9691.

③ Wei W., Gulla J. A., "Sentiment Learning on Product Reviews via Sentiment Ontology Tree", Proceedings of the 48th Annual Meeting of the Association for Computational Linguistics, Sponsored by the Association for Computational Linguistics, Uppsala, Sweden, July 11-16, 2010.

④ Toh Z., Wang W., "Dlirec: Aspect Term Extraction and Term Polarity Classification System", Proceedings of the International Workshop on Semantic Evaluation, Sponsored by the Association for Computational Linguistics, Dublin, Ireland, August 23-24, 2014.

⑤ Nguyen T. H., Shirai K., "Aspect-Based Sentiment Analysis Using Tree Kernel Based Relation Extraction", Proceedings of the International Conference on Intelligent Text Processing and Computational Linguistics, Sponsored by the Association for Computational Linguistics, Cairo, Egypt, April 14-20, 2015.

⑥ Hu M., Liu B., "Mining and Summarizing Customer Reviews", Proceedings of the Tenth International Conference on Knowledge Discovery and Data Mining, Sponsored by the Special Interest Group on Management of Data, Seattle, Washington, USA, August 22-25, 2004.

⑦ Ding X. et al., "A Holistic Lexicon-Based Approach to Opinion Mining", Proceedings of the International Conference on Web Search and Data Mining, Sponsored by the ACM Special Interest Group on Information Retrieval, California, USA, February 11-12, 2008.

⑧ Yu J. et al., "Aspect Ranking: Identifying Important Product Aspects from Online Consumer Reviews", Proceedings of the Meeting of the Association for Computational Linguistics: Human Language Technologies, Sponsored by the Association for Computational Linguistics, Portland, Oregon, USA, June 19-24, 2011.

⑨ Blair-Goldensohn S. et al., "Building a Sentiment Summarizer for Local Service Reviews", Proceedings of the WWW 2008 Workshop: NLP in the Information Explosion Era, Sponsored by the WWW Conference, Beijing, China, April 22-22, 2008.

了一种细粒度的情感分析方法,该方法借助情感词典 SentiWordNet 确定评论中各个属性的情感倾向和情感强度[1]。属性情感分析除以上两种主要方法外,也有其他方法。如 Jo 和 Oh 提出了属性与情感统一模型同时采集属性和情感,该方法无须任何情感标签,很好地弥补了监督学习方法的不足[2]。Wang 等提出了一种新型的概率等级回归模型来分析网络评论中的观点表达,从而发现每个评论者对各个属性的潜在观点对于不同属性的侧重点等[3]。Fu 等首先将属性词与情感词表示为属性情感矩阵,然后通过信息理论协同聚类,同时将属性词与情感词聚类,从而获得各个属性词的情感倾向[4]。Kim 等利用启发式属性情感模型挖掘属性情感的启发式结构,从而判断属性情感极性[5]。Lin 等将源语种中学习到的知识融入跨语言联合属性/情感模型,从而识别出目标语言中的属性情感倾向[6]。Zafra 等利用基于句法的方法识别修饰属性词的情感词汇,从而获取每个属性词的情感倾向[7]。Hoogervorst 等引入修辞结构理论,通过挖掘上下文确定属性情感[8]。Zhao 等在深度学习的框架下提出

---

[1] Thet T. T. et al., "Aspect-Based Sentiment Analysis of Movie Reviews on Discussion Boards", *Journal of Information Science*, Vol. 36, No. 6, 2010, pp. 823–848.

[2] Jo Y., Oh A. H., "Aspect and Sentiment Unification Model for Online Review Analysis", Proceedings of the Fourth ACM International Conference on Web Search and Data Mining, Sponsored by the Association for Computing Machinery, Hong Kong, China, February 9–12, 2011.

[3] Wang H. et al., "Latent Aspect Rating Analysis on Review Text Data: A Rating Regression Approach", Proceedings of the 16th ACM SIGKDD International Conference on Knowledge Discovery and Data Mining, Sponsored by the Association for Computing Machinery, Washington, DC, USA, July 25–28, 2010.

[4] Fu X. et al., "Aspect and Sentiment Extraction Based on Information-Theoretic Co-Clustering", Proceedings of the 9th International Conference on Advances in Neural Networks, Sponsored by the NSF of China, Shenyang, China, July 11–14, 2012.

[5] Kim S. et al., "A Hierarchical Aspect-Sentiment Model for Online Reviews", Proceedings of the 27th AAAI Conference on Artificial Intelligence, Sponsored by the Association for the Advancement of Artificial Intelligence, Bellevue, Washington, USA, July 14–18, 2013.

[6] Lin Z. et al., "A Cross-Lingual Joint Aspect/Sentiment Model for Sentiment Analysis", Proceedings of the 23rd ACM International Conference on Information and Knowledge Management, Sponsored by the Association for Computing Machinery, Shanghai, China, November 3–7, 2014.

[7] Zafra S. M. J. et al., "Sinai: Syntactic Approach for Aspect Based Sentiment Analysis", Proceedings of the International Workshop on Semantic Evaluation, Sponsored by the Association for Computational Linguistics, Denver, Colorado, USA, June 4–5, 2015.

[8] Hoogervorst R. et al., "Aspect-Based Sentiment Analysis on the Web Using Rhetorical Structure Theory", Proceedings of the 16th International Conference on Web Engineering, Sponsored by the USI Faculty of Informatics, Lugano, Switzerland, June 6–9, 2016.

Semi-ETEKGs，该模型对未标记数据和标记数据进行 BERT 嵌入和域内知识图谱嵌入的预训练，然后将两个嵌入放入 E2E 框架中从而实现对应属性的情感极性分类①。Liang 等提出对抗性多任务学习框架来识别属性独立与属性依赖的情感表达，而无须过多标注，在两个标准数据集上的实验结果表明使用该框架扩展现有的神经模型可以获得更优的性能②。Xiang 等提出基于张量图卷积网络的属性情感分类方法③。此外，为提升属性级情感分析的效率，部分研究人员尝试同时进行属性抽取及情感极性识别④⑤⑥。Zeng 等提出基于双辅助标签的属性抽取（ATE）和属性情感判断（APC）的多任务学习模型，尝试在不采用手动功能的情况下集成 ATE 与 APC 任务，从而有效降低计算资源与成本⑦。Ning 等提出用于属性级情感分析的半监督多任务学习框架，以降低标注成本并提高分类性能⑧。Yang 等基于局部上下文聚焦机制，提出面向中文的属性级情感分析的多任务学习模型，并在 SemEval-2014 task4

---

① Zhao P. et al.，"Semi-Supervised Aspect-Based Sentiment Analysis for Case-Related Microblog Reviews Using Case Knowledge Graph Embedding"，*International Journal of Asian Language Processing*，Vol. 30，No. 3，2021，p. 2050012.

② Liang B. et al.，"Aspect-Invariant Sentiment Features Learning: Adversarial Multi-Task Learning for Aspect-Based Sentiment Analysis"，Proceedings of the 9th ACM International Conference on Information and Knowledge Management，Sponsored by the Association for Computing Machinery，Virtual Event Ireland，October 19-23，2020.

③ Xiang Y. et al.，"Hybrid Node-Based Tensor Graph Convolutional Network for Aspect-category Sentiment Classification of Microblog Comments"，*Concurrency and Computation Practice and Experience*，Vol. 33，No. 21，2021，p. e6431.

④ Wu H. et al.，"Multi-Task Learning Based on Question-Answering Style Reviews for Aspect Category Classifcation and Aspect Term Extraction"，Proceedings of the International Conference on Advanced Cloud and Big Data，Sponsored by the IEEE Computer Society，Suzhou，China，September 21-22，2019.

⑤ Akhtar M. S. et al.，"Multi-Task Learning for Aspect Term Extraction and Aspect Sentiment Classification"，*Neurocomputing*，Vol. 398，2020，pp. 247-256.

⑥ Dong Y. et al.，"Multi-Task Learning Network Based on Attention for Aspect-Based Sentiment Analysis"，*Journal of Physics: Conference Series*，Vol. 1827，No. 1，2021，p. 012173.

⑦ Zeng B. et al.，"Multi-Task Learning Model for Aspect Term Extraction and Aspect Polarity Classification Based on Dual-Labels"，*Journal of Intelligent and Fuzzy Systems*，Vol. 39，No. 7，2020，pp. 1-12.

⑧ Li N. et al.，"SemI: A Semi-Supervised Multi-Task Learning Framework for Aspect-Based Sentiment Analysis"，*IEEE Access*，Vol. 8，2020，pp. 189287-189297.

Restaurant 和 Laptop 数据集的属性抽取及情感判断任务中取得较优性能[1]。

综上所述，目前的属性抽取研究主要挖掘产品的主要属性，忽略了同义属性聚类，难以全面挖掘产品属性。在情感分析方面，监督学习方法的标注成本高，而基于词典的方法针对模糊搭配的属性情感分析研究相对较少，且算法相对复杂。

四 研究现状总结

综上所述，图书影响力评价研究中基于频次的方法是目前主要的研究方法，该方法利用与期刊评价、论文评价类似的方法，主要依靠一些传统的评价指标，如借阅量、被引量等，这在一定程度上确实能反映出图书的影响力。然而，由于图书存在特殊性，传统的学术影响力评价指标尚不能全面而深入地反映其影响力。当前，在互联网上比较容易获取图书相关的内容信息，如图书的目录信息、用户在社交网络上产生的相关评论，这些丰富的内容数据为图书的评价提供了新的契机。然而，现有关于图书评论的挖掘只局限于粗粒度的分析，并未对评论内容进行深度挖掘，如主题分析、属性抽取及情感分析等。在引文分析方面，多数关注期刊、论文的分析，忽略了对图书的分析和对引文内容的深入挖掘等。

第三节　研究内容

本书通过多源异构数据评价图书的影响力，将现有的自然语言处理技术及丰富的用户生成内容等进行有机结合，着眼于多源评价数据的多粒度语义级挖掘，从而对图书多维度影响力评价进行系统和全面的研究，以期为现有的图书影响力评价研究提供一种新的思路。总结前文所述，本书拟基于"提出问题→解决问题→结果应用"的逻辑，采集多源异构评价数据，并借助自然语言处理等方法对多源数据进行多粒度的挖掘，从而获得来自不同评价资源的多层次评价指标，最终获得图书影响力评价结果。由此，本书共分为四个部分，如图 1.1 所示。各部分的

---

[1] Yang H. et al., "A Multi-Task Learning Model for Chinese-Oriented Aspect Polarity Classification and Aspect Term Extraction", *Neurocomputing*, Vol. 419, 2020, pp. 344–356.

内容主要如下：

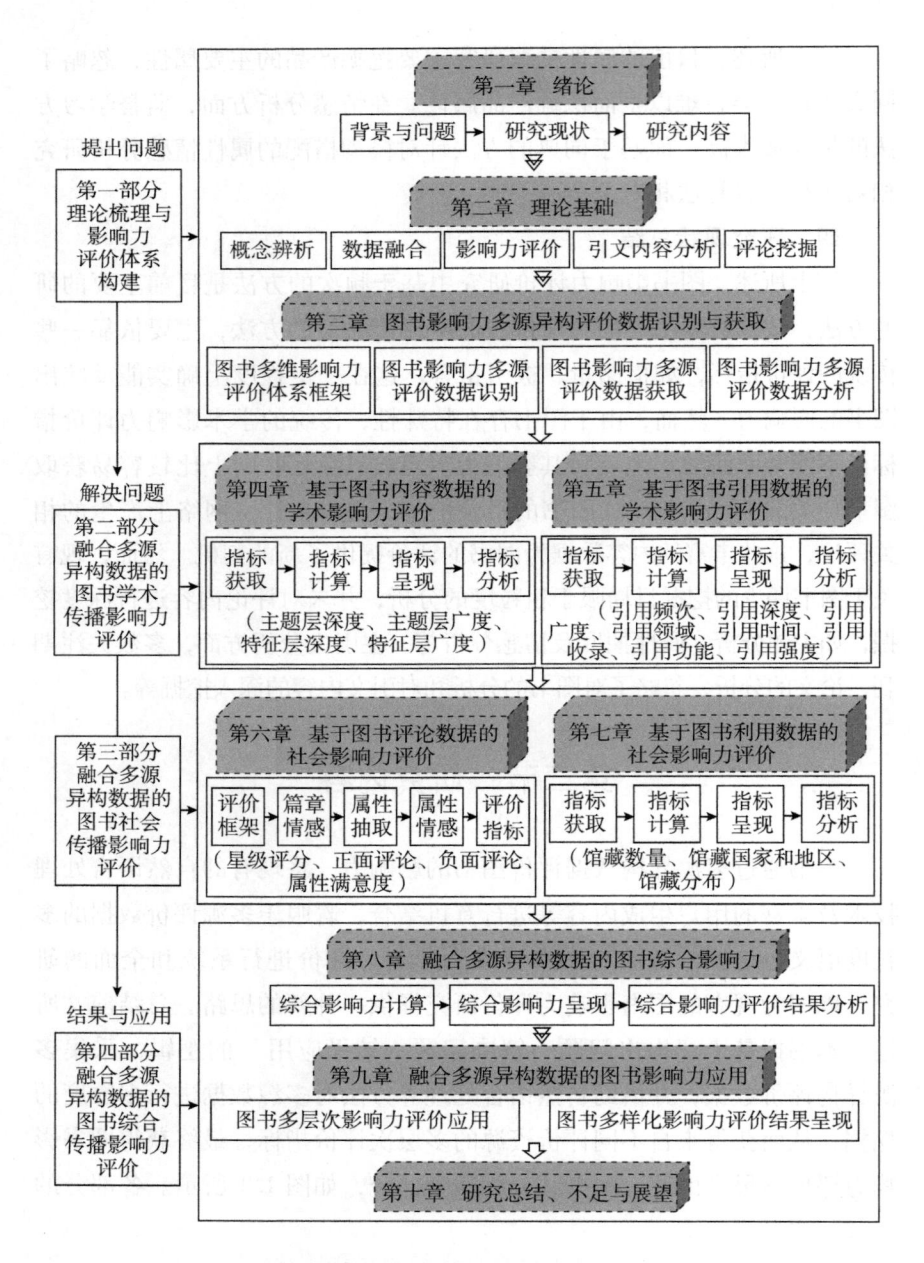

```
提出问题
第一部分
理论梳理与
影响力
评价体系
构建
    ┌─ 第一章 绪论
    │    背景与问题 → 研究现状 → 研究内容
    │
    ├─ 第二章 理论基础
    │    概念辨析 | 数据融合 | 影响力评价 | 引文内容分析 | 评论挖掘
    │
    └─ 第三章 图书影响力多源异构评价数据识别与获取
         图书多维影响力评价体系框架 | 图书影响力多源评价数据识别 | 图书影响力多源评价数据获取 | 图书影响力多源评价数据分析

解决问题
第二部分
融合多源
异构数据的
图书学术
传播影响力
评价
    ┌─ 第四章 基于图书内容数据的学术影响力评价
    │    指标获取 → 指标计算 → 指标呈现 → 指标分析
    │    （主题层深度、主题层广度、特征层深度、特征层广度）
    │
    └─ 第五章 基于图书引用数据的学术影响力评价
         指标获取 → 指标计算 → 指标呈现 → 指标分析
         （引用频次、引用深度、引用广度、引用领域、引用时间、引用收录、引用功能、引用强度）

第三部分
融合多源
异构数据的
图书社会
传播影响力
评价
    ┌─ 第六章 基于图书评论数据的社会影响力评价
    │    评价框架 | 篇章情感 | 属性抽取 | 属性情感 | 评价指标
    │    （星级评分、正面评论、负面评论、属性满意度）
    │
    └─ 第七章 基于图书利用数据的社会影响力评价
         指标获取 → 指标计算 → 指标呈现 → 指标分析
         （馆藏数量、馆藏国家和地区、馆藏分布）

结果与应用
第四部分
融合多源
异构数据的
图书综合
传播影响力
评价
    ┌─ 第八章 融合多源异构数据的图书综合影响力
    │    综合影响力计算 → 综合影响力呈现 → 综合影响力评价结果分析
    │
    ├─ 第九章 融合多源异构数据的图书影响力应用
    │    图书多层次影响力评价应用 | 图书多样化影响力评价结果呈现
    │
    └─ 第十章 研究总结、不足与展望
```

图 1.1 融合多源异构数据的图书传播影响力评价研究内容

第一部分为理论梳理与影响力评价体系构建，包括第一章至第三章。

第一章为绪论。首先，阐述当前图书影响力评价的研究背景，并提出研究问题；其次，从图书影响力评价、引文内容分析及评论挖掘三个方面梳理国内外相关研究现状；最后，提出本书的研究内容。

第二章为理论基础。首先，进行图书相关概念辨析；其次，对数据融合、影响力评价相关理论及研究方法进行梳理；最后，对本书涉及的关键技术，即引文内容分析、评论挖掘的相关理论及其研究内容进行梳理与回顾，从而总结现有工作的不足，并提取出本书拟采用的研究技术与方法。

第三章为图书影响力多源异构评价数据识别与获取。依据已有的研究基础构建图书影响力评价体系框架，并在此基础上进行图书多源评价数据的识别、获取与分析。

第二部分为融合多源异构数据的图书学术传播影响力评价。基于图书影响力评价指标获取→计算→呈现→分析的逻辑，分别对图书内容数据以及图书引用数据进行多粒度、多层次挖掘，从而进行图书学术传播影响力评价。

第四章为基于图书内容数据的学术影响力评价。首先，对图书目录进行主题抽取与特征抽取从而进行多层次深度与广度分析，获取基于图书内容的学术影响力评价指标；其次，进行指标计算并可视化呈现评价指标；最后，分析指标得分的学科分布及指标间的关联。

第五章为基于图书引用数据的学术影响力评价。首先，对引用数据进行深入挖掘，获取来自三个维度的评价指标，包括引用频次维度、施引文献元数据维度及施引文献引文内容维度；其次，进行多维引用评价指标的计算与呈现；最后，分析多维评价指标的学科分布差异及指标间的相关性。

第三部分为融合多源异构数据的图书社会传播影响力评价。基于图书影响力评价指标"获取→计算→呈现→分析"的逻辑，分别对图书评论数据及图书利用数据进行多粒度、多层次挖掘，从而进行图书社会传播影响力评价。

第六章为基于图书评论数据的社会影响力评价。首先，提出了一种基于多粒度图书评论挖掘的方法获取用户对于图书整体以及各个属性的情感倾向，包括比较多种文本表示方法以确定最优的篇章级情感分类结果，结合深度学习与聚类算法从评论内容中抽取图书的属性，利用图书评论语料构建领域情感词典判断属性情感倾向判断性能，进而获取基于评论数据的社会影响力评价指标；其次，进行图书评论相关评价指标的计算、呈现与分析。

第七章为基于图书利用数据的社会影响力评价。首先，批量获取图书的馆藏数据，包括图书的馆藏数量及其馆藏国家和地区；其次，基于馆藏数量与国家和地区数据提取图书的馆藏分布指标；再次，计算图书利用数据相关的评价指标，即馆藏数量、馆藏国家和地区及馆藏分布；最后，对指标计算结果进行呈现与分析。

第四部分为融合多源异构数据的图书综合传播影响力评价。基于上述针对多源异构评价数据的挖掘与分析，得到了图书影响力评价的多维度评价指标及各个评价指标的得分。因此，为了融合多源评价结果以评价图书的综合传播影响力，本书需要进行评价指标之间的合理整合，从而得到图书对应的多维度的影响力得分。

第八章为融合多源异构数据的图书综合影响力。首先，基于前文的影响力评价数据分析结果，采用并联型数据融合方式，将学术影响力评价指标与社会影响力评价指标进行并联融合，从而建立多层次评价指标体系；其次，在此基础上进行图书综合影响力的计算，包括图书影响力评价指标得分标准化、图书影响力评价指标权重计算；最后，进行图书综合影响力评价结果的分析。

第九章为融合多源异构数据的图书影响力应用。在实际运用中，不同类型的用户往往会有不同的评价需求，因而本书需要针对不同的评价应用需求与场景，提供多样化的影响力评价结果及个性化的影响力呈现。首先，分别为不同评价需求提供对应层次的评价结果；其次，根据用户个性化的需求提供对应样式的影响力评价结果呈现。

第十章为研究总结、不足与展望。对本书的研究成果及主要贡献进行了总结，同时提出了未来可能的研究方向。

第二章

理论基础

为进行图书影响力的评价研究,本章首先将辨析图书、著作、专著等相关概念,以确定本书的研究对象。其次,以数据融合、影响力评价、引文内容分析及评论挖掘理论为基础,对国内外的研究方法进行总结与梳理,从中提出本书涉及的概念、理论依据,以及拟采用的研究方法。

第一节　图书、著作、专著概念辨析

图书、著作及专著作为交流与沟通的重要载体,对人类历史的发展与科学事业的进步具有重要作用。目前,学术界、出版界等对图书、著作及专著的概念存在不同的理解,尚未形成统一的认知,在实际使用中也存在歧义和混淆①。

一　图书概念辨析

图书(Book)。目前国内外对"图书"的概念已经达成基本的共识。联合国教科文组织将图书定义为凡由出版社(商)出版的不包括封面和封底在内49页以上的印刷品,具有特定的书名和著者名,编有国际标准书号(ISBN),有定价并取得版权保护的出版物②。因此,图书的基本要素包括:首先,图书必须含有被传播的知识信息。其次,需

---

① 叶继元:《学术图书、学术著作、学术专著概念辨析》,《中国图书馆学报》2016年第1期。
② 罗紫初编著:《图书发行学概论》,武汉大学出版社1992年版,第2—20页。

要有记录这些知识的文字、图画或其他符号。再次，需要有记载文字、图画、符号等信号的物质载体，如竹片、丝帛、纸张、磁性材料等。最后，要有生产技术和工艺，包括将文字等信息转移到物质载体上的技术，以及将物质载体进行加工便于装帧的技术。

当前的图书分类也存在多种不同的方式，如表2.1所示。其中，电子书1.0是指与纸质图书内容、版式相同的电子书；电子书2.0是指从生产到发布均采用数字化形式的电子读物，如文学网站中提供的在线原创图书；电子书3.0是指集成动画、声音、视频等可交互的富媒体图书。在图书内容方面，教育图书是指面向学生的基础教育与高等教育图书；专业图书通常以行业为区分，包括财经、科技、医疗等；大众图书是指面向所有类型读者的一般图书。

表 2.1　　　　　　　图书分类方式及对应图书类别

分类方式	图书类别	分类方式	图书类别
图书载体	纸质图书 数字图书	图书语言	中文图书 外文图书
出版方式	纸质图书 电子书 1.0 电子书 2.0 电子书 3.0	图书内容	教育图书 专业图书 大众图书
图书销量	畅销书 非畅销书	图书用途	非工具书 工具书

二　著作概念辨析

著作（Writing，Works）。"著作"的概念古今有不同的解释。著作，古称"作"，原指写作的体例。不同于"编述""抄纂"，著作是指作者自己原创的，前人没有阐述、发表或者记载过的作品。而"抄纂"，古称"论"，是指进行资料的汇编而形成的作品，如《论语》。"编述"，古称"述"，是指在现有资料的基础上进行提炼、总结，从而形成的作品。

《大清著作权律》规定：文艺（主要指文学作品）、图画、贴本、照片、模型都可称为著作物①。《中华民国国民政府著作权法》认为，著作物包括书籍论著及说部、乐谱剧本、图画字帖、照片雕刻模型、其他关于文艺学术及美术之著作物②。《国语辞典》对著作的定义分为古今两种，古代专指撰述诗文，现今指以自己之意见及技能制成者，均称为著作，包括文艺、图画、雕刻、照片、模型等③。《中华人民共和国著作权法》以"作品"替代"著作物"，并对著作范围进行了详细的界定，包括以下列形式创作的文学、艺术和自然科学、社会科学、工程技术等作品，即文字作品，口述作品，音乐、戏剧、曲艺、舞蹈、杂技艺术作品，美术、建筑作品，摄影作品，电影作品和以类似摄制电影的方法创作的作品，工程设计图、产品设计图、地图、示意图等图形作品和模型作品，计算机软件，以及法律、行政法规规定的其他作品。

在各类法律法规关于著作的概念界定之外，研究人员对著作的定义也有不同的解释。林穗芳将著作定义为在文学、艺术和科学领域内表达思想、感情、知识、经验，反映客观事物，并且其内容或表现方式具有独创性的作品④。林穗芳认为，著作的构成包括三要素：首先，要以思想、感情、知识、经验为内容并且以文字、语言、图画或者其他符号表达出来，因此未经过有形的形式记录和复制传播的不能称为著作。其次，表达出来的成果必须可以归入文学、艺术或科学领域。最后，必须具有独创性。王小平将著作定义为用语言文字或其他符号表现主体心灵世界，反映客观事物及其规律，从而生产出在内容和形式上具有独特性的精神产品的文化创造活动⑤。王小平认为，著作包含四个基本特征：首先，著作是一种创造精神产品的活动。其次，著作以表现主体心灵世界或反映客观事物及其规律为内容，具有科学、文化、思想或者艺

---

① 语和：《我国历史上的第一部著作权法——〈大清著作权律〉简论》，《历史教学》1995年第6期。
② 林穗芳：《关于"着作"概念和着作方式的历史发展》，《编辑学刊》1996年第5期。
③ 中国大辞典编纂处编：《国语辞典（影印本）》，商务印书馆国际有限公司2011年版，第1—1254页。
④ 林穗芳：《"编辑"和"著作"概念及有关问题》，《编辑学刊》1994年第1期。
⑤ 王小平：《"编辑"与"著作"概念辨析》，《湖南大学学报》（社会科学版）1999年第2期。

术等方面的价值,能对人类的精神世界、实践活动产生积极或消极的影响。再次,在内容或表现形式上具有独创性。最后,以文字、图画或者其他符号表达出来。

三 专著概念辨析

专著(Monograph)。《图书情报词典》中将专著视为"单行本",认为专著是以印刷方式非连续刊行的出版物,其内容完整地包含于单一的册(卷)或有限的若干册(卷)中①。《出版物发行知识词典》认为,专著是由一人或多人所著的、较完整与全面地阐述特定主题或对象的研究情况或成果的著作②。《中国大百科全书:图书馆学、情报学、档案学》解释专著为对某一学科或某一专门课题进行全面系统论述的著作。该解释认为专著包含三个重要的特征:首先,专著通常为"一家之言",即提出作者自己的观点与认识,而非陈述已有作品中的观点等。其次,专著针对复杂性问题作深入细致的探讨和全面论述,具有内容广博、论述系统、观点成熟等特点。最后,专著通常都附有参考文献和引文注释,包含丰富的书目信息③。

同时,在学术界,研究人员也对专著的定义进行了解释。Wasserman认为,专著的定义随着领域、作者等多种因素而变化,并没有确定的定义④。叶继元认为,专著是指对某一学科或领域或某一专题进行较为集中、系统、全面、深入论述的著作⑤。马巧珍认为,专著是指责任者在深入调查研究或不断实验的基础上所作的专门针对某个领域或某门学科或某个问题的独到见解的且对现实或未来研究有重大参考价值的著作,同时专著由于其内容的科学严谨性在一定范围内可作为教科书和工具书使用⑥。Campbell等认为,专著是关于单一主题或者主题的某个方面的

---

① 王绍平等编著:《图书情报词典》,汉语大词典出版社1990年版,第1—1168页。
② 王岩镔、徐炯主编:《出版物发行知识词典》,上海辞书出版社2016年版,第1—308页。
③ 中国大百科全书总编辑委员会《本卷》编辑委员会、中国大百科全书出版社编辑部编:《中国大百科全书·图书馆学 情报学·档案学》,中国大百科全书出版社1993年版,第1—679页。
④ Wasserman M., "Reprint: How Much does It Cost to Publish a Monograph and Why?", *Journal of Electronic Publishing*, Vol. 4, No. 1, 1998, pp. 1-6.
⑤ 叶继元:《学术图书、学术著作、学术专著概念辨析》,《中国图书馆学报》2016年第1期。
⑥ 马巧珍:《高校图书馆专著采访的困惑》,《农业图书情报学刊》2006年第7期。

专门著作，通常由一个作者基于某个学术主题完成①。在图书馆领域，专著的定义更加广泛。Prytherch 认为，专著为非连续出版的、在一卷或者有限数量的卷中完成的作品，基于此定义，小说也属于专著②。

综上所述，可以发现目前图书与著作的概念及其外延已经有相对统一的解释，而专著的概念的内涵与外延尚未形成统一认识，也没有公认、明确的定义。学术专著作为专著的下位词，在科学研究、出版活动中，通常与"专著"的使用混淆。同时，图书作为专著、著作等的上位词，通常包含了著作、专著等图书类型。通过对图书的影响力评价研究能够为公众、机构等多种用户群体提供丰富的评价信息，帮助用户进行图书的选择决策。因此，本书的研究对象为图书，包含专著、著作及其他类型的图书（如高校教材、参考手册等），并将融合多源异构数据进行图书影响力的综合评价。

第二节 数据融合

科技的飞速发展导致信息的表现形式、存储容量以及处理方法更加复杂多样，为了得到更加全面的信息，提高决策效率，通常需要进行多源数据的融合。

一 数据融合理论

数据融合于 20 世纪 70 年代正式提出，最初是为了满足军事需要，后逐渐扩展至医学、商业、自动控制等多个领域③。所谓数据融合，即将来自多个数据源的数据与信息，按照既定的规则进行智能化处理，从而结合为一个全面的信息，并在此基础上为用户提供所需的信息，从而

---

① Campbell R. et al., *Academic and Professional Publishing*, Oxford: Chandos Publishing, 2012, p. 510.

② Prytherch R. J., *Harrod's Librarians' Glossary and Reference Book: A Directory of over 10, 200 Terms, Organizations, Projects and Acronyms in the Areas of Information Management, Library Science, Publishing and Archive Management*, London: Routledge, 2005, p. 753.

③ 何剑斌等：《数据融合与数据挖掘的集成研究》，《计算机工程与应用》2002 年第 18 期。

得到更加准确可信的结论，帮助用户进行决策等①②。数据融合可以分为两种类型，即局部融合与全局融合③④。局部融合收集来自单个平台上的多个传感器数据，全局融合收集来自空间和时间上各不相同的多个平台上的多个传感器数据。此处的传感器为广义的传感器，包括各种数据获取系统和相关数据库等⑤。以图书的销售数据融合为例，将新华书店关于图书在多个国家和地区书店的销售数据融合，可视为局部融合；将图书在多个书店以及多个电子商务平台等多年的销售数据融合，则可视为全局融合。

数据融合一般包括四个关键步骤，即校准、相关、识别及估计，如图 2.1 所示⑥。在得到来自多个数据源的相关数据后，一是进行数据校准，统一各个数据源的时间与空间参考点。二是进行数据相关，判断不同时间与空间的数据是否来自同一目标。三是由于多源数据可以形成关于目标的 N 维特征向量，可以将目标的 N 维特征向量与已知类型的特征向量进行比较，从而判断目标的类型。四是对目标进行估计以确定目标的态势或者趋势。最终得到数据融合的结果。

校准 ⇒ 相关 ⇒ 识别 ⇒ 估计

图 2.1　数据融合流程

二　数据融合方法

数据融合可分为并联融合、串联融合，以及混合融合三种结构

---

① 康耀红：《数据融合理论与应用》（第二版），西安电子科技大学出版社 1997 年版，第 222 页。
② 滕召胜等编著：《智能检测系统与数据融合》，机械工业出版社 2000 年版，第 280 页。
③ 高全学等：《融合局部结构和差异信息的监督特征提取算法》，《自动化学报》2010 年第 8 期。
④ 马野等：《基于 UKF 的神经网络自适应全局信息融合方法》，《电子学报》2005 年第 10 期。
⑤ Hall D. L., Llinas J., "An Introduction to Multisensor Data Fusion", *Proceedings of the IEEE*, Vol. 85, No. 1, 1997, pp. 6-23.
⑥ 何友等：《多传感器数据融合模型综述》，《清华大学学报》（自然科学版）1996 年第 9 期。

形式①。

(一) 并联型数据融合

并联型数据融合一般流程如图 2.2 所示。从图 2.2 中可以看出，一般包括四个关键步骤。首先，确定待融合的 n 个数据源，以图书的影响力评价研究为例，即确定可用于评价图书影响力的相关数据源，如图书的引用数据、图书的评论数据、图书的馆藏数据②等。其次，对各类数据源分别进行处理以得到对应的 n 个处理结果。目前，除传统的问卷调查③④等处理方法外，自然语言处理、机器学习⑤等技术被充分用于各类数据源的处理。再次，将各类数据源的处理结果通过数据融合中心进行融合。最后，得到融合多源数据的图书影响力评价结果。

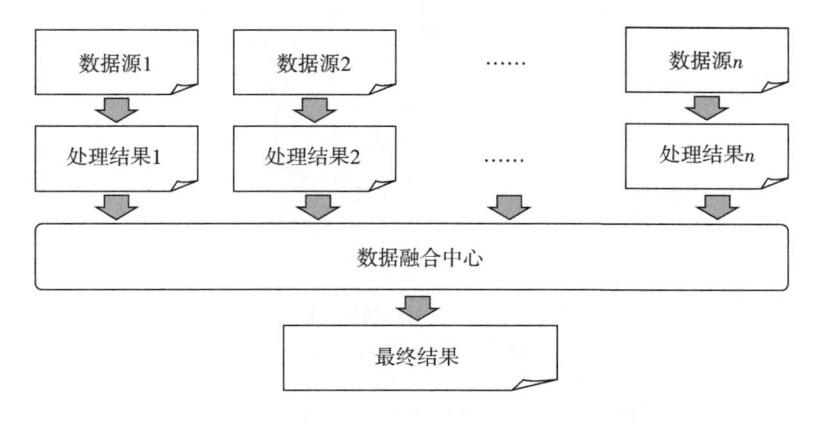

图 2.2 并联型数据融合流程

---

① 滕召胜等编著：《智能检测系统与数据融合》，机械工业出版社 2000 年版，第 280 页。

② White H. D. et al., "Libcitations: A Measure for Comparative Assessment of Book Publications in the Humanities and Social Sciences", *Journal of the American Society for Information Science & Technology*, Vol. 60, No. 6, 2014, pp. 1083-1096.

③ 岳修志：《基于问卷调查的高校阅读推广活动评价》，《大学图书馆学报》2012 年第 5 期。

④ 刘利、袁曦临：《外文学术图书质量评价实证研究》，《图书情报工作》2011 年第 21 期。

⑤ Zhou Q., Zhang C., "Using Citation Contexts to Evaluate Impact of Books", Proceedings of the 17*th* International Conference on Scientometrics and Informetrics, Sponsored by the International Society for Scientometrics and Informetrics, Rome, Italy, September 2-5, 2019.

(二) 串联型数据融合

串联型数据融合一般流程如图 2.3 所示。通过图 2.3 可以看出，主要包括三个步骤。首先，确定待融合的 n 个数据源，以及各类数据源的处理次序。其次，按照既定的次序对数据源进行逐步处理，并将处理结果与下一步需处理的数据源进行融合；重复上述步骤，直至全部数据源均被分析处理。最后，得到融合多源数据的处理结果。

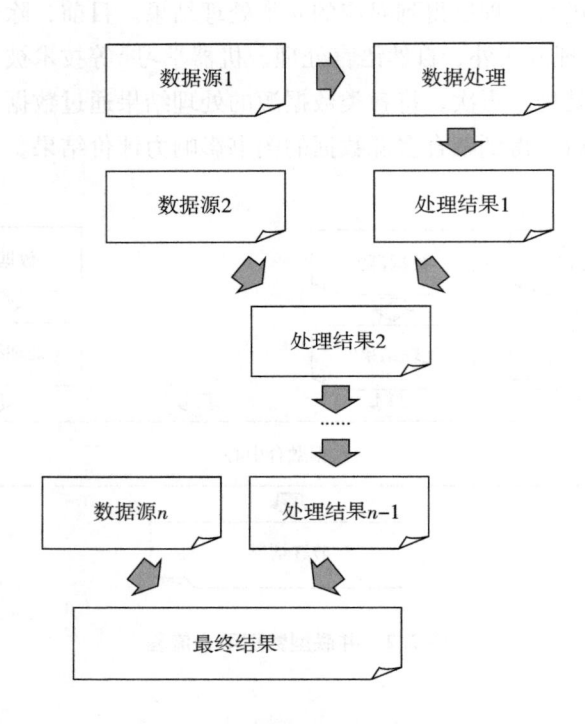

```
数据源1  →  数据处理
              ↓
数据源2     处理结果1
   ↓         ↓
     处理结果2
        ⋮
数据源n     处理结果n−1
   ↓         ↓
       最终结果
```

图 2.3　串联型数据融合流程

(三) 混合型数据融合

混合型数据融合，兼顾并联型数据融合与串联型数据融合的特点，其一般流程如图 2.4 所示。从图 2.4 中可以看出，包括五个主要步骤。一是确定待融合的 n 个数据源。二是对各类数据源分别进行处理获得对应的 n 个处理结果。三是将处理结果进行初次融合，获得多个初次融合结果。四是将初级融合结果进行再融合。五是得到数据融合结果。

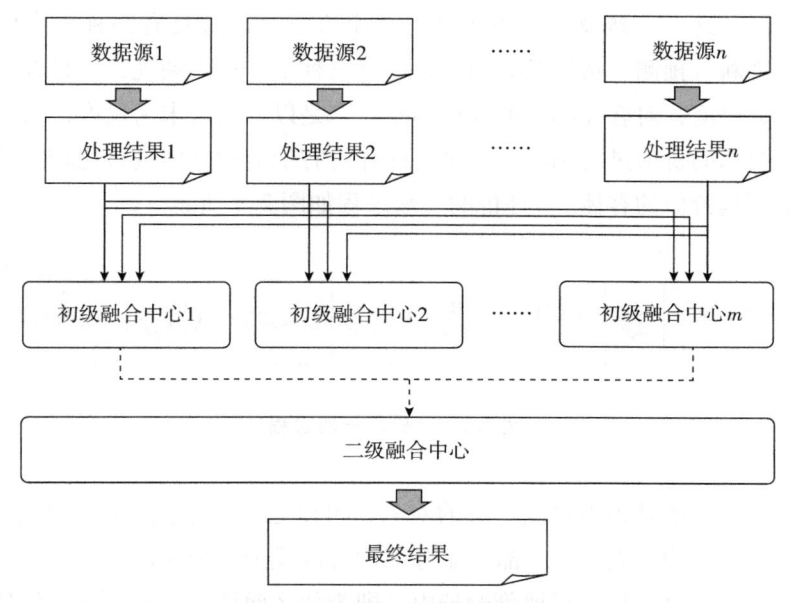

```
数据源1      数据源2      ……      数据源n
   ↓           ↓                     ↓
处理结果1    处理结果2    ……    处理结果n

初级融合中心1   初级融合中心2   ……   初级融合中心m

              二级融合中心
                  ↓
               最终结果
```

图 2.4　混合型数据融合流程

综上所述，数据融合能够获得更加全面的信息，弥补基于单一数据源处理结果的不足。本书借鉴数据融合理论，整合图书影响力评价的多源信息，以期获得比基于单一数据源更加丰富的评价结果，从而支持更多场景的图书评价结果应用。因此，本书首先采用并联型的数据融合方法，对各类评价数据源分别进行处理，获取评价指标。其次基于评价指标体系将各类数据源对应的处理结果（多维度评价指标结果）进行融合，从而得到综合的图书影响力评价结果。

第三节　影响力评价

影响力评价旨在判断评价对象对其他事物的影响程度。合理、高效的影响力评价能够帮助用户快速了解产品，支持潜在用户的购买决策，以及辅助产品更新、服务提升和政策优化等。

一　影响力评价理论

（一）评价

评价是人把握客体的意义与价值的观念性活动，其作为人类生活的重要活动之一，涉及了人类生活的多个方面。评价具有四种基本的功能：判断、预测、选择及导向，并通过三种基本形式展现，一是以人的需求为尺度，对客体的价值进行判断。二是以人的需求为尺度，对将形成的客体的价值进行判断。三是将同样具有价值的客体进行比较，从而确定更具价值的客体①。评价的一般过程如图2.5所示。

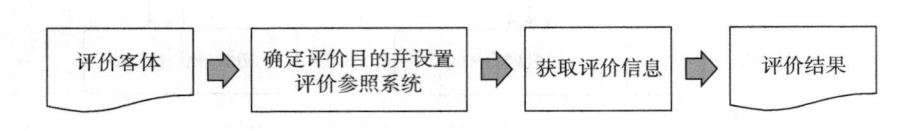

评价客体 ➡ 确定评价目的并设置评价参照系统 ➡ 获取评价信息 ➡ 评价结果

图2.5 评价的一般过程

评价客体是指需要被评价的对象，可以是人类生活中的各类事物，出版物、机构、人才、产品、服务等均可以成为评价客体。

评价的目的是进行评价的理由，即为什么而评价。不同的评价目的会决定不同的评价标准的制定，以及不同的评价方法与评价数据的选择，并产生不同的评价结果。如对于图书的评价而言，"是否值得购买""确定图书作者的学术地位""评价出版社的出版质量"等，这些不同的评价目的将导致不同的评价视角与结果。只有确定了评价的目的，才能进行后续的评价活动。评价参照系统是指评价者在进行价值判断时的参照条件，主要包括价值主体、评价视角（针对什么方面）、评价视域（与什么相比）及评价标准。其中，价值主体是指评价中的主体，即评价客体的价值是对谁而言。例如，对于图书是否值得购买这一评价目的，评价主体则为潜在消费者。评价视角是指评价所选取的角度。例如，评价图书的学术影响力，那么评价视角即学术影响力的评价，而非社会影响力等。评价视域即评价人员用于评价客体价值的比较范围。例如，评价图书影响力是比较不同图书的影响力差异，而非将图书影响力与论文影响力进行比较。评价标准则是评价人员选择何种的标准进行客体价值的评估。如进行图书学术影响力评价时，可以基于"被引次数越高，学术影响力越大"的评价标准。不同评价标准的选

---

① 冯平：《评价论》，东方出版社1997年版，第329页。

择，会造成评价结果的显著差异。

获取评价信息是指收集并处理评价信息，包括信息的筛选与解释。信息筛选就是从海量的信息中选择有用的信息。如为了进行图书的影响力评价，我们需要从大量图书相关信息中获取能够评价图书影响力的信息，如被引、销量、评论等，同时，还需要对获取后的信息进行清洗，去除噪声。信息解释是一个从现象到本质的过程。如获取图书的评论信息之后，需要对评论信息进行挖掘，识别用户对图书的态度。这一过程就是信息解释。

评价结果是指经过上述流程后得到的关于评价客体与主体关系的结论，包括四个步骤：首先，评价标准具体化；其次，以评价标准评价客体价值；再次，以同样的评价标准与过程对客体参照物进行评价；最后，比较评价客体与客体参照物评价结果，从而得到评价客体的价值判断。例如，评价图书影响力时，首先，需要确定评价的标准，如确定评价的指标体系；其次，通过数据处理与分析得到各个指标的得分，并基于一定的计算原则得到综合的评价值；再次，对参照物进行评价，如已知的高影响力图书；最后，将图书影响力评价结果进行对比，从而提供关于影响力评价更加直观的认知。

（二）影响力

影响力包括多个维度，如社会影响力、学术影响力等。社会影响力是指在社会活动中产生的控制力，表现为影响力产生者对接收者在认知、观点等方面的控制[1]。社会影响力包括多个类型：垂直影响力、横向影响力及复合影响力。垂直影响力是指信息主体的上行与下行影响。其中，上行社会影响力包括现实对历史的影响、底层对上层的影响力等；下行社会影响力包括历史对现实的影响、上层对下层的影响力等。横向影响力是指不同形式的各类型信息主体之间的相互影响和作用。复合影响力是指同时包含垂直影响力与横向影响力的复合的影响力。对于图书的影响力而言，其上行影响力包括图书对出版行业的出版决策影响力、对购买决策的影响力等。下行影响力包括现有的图书对未来将要出版刊物的影响力等。同时，图书的横向影响力包括图书对不同类型出版

---

[1] 刘江船：《社会影响力——传播学的新视角》，《河南社会科学》2010年第1期。

物的影响，如论文、报告等。学术影响力表现为学术活动中产生的控制力，目前关于学术影响力的内涵并没有统一的结论。多数的研究人员认为学术影响力主要来自同行对于学术成果的评价，学术影响力的大小取决于被他人引用、认可的程度①。如对于学者来说，常用引用次数、篇均被引次数、期刊影响因子、H指数等衡量学者的学术影响力。对于学术出版物而言，被引次数、下载量、阅读量等均可用于评价其学术影响力。本书将融合多源数据获取图书的综合影响力，即综合图书的学术影响力与社会影响力评价结果。

（三）影响力评价

影响力评价是指通过系统的评价过程确定影响力产生者对接收者的控制力。基于上述分析，我们可以发现影响力评价的一般过程如下：首先，确定评价目的，即确定评价客体的影响力。其次，确定影响力评价的标准，即构建多维度、多层次的影响力评价体系。再次，获取评价数据，包括多维度、多类型、多结构的评价信息，并利用文本分析、自然语言处理等技术对评价信息进行挖掘与分析，从而进行评价信息的处理与解释。最后，获得影响力评价的综合结果。

二　影响力评价研究方法

影响力评价研究的对象包括学者、机构、出版物等多种类型。本书主要关注影响力评价在图书方面的应用研究。目前，图书的影响力评价研究可以依据其所利用的评价数据分为三种主要的方法，即基于频次数据的图书影响力评价、基于内容数据的图书影响力评价及基于多维度数据的图书影响力评价。

（一）基于频次数据的图书影响力评价

基于频次数据的图书影响力评价的一般流程如图2.6所示。通过图2.6可以看出，这类评价方法主要包括四个步骤。

第一，确定待评价的图书信息，即确定需要评价的图书及其相关元数据信息，包括题名、作者、出版时间、出版社等信息，用于之后的评价数据获取与处理。

---

① Van Houten B. A. et al., "Evaluating Scientific Impact", *Environ Health Perspect*, Vol. 108, No. 9, 2000, pp. 392-393.

第二章 | 理论基础

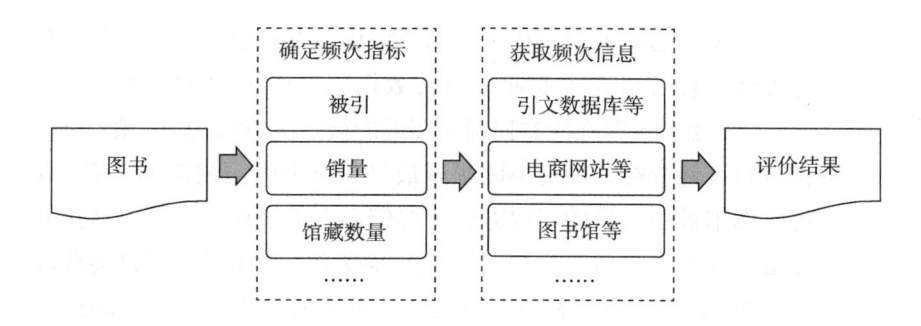

图 2.6　基于频次数据的图书影响力评价的一般过程

第二，确定用于评价的频次指标。目前，被引频次信息作为有效的评价依据被学者广泛应用[①②]。也有研究人员认为，图书被引频次不能全面地用于图书的影响力评价[③]。因此，随着 Web 2.0 的出现与发展，替代计量（Altmetric）指标逐渐被用于评价图书影响力，如图书的销量信息、馆藏信息、借阅情况[④]等。此外也有利用在线指标进行图书影响力评价研究[⑤]，如图书在学术社区的社交媒体指标[⑥]、整合的在线影响力指标[⑦]等。值得注意的是，Thelwall 认为，替代计量指标或者替他评估学术出版物的指标总是与被引次数计算相关性，但并没有对相关系数强度有明确的规定，并且很难对相关系数的强度有准确的现实解释[⑧]。

---

① 车黎莎、许光鹏：《对我国心理学研究最有影响的国外学术著作分析——基于 CSSCI （2000—2007 年度）数据》，《西南民族大学学报》（人文社科版）2010 年第 10 期。

② 任红娟：《我国档案学高影响力学术著作研究》，《档案管理》2016 年第 3 期。

③ Abrizah A., Thelwall M., "Can the Impact of Non-Western Academic Books Be Measured? An Investigation of Google Books and Google Scholar for Malaysia", *Journal of the Association for Information Science & Technology*, Vol. 65, No. 12, 2014, pp. 2498-2508.

④ 张海营：《基于 RFM 模型的图书馆图书评价系统研究》，《图书馆》2012 年第 3 期。

⑤ Bornmann L., "Validity of Altmetrics Data for Measuring Societal Impact: A Study Using Data from Altmetric and F1000 Prime", *Journal of Informetrics*, Vol. 8, No. 4, 2014, pp. 935-950.

⑥ Haustein S., Sugimoto C., "Guest Editorial: Social Media Metrics in Scholarly Communication", *Guest Editorial: Social Media Metrics in Scholarly Communication-ResearchGate*, Vol. 67, No. 3, 2015, pp. 246-259.

⑦ Kousha K., Thelwall M., "Google Scholar Citations and Google Web/Url Citations: A Multi-Discipline Exploratory Analysis", *Journal of the Association for Information Science & Technology*, Vol. 58, No. 7, 2010, pp. 1055-1065.

⑧ Thelwall M., "Interpreting Correlations between Citation Counts and Other Indicators", *Scientometrics*, Vol. 108, No. 1, 2016, pp. 337-347.

第三，依据已选定的频次指标获取待评价图书对应的频次信息。在被引信息方面，现有研究主要通过引文数据库 CSSCI、BKCI 等，以及 Google 学术、百度学术等在线数据确定图书的被引次数[①]。如利用 CSSCI 引文数据进行统计分析，确定不同领域最具影响力的国内图书[②]等。其中，传统的图书被引信息的获取方法主要依靠人工统计。为了提高获取的效率与准确性，已有研究借助网络爬虫等技术，提出了一些自动获取的方法[③]。同时，我们可以利用电商网站、实体书店等获取图书的线上与线下的销量信息。对于图书的馆藏信息，我们可以通过 Online Computer Library Center（OCLC）等获取图书在全球各个图书馆的馆藏数量与分布。

第四，通过对频次类评价数据的分析得到图书的影响力评价结果。通常，我们认为图书的被引次数越多，图书的影响力越大。同时，图书的销量越高或者图书的馆藏数量越多，其影响力也越高。

（二）基于内容数据的图书影响力评价

基于内容信息的图书影响力评价的一般流程如图 2.7 所示。与基于频次数据的评价方法类似，第一，需要确定待评价的图书信息。

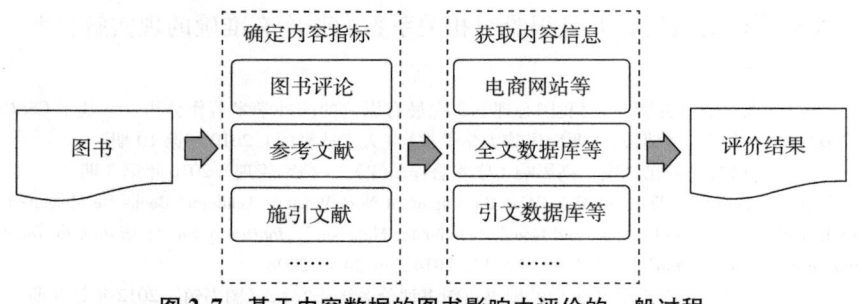

图 2.7 基于内容数据的图书影响力评价的一般过程

[①] Torres-Salinas D. et al., "Analyzing the Citation Characteristics of Books: Edited Books, Book Series and Publisher Types in the Book Citation Index", *Scientometrics*, Vol. 98, No. 3, 2014, pp. 2113-2127.

[②] 丁翼：《法学图书学术影响力分析（国内学术著作）——基于 CSSCI（2000—2007）》，《东岳论丛》2009 年第 11 期。

[③] Kousha K., Thelwall M., "An Automatic Method for Extracting Citations from Google Books", *Journal of the Association for Information Science & Technology*, Vol. 66, No. 2, 2015, pp. 309-320.

第二,确定用于评价图书影响力的内容指标。图书的书评信息能够反映评论人员对图书内容、排版、纸张等多个方面的态度与观点。图书评论包括专业书评及大众书评。专业书评多数来自领域专家、学者,这类书评通常是具有学术性的,并且在学术交流系统中具有重要的作用[①]。大众书评通常来自电商网站、社交媒体等用户的评论,具有大众性。我们可以利用机器学习等方法进行评论挖掘,从而用于评价图书的影响力[②]。同时,学术出版物的参考文献也可以用于判断出版物的质量与特点,如参考文献数量可以反映论文的学术水平[③]。此外,已有研究表明合理引用高质量的期刊论文有利于文献学术质量和影响力的提高[④],并且高被引论文倾向引用高被引文献[⑤]。图书施引文献能够反映其他研究课题、方向甚至学科对于图书的认可程度,进而反映图书的影响力。综上,可以发现现有的内容类评价指标多样,可以根据不同的评价目的进行评价指标的合理选择。

第三,依据确定的评价指标,获取待评价图书的相关内容类评价数据。在图书评论方面,电商网站及社交媒体网站存在海量的图书在线评论(大众评论),可以利用网络爬虫进行相关信息的快速获取。图书的专业书评信息相对较少,目前 Choice 网站可以大量获取图书的专业书评,但仅限于英文图书。在参考文献与施引文献方面,各类全文数据库、引文数据库是主要的数据来源,如中国科学信息技术研究所的

---

① Alesia Z., Thed V. L., "Book Reviews in Humanities Research Evaluations", *Journal of the American Society for Information Science & Technology*, Vol. 62, No. 10, 2011, pp. 1979-1991.

② Alesia Z. et al., "A Machine-Learning Approach to Coding Book Reviews as Quality Indicators: Toward a Theory of Megacitation", *Journal of the Association for Information Science & Technology*, Vol. 65, No. 11, 2014, pp. 2248-2260.

③ 毛大胜、周菁菁:《参考文献数量与论文质量的关系》,《中国科技期刊研究》2003年第1期。

④ 梁春慧等:《高被引论文的参考文献特征研究——以化学领域为例的实证分析》,《科技与出版》2014年第7期。

⑤ 姜春林等:《中文高被引期刊论文的参考文献也倾向于高被引吗?——以图书情报学为例》,《情报杂志》2015年第1期。

SDTP 数据库、CSSCI、BKCI、Google Scholar 数据库等①②③。随着各类数据存储与获取技术的发展，相关内容信息的获取成本逐渐下降，研究人员可以根据不同的研究目的进行相关数据的获取与处理，进而用于图书的影响力评价。

第四，得到图书的影响力评价结果。不同的内容数据可以得到不同的评价指标与结果，需要依据评价的具体目标选择合适的数据源。如通过图书的在线书评可以得到用户对于图书整体，以及内容、物流、价格等多个属性的满意度，进而评价图书的影响力。

（三）基于多维度数据的图书影响力评价

为了得到更加全面的影响力评价结果，多维度评价数据的综合考虑成为影响力评价研究的趋势。基于多维度数据的图书影响力评价的一般流程如图 2.8 所示。同样，第一，需要确定待评价的图书信息。

图书 ⇒ 确定评价理论及指标体系构建 ⇒ 获取评价数据 ⇒ 评价结果

图 2.8 基于多维度数据的图书影响力评价的一般过程

第二，确定所采用的影响力评价理论并基于该理论构建用于图书影响力评价的指标体系。基于现有研究发现，国内外图书评价研究存在明显差异，国外研究人员更加注重研究方法、用户需求、电子图书技术和电子图书协作的研究④。同时，在进行图书评价研究过程中，必须考虑不同学科的特点及不同的学术输出形式⑤，将定量方法与定性方法结

---

① Hammarfelt B., "Interdisciplinarity and the Intellectual Base of Literature Studies: Citation Analysis of Highly Cited Monographs", *Scientometrics*, Vol. 86, No. 3, 2011, pp. 705-725.

② Torres-Salinas D. "Mapping Citation Patterns of Book Chapters in the Book Citation Index", *Journal of Informetrics*, Vol. 7, No. 2, 2013, pp. 412-424.

③ 崔腾宇等：《中文体育类图书学术影响力研究——基于 CNKI 中国引文数据库》，《运动》2014 年第 23 期。

④ 李平、初景利：《国内外电子图书评价研究进展》，《图书馆建设》2006 年第 2 期。

⑤ Huang M. H., Chang Y. W., "Characteristics of Research Output in Social Sciences and Humanities: From a Research Evaluation Perspective", *Journal of the American Society for Information Science & Technology*, Vol. 59, No. 11, 2008, pp. 1819-1828.

合①。在指标体系构建方面，目前已有一些相对成熟的理论与方法。如基于创新测度的人文社会科学图书评价指标体系②。通过对人文社会科学图书"全评价"理论的深入阐述，提出了基于形式评价、内容评价和效用评价的人文社会科学图书"全评价"模型。其中，形式评价通过影响程度量化，涉及作者职称、出版社级别与被引量；内容评价通过学术创新程度（包括选题创新程度、理论创新程度、方法创新程度、资料新颖程度以及结论新颖程度）与论证完备程度（包括方法有效性、论据可靠性、论证逻辑性以及引用规范性）进行衡量；通过实际效用进行图书效用评价，涉及学术价值、经济效益及社会效益。以上指标能够有效反映图书的学术质量，然而部分指标难以量化，只能通过领域专家对图书各项评价指标进行逐项打分，从而得到图书最终的评价结果。这一过程涉及的成本较高，专家需要对图书进行仔细阅读之后才能给出各个指标的评分。因此，这一评价体系不适用于大规模的图书影响力评价。同时，已有研究借鉴科技期刊的评价方法，从图书的引用、基金与奖励、网络书评、图书利用四个方面选取定量指标，构建中文科技图书学术影响力评价体系，并对评价体系进行实证分析和检验③。其中，引用指标通过 CSTPCD 引用及 Google Scholar 引用度量，包括总被引频次与年均被引频次、基金与奖励通过是否获得出版基金（包括国家科学技术学术著作出版基金、国家出版基金及部委出版基金）与图书获奖情况（包括中国出版政府奖、中华优秀出版物奖及三个一百原创图书）进行度量；网络书评主要包括亚马逊网站书评与当当网书评，涉及书评评价星级与书评次数；图书利用指标通过专业图书馆纸本馆藏与借阅（包括借阅总次数、年均借阅次数、复本量与借阅比率）、电子图书馆馆藏与借阅（包括是否入藏、点击量、下载量与打印量）、版本印次（包括版本与印刷次数）及书店销售量（包括总销售量与年均销售量）度量。以上的指标体系度量方便、可行性高。然而这些指标多数为频次

---

① 何峻：《我国图书评价现状分析》，《大学图书馆学报》2012 年第 3 期。
② 王兰敬：《基于创新测度的人文社会科学图书评价研究》，中国经济出版社 2017 年版。
③ 张玉：《中文科技图书学术影响力评价指标体系实证研究》，硕士学位论文，中国科学技术信息研究所，2014 年。

类评价指标，忽略了图书相关的内容信息，如引用指标，仅考虑了被引量与年均被引量，并没有分析引用意图，如识别虚假引用等。同时在网络评论部分仅仅考虑了评论数量以及评论星级信息，忽略了评论内容挖掘，而评论内容往往包含了用户对图书更加全面、具体的评价态度，对于评论内容的挖掘能够有效识别用户对图书各个属性的观点，是非常重要的图书评价资源。因此，本书在考虑现有评价理论基础上，整合内容类与频次类评价指标，并结合自然语言处理等方法，进行多维度数据的自动获取、分析与融合，从而构建更加全面、高效的图书影响力评价体系。

第三，依据构建的图书影响力评价指标体系获取多维度评价数据。在完成评价指标体系的构建之后，需要根据不同的指标确定对应的评价数据源。对数据进行获取、清洗、处理与分析，从而获取对应评价指标的得分并计算指标权重。在本书中，我们将融合多源评价数据进行图书影响力的评价，利用评论挖掘、文本分类、主题建模、深度学习等多种方法进行数据的处理，计算各个评价指标的得分，并基于指标得分进行评价指标体系中各个指标权重的客观计算，从而获取图书影响力的综合得分。

第四，经过上述步骤得到基于多维度数据的图书影响力评价结果。不同的评价目的需要依据不同的评价理论，从而构建对应的评价体系。在不同的评价体系中，往往需要来自不同维度的数据，通过对多维数据的处理、分析与融合，得到综合的影响力评价结果。

综上所述，我们发现在基于传统被引频次的方法外，许多研究人员开始尝试在线或者替代信息进行图书影响力评价。然而，多数替代指标仍然缺失内容层信息，无法识别用户的真实意图。如基于引文分析的方法多数忽略了引文内容。基于专业书评的评价方法虽然考虑了内容信息，但是专业书评数量少、获取成本高。而在线评论信息包含用户对图书的态度、观点，且数量多、更新快、易于获取，能够弥补传统引文评价方法的不足，但是仅仅基于在线评论进行影响力挖掘难以全面评价图书影响力。现有基于多维度数据的影响力评价研究考虑了多个维度的信息进行图书评价，但是未对内容信息进行深入分析。因此，融合多源异构信息，并利用数据挖掘等技术对内容层信息进行深入挖掘，能够识别用户的真实态度与动机，从而全面、有效地评价图书的影响力。

第四节 引文内容分析

引文内容即施引文献在其正文中对于其他文献的描述，如 "Among them, the structural correspondence learning (SCL) algorithm (Liu, 2012) is the most representative"。就是施引文献正文中关于文献 Liu（2012）的引文内容。对引文内容的分析能够用于文献的检索与归类及机构、人才、出版物的评价等。

一 引文内容分析理论

引文内容随着引文分析的发展而提出，1982 年，Small 将引文内容定义为"the text surrounding the references"，即参考文献（被引文献）周围的文本内容，这一定义得到了广泛认可与应用[①]。Ding 等认为引文内容分析是以语法分析与句法分析为理论基础，借助内容挖掘与计算语言学等方法进行研究，从而用于引用功能分类、信息检索、推荐、预测及知识图谱挖掘等，如图 2.9 所示[②]。

其中，句法分析可用于分析文献的类型（如期刊论文、会议论文、图书等）、作者类型（如单个作者、多个作者）、被引文献与施引文献之间的关系（如自引、引用合作者文章等）、引文位置（如引言、文献综述、结果等）、引用频次（如单次引用、多次引用）等[③]。同时，语义分析可用于判断引用的功能（如提供背景信息、构建理论框架、提供先前的经验/实验依据等）、识别引用的情感倾向（如正面引用、负面引用、中性引用及混合引用）、确定研究领域的类型（如社会科学、人文科

---

① Small H., "Citation Context Analysis", *Progress in Communication Sciences*, Vol. 3, 1982, pp. 287–310.

② Ding Y. et al., "Content-Based Citation Analysis: The Next Generation of Citation Analysis", *Journal of the Association for Information Science & Technology*, Vol. 65, No. 9, 2014, pp. 1820–1833.

③ 赵蓉英等：《全文本引文分析——引文分析的新发展》，《图书情报工作》2014 年第 9 期。

学、自然科学等）及研究方向的类型（如理论研究、实证研究等）①。

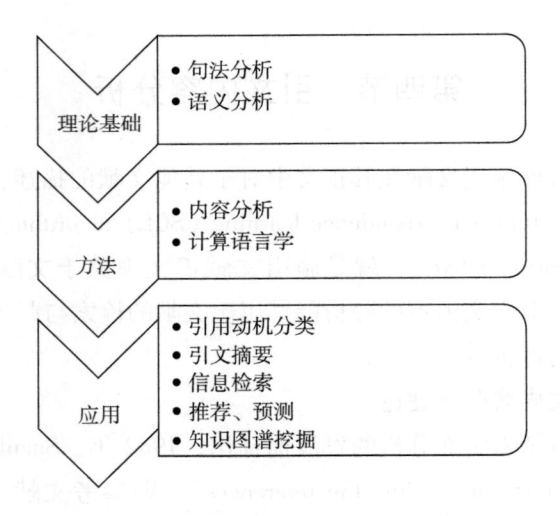

```
理论基础 ── • 句法分析
            • 语义分析

方法     ── • 内容分析
            • 计算语言学

应用     ── • 引用动机分类
            • 引文摘要
            • 信息检索
            • 推荐、预测
            • 知识图谱挖掘
```

图 2.9　引文内容分析相关元素

一条引文内容可以表示为一个五元组：$Citation\{D, T, R, P, L\}$②。其中，$D$ 为施引文献，即引文所在的文献；T 为文本内容，即施引文献引用参考文献时的引文上下文信息；R 为参考文献（被引文献），即引文内容对应的文献；P 为引文句编号，即包含引用标签的句子在施引文献中的句子编号，用于表示引文句在施引文献中的位置；L 为句子长度，即引文内容中的句子数量。

引文内容分析一般包括三个步骤：数据预处理、引文内容抽取及引文内容挖掘，如图 2.10 所示。

（1）数据预处理。任何文本挖掘任务都依赖高效的数据预处理结果。数据预处理可以对数据集进行清洗，从而去除无效的干扰数据，同时依据分析需求转换数据格式，用于后续的数据分析。在引文内容分析

---

① Zhang G. et al., "Citation Content Analysis (CCA): A Framework for Syntactic and Semantic Analysis of Citation Content", *Journal of the American Society for Information Science & Technology*, Vol. 64, No. 7, 2014, pp. 1490-1503.

② 刘盛博等：《引文分析的新阶段：从引文著录分析到引用内容分析》，《图书情报知识》2015 年第 3 期。

```
数据预处理  ⇒  引文内容抽取  ⇒  引文内容挖掘
```

图 2.10　引文内容分析流程

任务中，数据的预处理包括构建数据集与文本预处理。具体而言，数据集的构建包括施引文献与被引文献的元数据获取、施引文献集构建，以及被引文献集构建。文本预处理是指对已构建的数据集进行处理。首先，对被引文献集进行处理，获取其对应的施引文献。其次，对施引文献集进行处理，获取施引文献的全文并对全文格式进行转换与清洗。所谓格式转换，就是由于目前多数施引文献为 PDF 等格式，需要将其转换为计算机能够识别的文件格式（如 TXT），并对转换后的文本进行乱码、空缺的清洗，而对于 XML 等格式的施引文献全文不需要进行格式转换。

（2）引文内容抽取。引文内容抽取是指从施引文献正文中抽取引文句，即抽取带有引文标记的句子，可以借助五元组 $Citation\{D, T, R, P, L\}$ 中的 P 完成，同时还可以利用语篇分析等抽取引文句的上下文信息。受限于文献格式与数据处理方法，多数引文内容抽取任务还需通过人工判断完成。这类方法准确率高，但是数据获取的成本高、速度慢，只能进行小样本的引文内容分析。随着全文数据库的发展，引文内容分析逐渐便利，比如 HTML、XML 格式的文献数量增多，大大降低了引文内容获取的成本。然而，这类方法在识别引文边界等任务的性能明显低于人工判断，并且仍有海量的文献属于机器难以直接处理的格式。因此，目前关于引文内容抽取并没有一个统一的高效方法，需要研究人员根据不同数据需求与任务目标进行抽取方法的选择。

（3）引文内容挖掘。引文内容挖掘就是借助文本处理等技术对抽取出的引文内容进行挖掘，获取研究所需的信息，如引文情感倾向判断、引文动机判断、引文主题识别等。其中，引文情感倾向判断是利用引文内容判断施引文献对被引文献的观点、态度等，通常包括正面引用、负面引用与中性引用三种引用情感倾向。引文动机判断是指通过引文内容判断施引文献引用被引文献的动机、意图等，如提供背景阅读，使用他人方法、数据、思想等。引文主题识别是利用引文内容识别被引文献的主题，这些主题能够解释文献被引用的原因，揭示被引文献的研究内容，为后续的文献分类、聚类等研究提供数据支持。

二　引文内容分析研究内容与方法

目前关于引文内容的分析研究可以大致分为基于频率的引文内容分析与基于文本的引文内容分析两类，如表2.2所示①。其中，基于频率的引文内容分析的基本假设是引用的频次能够用于评价文献的影响力。基于文本的引文内容认为可以借助自然语言处理等技术利用文本中的文字、语言表达、语义信息等用于挖掘引文的功能以及情感倾向等②。

表2.2　　　　　　　引文内容分析基本假设与方法

研究方向	基本假设	分析方法
基于频率的引文内容分析	引用频次可以作为影响力评价指标	如引用次数、引用频率等
基于文本的引文内容分析	引文中的文字、语言表达能够反映引用功能、情感等信息	如语篇分析、自然语言处理等
	引文内容的语义内容能够反映引用动机等	如内容分析、心理学实验、调研、访谈等

（一）基于频率的引文内容分析

基于频率的引文内容分析通过对引用频次的分析，判断被引文献对施引文献的重要程度。具体研究内容如图2.11所示。在进行基于频率的引文内容分析时，首先，需要确定待分析的对象，主要包括期刊、论文、图书等多种出版物类型。其次，根据不同的研究对象获取细粒度的引用频次信息，构建待分析语料集。

---

① Zhang G. et al., "Citation Content Analysis (CCA): A Framework for Syntactic and Semantic Analysis of Citation Content", *Journal of the American Society for Information Science & Technology*, Vol. 64, No. 7, 2014, pp. 1490-1503.

② Zhang G. et al., "Citation Content Analysis (CCA): A Framework for Syntactic and Semantic Analysis of Citation Content", *Journal of the American Society for Information Science & Technology*, Vol. 64, No. 7, 2014, pp. 1490-1503.

第二章 理论基础

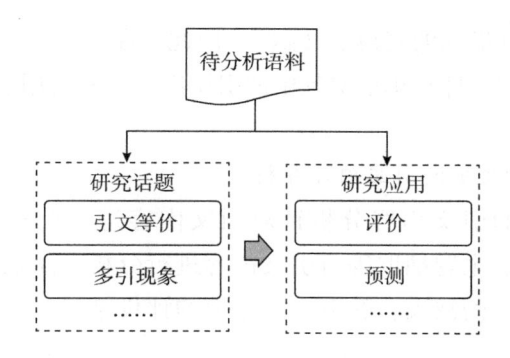

图 2.11 基于频率的引文内容分析

基于频率的引文内容分析主要包括两个研究话题：引文等价分析及多引现象识别。引文等价分析是指在施引文献正文中提及次数较多的被引文献对施引文献的重要性要高于提及次数较少的被引文献。多引现象则是指参考文献列表中的文献在施引文献正文中被多次提及的现象。已有研究证明每篇论文在施引文献中平均被引次数为 1.05—1.15 次，并且该规则具有普遍性①，同时，除了文献的引言部分单次引用与多次引用情况相当，在文献的其他部分通常是多次引用②。针对这些话题的研究能够有效用于评价文献影响力、预测高质量成果等。比如，依据文献在施引文献中具体的被引次数进行期刊影响因子的重新计算，能够获得比现有方法更加合理的结果，用于评价期刊的影响力③。或者，对期刊论文进行引用频率的重新计算，获得更加可靠的高被引文献列表，用于评价文献的学术价值，识别高质量的论文④⑤，以及通过考虑实际引用

---

① Oppenheim C., Renn S. P., "Highly Cited Old Papers and the Reasons Why They Continue to Be Cited", *Journal of the American Society for Information Science & Technology*, Vol. 29, No. 5, 1978, pp. 225-231.

② Maričić S. et al., "Citation Context Versus the Frequency Counts of Citation Histories", *Journal of the American Society for Information Science*, Vol. 49, No. 6, 1998, pp. 530-540.

③ Hou W. R. et al., "Counting Citations in Texts Rather Than Reference Lists to Improve the Accuracy of Assessing Scientific Contribution", *Bioessays News & Reviews in Molecular Cellular & Developmental Biology*, Vol. 33, No. 10, 2011, pp. 724-727.

④ Ding Y. et al., "The Distribution of References across Texts: Some Implications for Citation Analysis", *Journal of Informetrics*, Vol. 7, No. 3, 2013, pp. 583-592.

⑤ Zhu X. et al., "Measuring Academic Influence: Not All Citations are Equal", *Journal of the Association for Information Science & Technology*, Vol. 66, No. 2, 2015, pp. 408-427.

次数更早地识别潜在的高被引文献①。因此，在本书中，我们将度量图书的被引用强度，即在单篇文献中的引用次数，从而用于更加准确判断图书的影响力。

（二）基于文本的引文内容分析

基于文本的引文内容分析针对引文内容进行挖掘，借助问卷调查、文本分析、主题抽取等对引文内容进行分析，从而弥补基于频次方法在内容层面的缺失，获取更加全面的评价结果。具体分析流程如图 2.12 所示。

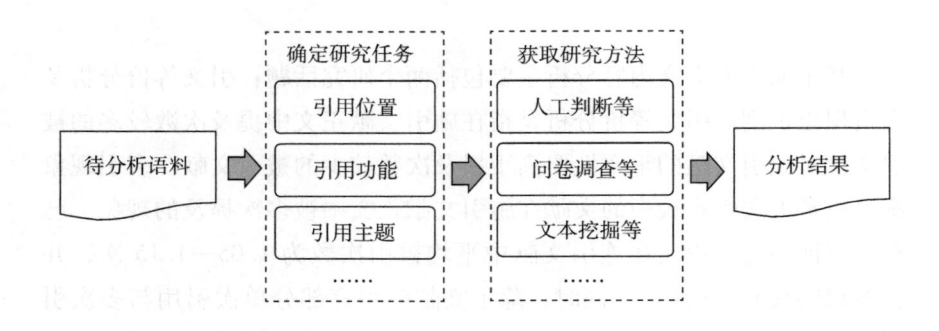

图 2.12 基于文本的引文内容分析

与基于频率的引文内容分析相似，首先，需要确定待分析的对象，并根据不同的研究对象获取引文内容的文本信息，构建待分析语料集。区别于基于频次的研究方法，引文内容文本信息的获取更加复杂。其中，人工获取方法准确率高，但是获取成本高、耗时长，难以适应大规模的数据处理。自动抽取方法只适用于格式化的文本识别，如 XML 格式，难以对 PDF 等文本中引文内容进行抽取，同时该方法难以克服引文边界识别问题②③。在本书中，由于多数语料为 PDF 格式，同时为了

---

① 胡志刚等:《从基于引文到基于引用——一种统计引文总被引次数的新方法》，《图书情报工作》2013 年第 21 期。
② 金贤日、欧石燕:《无监督引用文本自动识别与分析》，《数据分析与知识发现》2021 年第 1 期。
③ 雷声伟:《学术文献引文上下文自动识别研究》，《图书情报工作》2016 年第 17 期。

保证引文内容抽取的准确性,我们采用了人工方法进行引文内容的获取。

在获取待分析语料之后,基于文本的引文内容分析的主要研究任务包括引用位置识别、引用动机判断以及引用主题抽取等。引用位置是指引文在施引文献中出现的位置。已有研究表明社会科学文献的引文多数出现在施引文献的引言部分,极少出现在施引文献的结论部分[①]。通过对引用位置的分析,可以帮助识别非必要引用[②],同时,可以根据引用位置判断引用类别,对引用影响力进行分类,如低度引用、中度引用及重度引用,从而帮助评价被引文献的影响力[③]。引用动机研究旨在判断被引文献被引用的原因、目的等,如证实、支持、说明/澄清、解释结果、简单提及、未来研究及使用等[④]。在引用内容主题研究方面,主要通过挖掘引文内容信息中表达的主题,从而分析被引文献的内容。已有研究证明基于引文内容分析识别的主题信息能够更好地解释论文被引原因且揭示被引文献的研究内容[⑤],同时更能表达被引文献的特征[⑥],从而有助于文献的高效管理与评价。

另外,需要根据不同研究任务采用对应的研究方法。在引用动机研究方面,人工判断与基于问卷调查的方法是主要的研究方法[⑦]。部分研究人员认为,通过问卷等方法进行引用动机分析是非常耗时耗力的,因此他们主张通过分析引文内容判断作者的引用动机,如将引文

---

① Tsay M. Y., "Citation Type Analysis for Social Science Literature in Taiwan", Proceedings of the 15th International Conference on Scientometrics and Informetrics, Sponsored by the International Society of Scientometrics and Informetrics, Istanbul, Turkey, June 29-July 4, 2015.

② Zhao D. et al., "Functions of Uni-and Multi-Citations: Implications for Weighted Citation Analysis", *Journal of Data and Information Science*, Vol. 2, No. 1, 2017, pp. 51-69.

③ Carroll C., "Measuring Academic Research Impact: Creating a Citation Profile Using the Conceptual Framework for Implementation Fidelity as a Case Study", *Scientometrics*, Vol. 109, No. 2, 2016, pp. 1329-1340.

④ Radoulov R., *Exploring Automatic Citation Classification*, Canada, MS dissertation, University of Waterloo, 2008.

⑤ 祝清松、冷伏海:《基于引文内容分析的高被引论文主题识别研究》,《中国图书馆学报》2014年第1期。

⑥ 刘洋、崔雷:《引文上下文在文献内容分析中的信息价值研究》,《图书情报工作》2014年第6期。

⑦ 邱均平等:《科研人员论文引用动机及相互影响关系研究》,《图书情报工作》2015年第9期。

功能分类转化为多类别分类问题①，利用文本挖掘方法对引文进行引用动机识别②，同时引入语言学特征③④以提高判断的准确性。在引用内容主题研究方面，各类全文数据库与主题建模技术的结合能够有效识别引文内容表达的主题信息⑤。同时，考虑主题词表、共现关系以帮助提高主题识别的可靠性⑥。在本书中，我们将利用机器学习方法自动判断引用动机，同时通过比较不同的文本表示方法提高判断的性能。

综上所述，引文内容分析研究能够判断被引文献对施引文献的重要程度，并且可以通过对内容的挖掘识别施引文献的引用动机、引用强度等信息，从而用于衡量被引文献的影响力。同时，现有的研究多数借助人工判断、问卷调查等方法，难以适应现今的大规模评价需求。因此，以现有理论为基础，借助文本挖掘等技术进行引文内容的批量分析是必然趋势。在本书中，我们首先抽取引文内容并计算引用强度；其次利用监督学习方法自动判断全部引文内容的引用动机，从而帮助判断图书的影响力。

第五节 评论挖掘

评论挖掘旨在从大量的评论信息中识别出用户需要的信息，并对抽取出的信息进行判断、分类、总结。基于情感分析技术进行评论挖掘能

---

① 刘兴帮等：《基于多标签分类的引文全局功能识别研究》，《数字图书馆论坛》2016年第3期。

② Li X. et al., "Towards Fine-Grained Citation Function Classification", Proceedings of the International Conference Recent Advances in Natural Language Processing, Sponsored by the Bulgarian Academy of Sciences, Brno, Czech Republic, September 7-13, 2013.

③ Teufel S. et al., "Automatic Classification of Citation Function", Proceedings of the Empirical Methods in Natural Language Processing, Sponsored by the Association for Computational Linguistics, Sydney, Australia, July 22-23, 2006.

④ Meng R. et al., "Automatic Classification of Citation Function by New Linguistic Features", Proceedings of the iConference 2017 Proceeding, Sponsored by Wuhan University, Wuhan, China, March 22-25, 2017.

⑤ 刘盛博等：《引用内容获取与分析机制研究》，《图书情报工作》2013年第19期。

⑥ 刘盛博等：《基于引用内容的论文影响力研究——以诺贝尔奖获得者论文为例》，《图书情报工作》2015年第24期。

够识别用户对产品或者服务的关注差异及情感倾向,帮助用户高效了解产品或服务。

一 评论挖掘理论

类似文本分类,情感分析主要由文本表示、特征选择、分类器设计三部分组成,如图2.13所示[1]。

文本表示 ➡ 特征选择 ➡ 分类器设计

图2.13 情感分析流程

(1)文本表示。文本表示即将文本表示为向量形式,在表示过程中既要尽可能完整表达文本内容,又能够区分该文本与其他文本。Salton等提出的向量空间模型(Vector Space Model,VSM)是目前比较常用的文本表示模型[2],其基本思想是将文本表示为向量,文本中的词语等表示为向量空间的一点,通过计算向量之间的距离衡量文本的相似程度,如图2.14所示。该模型涉及的基本概念如下。

文档(Document):文本或者文本中的片段(如句子、句群、段落等)。

项(Term/Feature):或称特征项,通常利用文本中的基本语言单位表示,如字、词、词组、短语等。因此,文本可以通过这些特征项,表示为特征集合 $D(T_1, T_2, T_k, \cdots, T_n)$,其中 T_k 为特征项,$1 \leq k \leq n$。

项的权重(Term Weight):或称特征权重。对于文本 $D(T_1, T_2, T_k, \cdots, T_n)$ 而言,特征项 T_k 依据一定的原则被赋予权重 W_k,用于表示特征项在文本中的重要程度,由此可以得到 $D(W_1, W_2, W_k, \cdots, W_n)$,$1 \leq k \leq n$。

---

[1] Sebastiani F., "Machine Learning in Automated Text Categorization", *ACM Computing Surveys*, Vol. 34, No. 1, 2002, pp. 1-47.

[2] Salton G., "A Vector Space Model for Automatic Indexing", *Communications of the ACM*, Vol. 18, No. 11, 1974, pp. 613-620.

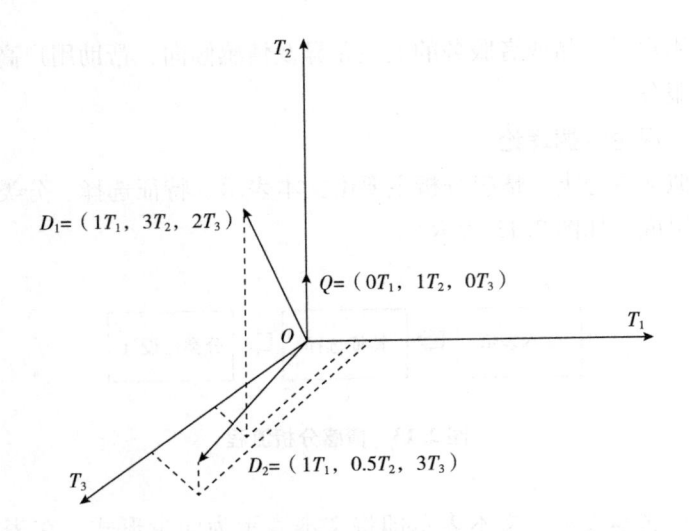

图 2.14 向量空间模型

相似度（Similarity）：文本之间的内容相关程度通常用文本相似度度量。当文本被表示为向量形式之后，我们利用向量间的距离来表示文本间的相似度，如通过余弦相似度计算，如式（2.1）所示。

$$\text{Sim}(D_1, D_2) = \frac{\sum_{t=1}^{n}(D_{1i} \times D_{2i})}{\sqrt{\sum_{t=1}^{n}(D_{1i})^2} \times \sqrt{\sum_{t=1}^{n}(D_{2i})^2}} \quad (2.1)$$

以图 2.14 中的示例而言，

$Q=(0, 1, 0)$，$D_1=(1, 3, 2)$，$D_2=(1, 0.5, 3)$，

$$\text{Sim}(Q, D_1) = \frac{0 \times 1 + 1 \times 3 + 0 \times 2}{\sqrt{0^2+1^2+0^2} \times \sqrt{1^2+3^2+2^2}} = 0.6327,$$

$$\text{Sim}(Q, D_2) = \frac{0 \times 1 + 1 \times 0.5 + 0 \times 3}{\sqrt{0^2+1^2+0^2} \times \sqrt{1^2+0.5^2+3^2}} = 0.1190,$$

可见，$\text{Sim}(Q, D_1) > \text{Sim}(Q, D_2)$，

因此，文本 Q 与 D_1 的相似度高于文本 Q 与 D_2 的相似度。

（2）特征选择。特征选择是指从众多的特征项中选择部分重要的特征，用于文本表示及分类器的训练。常用的特征选择方法有 CHI 统

计计量法、互信息法、信息增益法等①,这些方法的基本思想相似,通过遍历特征集合中每个特征词计算指定的统计值,再将低于阈值的特征过滤,从而得到有效的特征。

CHI 值度量特征与文本类别之间的相关性程度,CHI 值越大,表明特征 t 与类别 C_i 越相关;反之则相反。计算方法如式(2.2)所示。

$$X^2(t, C_i) = \frac{N \times (AD-BC)^2}{(A+C)(B+D)(A+B)(C+D)} \quad (2.2)$$

式(2.2)中,A 为特征 t 和类别 C_i 共同出现的次数,即类别 C_i 中特征 t 出现的次数;B 为特征 t 出现而类别 C_i 不出现的次数,即特征 t 在其他类别中出现的次数;C 为特征 t 不出现而类别 C_i 出现的次数,即类别 C_i 中的其他特征出现的总次数;D 为特征 t 和类别 C_i 都不出现的次数,即其他类别中其他特征出现的总次数;$N = A+B+C+D$。

为了考虑特征项对全部类别的信息量,我们对各类别按概率加权平均,如式(2.3)所示。

$$X^2_{avg} = \sum_{i=1}^{n} P(C_i) X^2(t, C_i) \quad (2.3)$$

或者取各类中的最大值作为该特征的 CHI 统计值,如式(2.4)所示。

$$X^2_{avg} = \max_i X^2(t, C_i) \quad (2.4)$$

互信息法可以度量特征 t 表征了多少类别 C_i 的信息量,计算方法如式(2.5)所示。

$$I(t, C_i) = \log \frac{P(t, C_i)}{P(t)P(C_i)} \quad (2.5)$$

同样,为了考虑特征项对于全部类别的信息量,我们对各类别按概率加权平均,如式(2.6)所示。

$$I_{avg} = \sum_{i=1}^{n} P(C_i) I(t, C_i) \quad (2.6)$$

---

① Yang Y., Pedersen J. O., "A Comparative Study on Feature Selection in Text Categorization", Proceedings of the International Conference on Machine Learning, Sponsored by the International Machine Learning Society, Nashville, Tennessee, July 8–12, 1997.

或者取各类中的最大值作为该特征的互信息值,如式(2.7)所示。

$$I_{max} = \max_i I(t, C_i) \tag{2.7}$$

信息增益法与互信息的差别在于,互信息只考虑了特征项对分类的贡献程度,信息增益比较了考虑该特征与不考虑该特征对信息提供量的差别。因此,信息增益可以通过式(2.8)计算得到,可以发现信息增益是互信息 $I(t, C_i)$ 与 $I(\bar{t}, C_i)$ 加权平均结果,信息增益的特征选择结果往往优于互信息选择结果。

$$G(t) = \sum_{i=1}^{n} P(t, C_i) I(t, C_i) + \sum_{i=1}^{n} P(\bar{t}, C_i) I(\bar{t}, C_i) \tag{2.8}$$

(3)分类器设计。支持向量机(Support Vector Machine,SVM)分类器是由 Vapnik 等提出的基于统计学习理论的机器学习方法[1]。SVM 处理过拟合、高维度、非线性及局部收敛等问题很有优势。该方法的基本思想是寻找具有最大类间距离的分类面,同时将低维不可分问题转化为高维可分问题,并且利用核函数在低维空间计算并构建分类面。以图2.15 为例,支持向量机的目的就是寻找最优分类线 H,将图中两类样本正确分类的同时使两类间的分类间隔 d 最大。此外,目前并没有系统

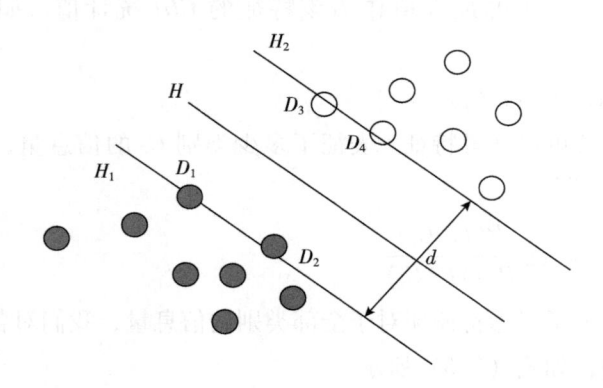

图 2.15 最优分类线

---

[1] Cortes C., Vapnik V., "Support-Vector Networks", *Machine Learning*, Vol. 20, No. 3, 1995, pp. 273-297.

的方法指导核函数的选择,需要依据实验数据的特点,以及已有的经验选择适合的核函数。此外,朴素贝叶斯、决策树、随机森林等也是常见的分类器。

二 评论挖掘研究内容与方法

现有的评论挖掘技术涉及多个粒度的任务,如词语级、属性级、句子级、段落级、篇章级等,需要根据用户不同的需求进行挖掘粒度的选择。在本书中我们将对图书评论数据进行篇章级情感分析判断用户对图书整体的情感倾向,同时我们利用属性级情感分析抽取用户关注的图书属性,如内容、印刷、物流等,并判断用户对这些图书属性的观点与态度。因此,本节我们将对篇章级情感分析与属性级情感分析的研究内容及方法进行梳理。

(一) 篇章级情感分析

篇章级情感分析旨在识别文档中表达的情感极性,篇章级情感分析流程如图 2.16 所示。

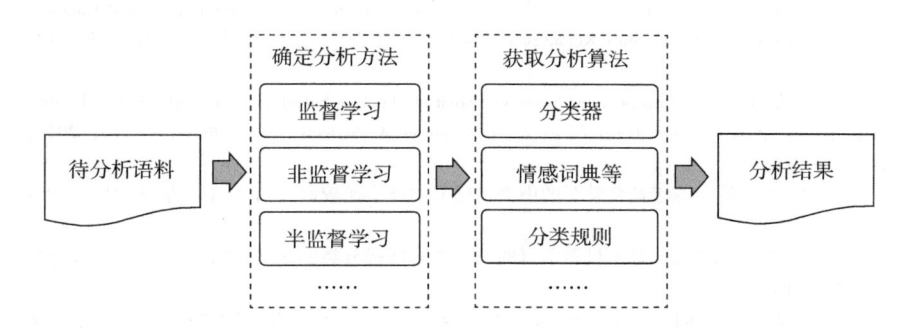

图 2.16 篇章级情感分析流程

第一,确定待分析的语料,通常为文本语料。目前,情感分析任务多数用来判断电商网站的购物评论,以及社交媒体的用户生成内容的情感极性。同时,随着情感分析理论与方法的日渐成熟,其应用范围逐渐增大,如学术文本的情感判断、政策文本的挖掘、裁判文本的情感判断等。

第二,确定篇章级情感分析所采用的方法,通常包括基于人工标注的监督学习方法与无须标注的非监督学习方法。此外,集成方法或者半监督学习方法也常被用于评估篇章级的情感倾向,如集成多个监督学习方法或非监督学习方法进行情感判断①,或者借助图模型②或少量的训练语料进行情感特征聚类从而进行半监督的情感分类③。

第三,设计篇章级情感分析所需要的算法或选择合适的分析工具等。在基于监督学习方法的相关研究中,特征抽取与分类器选择是研究的重点。因此,已有较多研究致力于分析不同的特征表示方法、特征选择方法,以及分类方法对于分类性能的影响④⑤。同时,为了提高分类的性能,组合多个不同的分类方法⑥,或者特征选择的过程中加入更多的信息,如上下文信息⑦⑧、结构特征⑨、融合内容与句法信息⑩⑪等也成为有效的分析途径。此外,区别于传统的分类器,神经网络方

---

① Zhang Z. et al., Document-Level Sentiment Classification Based on Behavior-Knowledge Space Method", Proceedings of the International Conference on Advanced Data Mining and Applications, Sponsored by the IEEE Computer Society, Nanjing, China, December 15-18, 2012.

② Hajmohammadi M. S. et al., "Graph-Based Semi-Supervised Learning for Cross-Lingual Sentiment Classification", Proceedings of the Asian Conference on Intelligent Information and Database Systems, Sponsored by Universiti Kebangsaan Malaysia, Kuala Lumpur, Malaysia, March 16-18, 2015.

③ Li Y. et al., "Unsupervised Sentiment-Bearing Feature Selection for Document-Level Sentiment Classification", *Ieice Transactions on Information & Systems*, Vol. E96. D, No. 12, 2013, pp. 2805-2813.

④ 唐慧丰等:《基于监督学习的中文情感分类技术比较研究》,《中文信息学报》2007年第6期。

⑤ 刘志明、刘鲁:《基于机器学习的中文微博情感分类实证研究》,《计算机工程与应用》2012年第1期。

⑥ 李寿山、黄居仁:《基于Stacking组合分类方法的中文情感分类研究》,《中文信息学报》2010年第5期。

⑦ Kennedy A., Inkpen D., "Sentiment Classification of Movie Reviews Using Contextual Valence Shifters", *Computational Intelligence*, Vol. 22, No. 2, 2012, pp. 110-125.

⑧ Phu V. N., Tuoi P. T., "Sentiment Classification Using Enhanced Contextual Valence Shifters", Proceedings of the International Conference on Asian Language Processing, Sponsored by the IEEE Computer Society, Kuching, Malaysia, October 20-22, 2014.

⑨ 李本阳等:《基于单层标注级联模型的篇章情感倾向分析》,《中文信息学报》2012年第4期。

⑩ Duric A., Song F., "Feature Selection for Sentiment Analysis Based on Content and Syntax Models", *Decision Support Systems*, Vol. 53, No. 4, 2012, pp. 704-711.

⑪ Wang H. et al., "Text Feature Selection for Sentiment Classification of Chinese Online Reviews", *Journal of Experimental & Theoretical Artificial Intelligence*, Vol. 25, No. 4, 2013, pp. 425-439.

法也广泛应用于篇章级的情感分析①。非监督学习往往借助情感词典等工具进行情感倾向的判断，如基于情感词典 SentiWordNet②③ 对各类文本语料进行情感倾向识别，包括在线讨论、推文、社交媒体交流④、餐馆评论⑤等。此外，语言学特征和不同数据源文本的情感表达特征的加入，也能够有效提升情感分析的性能⑥。同时，基于规则的方法也是非监督学习领域的重要方法之一⑦⑧。基于现有研究的结果比较，SVM 分类器性能在多数情况下优于其他分类方法⑨⑩⑪。因此，在本书

---

① Sharma A., Dey S., "A Document-Level Sentiment Analysis Approach Using Artificial Neural Network and Sentiment Lexicons", *ACM Sigapp Applied Computing Review*, Vol. 12, No. 12, 2012, pp. 67-75.

② Baccianella S. et al., "Sentiwordnet 3.0: An Enhanced Lexical Resource for Sentiment Analysis and Opinion Mining", Proceedings of the International Conference on Language Resources and Evaluation, Sponsored by the European Language Resources Association, Valletta, Malta, May 17-23, 2010.

③ Pandarachalil R. et al., "Twitter Sentiment Analysis for Large-Scale Data: An Unsupervised Approach", *Cognitive Computation*, Vol. 7, No. 2, 2015, pp. 254-262.

④ Paltoglou G., Thelwall M., "Twitter, Myspace, Digg: Unsupervised Sentiment Analysis in Social Media", *ACM Transactions on Intelligent Systems & Technology*, Vol. 3, No. 4, 2012, pp. 67-83.

⑤ Kang H. et al., "Senti-Lexicon and Improved Naïve Bayes Algorithms for Sentiment Analysis of Restaurant Reviews", *Expert Systems with Applications*, Vol. 39, No. 5, 2012, pp. 6000-6010.

⑥ 王勇等：《基于极性词典的中文微博客情感分类》，《计算机应用与软件》2014 年第 1 期。

⑦ Khan A. et al., "Sentiment Classification from Online Customer Reviews Using Lexical Contextual Sentence Structure", Proceedings of the International Conference on Software Engineering and Computer Systems, Sponsored by the Faculty of Computer Systems & Software Engineering, Valletta, Malta, June 27-29, 2011.

⑧ Hu Y., Li W., "Document Sentiment Classification by Exploring Description Model of Topical Terms", *Computer Speech & Language*, Vol. 25, No. 2, 2011, pp. 386-403.

⑨ Omar N. et al., "A Comparative Study of Feature Selection and Machine Learning Algorithms for Arabic Sentiment Classification", Proceedings of the 10th Asia Information Retrieval Societies Conference, Sponsored by the Asia Information Retrieval Society, Kuching, Malaysia, December 3-5, 2014.

⑩ Sharma A., Dey S., "A Comparative Study of Feature Selection and Machine Learning Techniques for Sentiment Analysis", Proceedings of the ACM Research in Applied Computation Symposium, Sponsored by the Association for Computing Machinery, San Antonio, TX, USA, October 23-26, 2012.

⑪ Palaniappan R. et al., "A Comparative Study of the Svm and K-Nn Machine Learning Algorithms for the Diagnosis of Respiratory Pathologies Using Pulmonary Acoustic Signals", *BMC Bioinformatics*, Vol. 15, No. 1, 2014, pp. 1-8.

的篇章级情感分析任务中,我们采用 SVM 分类器进行图书评论的情感判断。

第四,经过上述过程获得篇章级情感分析结果。不同的情感分析方法各有优缺点,监督学习方法准确率高,但需要依赖人工标注,成本较高。非监督学习方法无须人工标注,但准确率相对较低。在进行实际应用时,需要考虑情感分析任务目标。在本书中,由于篇章级的情感倾向标注任务相对容易,标注成本降低,因此,我们将采用监督学习的方法进行篇章级情感分析。

(二)属性级情感分析

为满足用户更细粒度的情感分析需求,研究人员通过属性级情感分析抽取产品或服务的属性,并判断这些属性在不同语句中的情感极性,从而帮助用户快速、全面了解产品或服务。基本流程如图 2.17 所示。在获取待分析语料之后,首先,确定属性级情感分析的基本任务,即抽取产品或服务的属性,并对属性进行情感判断。其次,根据不同的任务,确定对应的分析方法,包括监督学习、非监督学习及半监督学习等多种方法。最后,我们得到产品的各个属性,以及每个属性的情感极性。

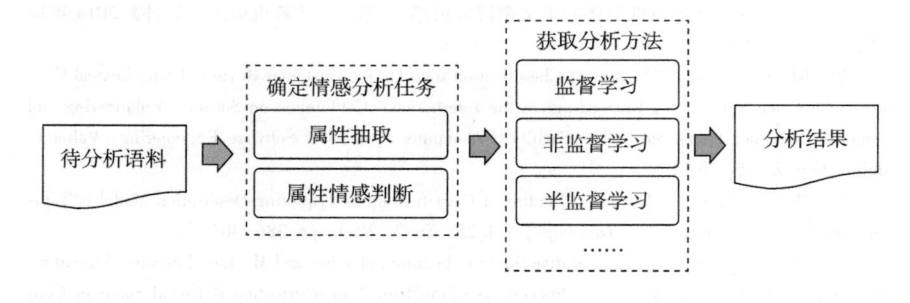

图 2.17 属性级情感分析流程

对于属性抽取任务,首先,确定属性抽取的方法,常用方法可以分为监督学习、半监督学习,以及非监督学习方法。其次,设计属性抽取所需要的算法、选择有效的抽取工具等。基于监督学习的属性抽取主要借助条件随机场等分类模型进行①②③。同时，为了提升属性抽取的性能，词性特征与语句结构特征④，以及领域知识⑤等常被加入分类模型中。此外，浅层语义分析方法⑥、联合推理模型⑦、词对齐模型⑧等也是有效的属性抽取方法。半监督的属性抽取需要借助部分标注语料从而对全部语料进行属性抽取，因此双向传播算法⑨、依存分析算法⑩，以及 bootstrapping 框架⑪⑫

---

① Jakob N., Gurevych I., "Extracting Opinion Targets in a Single-and Cross-Domain Setting with Conditional Random Fields", Proceedings of the Conference on Empirical Methods in Natural Language Processing, Sponsored by the Association for Computational Linguistics, Massachusetts, USA, October 9-11, 2010.

② Choi Y., Cardie C., "Hierarchical Sequential Learning for Extracting Opinions and Their Attributes", Proceedings of the Meeting of the Association for Computational Linguistics, Sponsored by the Association for Computational Linguistics, Uppsala, Sweden, July 11-16, 2010.

③ Chen L. et al., "Comparison of Feature-Level Learning Methods for Mining Online Consumer Reviews", *Expert Systems with Applications*, Vol. 39, No. 10, 2012, pp. 9588-9601.

④ Huang S. et al., "Fine-Grained Product Features Extraction and Categorization in Reviews Opinion Mining", Proceedings of the IEEE International Conference on Data Mining Workshops, Sponsored by the IEEE Computer Society, Brussels, Belgium, December 10-10, 2012.

⑤ Cruz F. L. et al., "'Long Autonomy or Long Delay?' The Importance of Domain in Opinion Mining", *Expert Systems with Applications*, Vol. 40, No. 8, 2013, pp. 3174-3184.

⑥ Li S. et al., "Opinion Target Extraction Using a Shallow Semantic Parsing Framework", Proceedings of the AAAI Conference on Artificial Intelligence, Sponsored by the Association for the Advancement of Artificial Intelligence, Toronto, Ontario, Canada, July 22-26, 2012.

⑦ Yang B., Cardie C., "Joint Inference for Fine-Grained Opinion Extraction", Proceedings of the Meeting of the Association for Computational Linguistics, Sponsored by the Association for Computational Linguistics, Sofia, Bulgaria, August 4-9, 2013.

⑧ Liu K. et al., "Opinion Target Extraction Using Partially-Supervised Word Alignment Model", Proceedings of the International Joint Conference on Artificial Intelligence, Sponsored by the Chinese Association of Automation, Beijing, China, August 3-9, 2013.

⑨ Zhang L. et al., "Extracting and Ranking Product Features in Opinion Documents", Proceedings of the International Conference on Computational Linguistics, Sponsored by the Association for Computational Linguistics, Beijing, China, August 23-27, 2010.

⑩ Qiu G. et al., "Opinion Word Expansion and Target Extraction through Double Propagation", *Computational Linguistics*, Vol. 37, No. 1, 2011, pp. 9-27.

⑪ Hai Z. et al., "One Seed to Find Them All: Mining Opinion Features via Association", Proceedings of the ACM International Conference on Information and Knowledge Management, Sponsored by the Association for Computing Machinery, Maui, USA, October 29-November 2, 2012.

⑫ Zhao Q. et al., "A Bootstrapping Based Refinement Framework for Mining Opinion Words and Targets", Proceedings of the ACM International Conference on Information and Knowledge Management, Sponsored by the Association for Computing Machinery, Shanghai, China, November 3-7, 2014.

成为主要的属性抽取方法。同时，句法模式①、词汇表示②等成为属性抽取的重要特征，同义词典③④作为重要的属性抽取工具能够有效提升属性抽取效率。此外，在进行初步的属性抽取之后，一般需要进行属性的筛选，从而过滤低可靠性的候选属性词⑤，并结合数据挖掘、自然语言处理等技术聚集相似属性⑥。非监督的属性抽取研究通常借助现有的工具，如产品说明书⑦、评论网站提供的属性词⑧等，以及相关的软件，如模块化软件Opinion Zoom⑨、ASPECTATOR⑩等，这些软件与工具能够

---

① Liu K. et al., "Syntactic Patterns Versus Word Alignment: Extracting Opinion Targets from Online Reviews", Proceedings of the Meeting of the Association for Computational Linguistics, Sponsored by the Association for Computational Linguistics, Sofia, Bulgaria, August 4-9, 2013.

② Uyttenhove C. et al., "Mining Consumer's Opinion Target Based on Translation Model and Word Representation", Proceedings of the Wavelet Active Media Technology and Information Processing, Sponsored by the IEEE Computer Society, Chengdu, China, December 18-20, 2015.

③ Yan Z. et al., "Exprs: An Extended Pagerank Method for Product Feature Extraction from Online Consumer Reviews", Information & Management, Vol. 52, No. 7, 2015, pp. 850-858.

④ Ma B. et al., "An Lda and Synonym Lexicon Based Approach to Product Feature Extraction from Online Consumer Product Reviews", Journal of Electronic Commerce Research, Vol. 14, No. 4, 2013, pp. 304-314.

⑤ Xu L. et al., "Mining Opinion Words and Opinion Targets in a Two-Stage Framework", Proceedings of the Meeting of the Association for Computational Linguistics, Sponsored by the Association for Computational Linguistics, Sofia, Bulgaria, August 4-9, 2013.

⑥ Samha A. K. et al., "Aspect-Based Opinion Extraction from Customer Reviews", Proceedings of the IEEE International Conference on Computational Science and Engineering, Sponsored by the IEEE Computer Society, Chengdu, China, December 19-21, 2014.

⑦ Meng X., Wang H., "Mining User Reviews: From Specification to Summarization", Proceedings of the Meeting of the Association for Computational Linguistics and the International Joint Conference on Natural Language Processing of the AFNLP, Sponsored by the Association for Computational Linguistics, Suntec, Singapore, August 4, 2009.

⑧ Moghaddam S., Ester M., "Opinion Digger: An Unsupervised Opinion Miner from Unstructured Product Reviews", Proceedings of ACM Conference on Information and Knowledge Management, Sponsored by the Association for Computing Machinery, Toronto, ON, Canada, October 25-29, 2010.

⑨ Marresetaylor E. et al., "Opinion Zoom: A Modular Tool to Explore Tourism Opinions on the Web", Proceedings of the IEEE/WIC/ACM International Joint Conferences on Web Intelligence, Sponsored by the IEEE Computer Society, Atlanta, USA, November 17-20, 2013.

⑩ Bancken W. et al., "Automatically Detecting and Rating Product Aspects from Textual Customer Reviews", Proceedings of 1st International Conference on Interactions between Data Mining and Natural Language Processing, Sponsored by the IEEE Computer Society, Nancy France, September 15, 2014.

提高属性抽取的效率。在大量的非监督属性抽取研究中，高频名词①、属性词—情感词对②③④、主题模型⑤⑥、bootstrapping 方法⑦⑧⑨⑩，以及基于规则的方法⑪⑫是比较主流的方法。此外，在非监督属性抽取过程中，加入上下文信息⑬、先验知识⑭等能够明显提高属性抽取的准确率。最

---

① Bafna K., Toshniwal D., "Feature Based Summarization of Customers' Reviews of Online Products", *Procedia Computer Science*, Vol. 22, 2013, pp. 142–151.

② Eirinaki M. et al., "Feature-Based Opinion Mining and Ranking", *Journal of Computer & System Sciences*, Vol. 78, No. 4, 2012, pp. 1175–1184.

③ Liu K. et al., "Opinion Target Extraction Using Word-Based Translation Model", Proceedings of Joint Conference on Empirical Methods in Natural Language Processing and Computational Natural Language Learning, Sponsored by the Association for Computational Linguistics, Jeju Island, Korea, July 12–14, 2012.

④ Htay S. S., Lynn K. T., "Extracting Product Features and Opinion Words Using Pattern Knowledge in Customer Reviews", *Scientific World Journal*, Vol. 2013, No. 6, 2013, pp. 1653–1656.

⑤ Zhao W. X. et al., "Jointly Modeling Aspects and Opinions with a Maxent-Lda Hybrid", Proceedings of the Conference on Empirical Methods in Natural Language Processing, Sponsored by the Association for Computational Linguistics, Uppsala, Sweden, July 11–16, 2010.

⑥ Chen Z. et al., "Exploiting Domain Knowledge in Aspect Extraction", Proceedings of the 2013 Conference on Empirical Methods in Natural Language Processing, Sponsored by the Association for Computational Linguistics, Seattle, Washington, USA, October 18–21, 2013.

⑦ Zhu J. et al., "Aspect-Based Opinion Polling from Customer Reviews", *IEEE Transactions on Affective Computing*, Vol. 2, No. 1, 2011, pp. 37–49.

⑧ Bagheri A. et al., "An Unsupervised Aspect Detection Model for Sentiment Analysis of Reviews", Proceedings of the 18th International Conference on Applications of Natural Language to Information Systems, Sponsored by University of Salford, Manchester, UK, June 19–21, 2013.

⑨ Li Y. et al., "Confidence Estimation and Reputation Analysis in Aspect Extraction", Proceedings of the International Conference on Pattern Recognition, Sponsored by International Association of Pattern Recognition, Sweden, August 24–28, 2014.

⑩ Li Y. et al., "A Holistic Model of Mining Product Aspects and Associated Sentiments from Online Reviews", *Multimedia Tools & Applications*, Vol. 74, No. 23, 2015, pp. 10177–10194.

⑪ Poria S. et al., "A Rule-Based Approach to Aspect Extraction from Product Reviews", Proceedings of the 2nd Workshop on Natural Language Processing for Social Media, Sponsored by Association for Computational Linguistics, Dublin, Irelan, August 23–29, 2014.

⑫ Hai Z. et al., "Identifying Features in Opinion Mining via Intrinsic and Extrinsic Domain Relevance", *IEEE Transactions on Knowledge & Data Engineering*, Vol. 26, No. 3, 2014, pp. 623–634.

⑬ Ma T., Wan X., "Opinion Target Extraction in Chinese News Comments", Proceedings of the International Conference on Computational Linguistics, Sponsored by the Association for Computational Linguistics, Beijing, China, August 23–27, 2010.

⑭ Chen Z. et al., "Aspect Extraction with Automated Prior Knowledge Learning", Proceedings of the International Conference on Computational Linguistics, Sponsored by the Association for Computational Linguistics, Baltimore, MD, USA, June 22–27, 2014.

后，通过上述过程，我们得到待分析语料中产品/服务等对象的属性。在本书中，我们首先将利用高频名词法获取候选属性；其次借助深度学习扩展候选属性，并利用聚类算法将同义属性聚集；最后对候选属性词集进行噪声过滤，从而最终得到图书的属性词集。

属性情感判断任务，即判断抽取出的属性在每条语料中的情感倾向。对于该任务首先需要确定属性判断的方法。与篇章级的情感分析类似，属性的情感判断方法也可分为监督学习方法与非监督学习方法。其次选择属性情感判断所需要的工具等。监督学习情感判断首先需要确定给定目标的情感表达[1]，另外借助多种分类器与模型判断属性在不同语料中的情感极性，如朴素贝叶斯[2]、马尔可夫模型[3]、图模型[4]等。非监督学习方法主要是依靠情感词典判断属性的情感倾向[5]，如 SentiWord-Net[6]、HowNet[7] 等。同时，在情感词典的使用过程中，可加入启发式

---

[1] Chen L. et al., "Extracting Diverse Sentiment Expressions with Target-Dependent Polarity from Twitter", Proceedings of the 6th International AAAI Conference on Weblogs and Social Media, Sponsored by the Association for the Advancement of Artificial Intelligence, Dublin, Ireland, June 4–8, 2012.

[2] Wei W. et al., "Enhancing Negation-Aware Sentiment Classification on Product Reviews via Multi-Unigram Feature Generation", Proceedings of the 6th International Conference on Advanced Intelligent Computing Theories and Applications: Intelligent Computing, Sponsored by the National Science Foundation of China, Changsha, China, August 18–21, 2010.

[3] Ramesh A. et al., "Weakly Supervised Models of Aspect-Sentiment for Online Course Discussion Forums", Proceedings of the Annual Meeting of the Association for Computational Linguistics, Sponsored by the Association for Computational Linguistics, Beijing, China, July 26–31, 2015.

[4] Xu K. et al., "Mining Comparative Opinions from Customer Reviews for Competitive Intelligence", *Decision Support Systems*, Vol. 50, No. 4, 2011, pp. 743–754.

[5] Xu X. et al., "Towards Jointly Extracting Aspects and Aspect-Specific Sentiment Knowledge", Proceedings of the International Conference on Information and Knowledge Management, Sponsored by the Association for Computing Machinery, Maui, USA, October 29–November 2, 2012.

[6] Chinsha T. C., Joseph S., "A Syntactic Approach for Aspect Based Opinion Mining", Proceedings of the IEEE International Conference on Semantic Computing, Sponsored by the IEEE Computer Society, Anaheim, CA, USA, February 7–9, 2015.

[7] Fu X. et al., "Multi-Aspect Sentiment Analysis for Chinese Online Social Reviews Based on Topic Modeling and Hownet Lexicon", *Knowledge-Based Systems*, Vol. 37, No. 2, 2013, pp. 186–195.

规则①②、依存关系、分类器③、主题模型④等提高情感判断的准确率。最后，我们得到每个属性在对应语料中的情感极性。然而，现有基于情感词典的方法主要针对情感倾向明确的情感词进行，无法适用于情感倾向模糊的情感词，如"快、高、厚"等。为解决这一问题，在进行情感倾向判断的同时，需要考虑极性模糊情感词语的情感极性。在实际操作中，可以通过构造句法模式和网络点击数来判断⑤，或者组合监督学习、网络点击率及规则方法，按照少数服从多数的原则进行投票决定<属性，极性模糊情感词>搭配的情感极性⑥。此外，利用 Bootstrapping 算法构建属性与极性模糊情感词的字典也可以解决歧义性问题⑦。通过分析现有研究成果，本节将利用连词关系构建基于图书语料的领域情感词典，同时考虑模糊情感词在不同搭配中的情感极性，从而提升属性情感分析的性能。

综上所述，现有的评论挖掘研究理论坚实、方法多样。同时，评论挖掘方法可以应用于多类不同的评论语料，如产品评论、政策评论、现

---

① Singh V. et al. , "Sentiment Analysis of Movie Reviews: A New Feature-Based Heuristic for Aspect-Level Sentiment Classification", Proceedings of the International Multi-Conference on Automation, Computing, Communication, Control and Compressed Sensing, Sponsored by the IEEE Computer Society, Kottayam, India, March 22–23, 2013.

② Bagheri A. et al. , "Care More about Customers: Unsupervised Domain-Independent Aspect Detection for Sentiment Analysis of Customer Reviews", *Knowledge-Based Systems*, Vol. 52, No. 6, 2013, pp. 201–213.

③ Zhang F. et al. , "Ecnu: A Combination Method and Multiple Features for Aspect Extraction and Sentiment Polarity Classification", Proceedings of the International Workshop on Semantic Evaluation, Sponsored by the Association for Computational Linguistics, Dublin, Ireland, August 23–24, 2014.

④ Fu X. et al. , "Multi-Aspect Sentiment Analysis for Chinese Online Social Reviews Based on Topic Modeling and Hownet Lexicon", *Knowledge-Based Systems*, Vol. 37, No. 2, 2013, pp. 186–195.

⑤ Wu Y. , Wen M. , "Disambiguating Dynamic Sentiment Ambiguous Adjectives", Proceedings of the 23rd International Conference on Computational Linguistics, Sponsored by the Association for Computational Linguistics, Beijing, China, August 23–27, 2010.

⑥ Balahur A. , Montoyo A. , "Opal: Applying Opinion Mining Techniques for the Disambiguation of Sentiment Ambiguous Adjectives in Semeval-2 Task 18", Proceedings of the International Workshop on Semantic Evaluation, Sponsored by the Association for Computational Linguistics, Uppsala, Sweden, July 11–16, 2010.

⑦ Cao Y. et al. , "Sentiment Analysis Based on Expanded Aspect and Polarity-Ambiguous Word Lexicon", *International Journal of Advanced Computer Science & Applications*, Vol. 6, No. 2, 2015, pp. 97–103.

象评论、事件评论等。通过对评论信息的分析能够为用户提供快速、直观的产品、服务或事件报告，帮助用户制定购买决策、了解事件中公众的态度、优化政策制定等。

本章小结

本章首先对图书、著作和专著的概念进行辨析，界定本书的研究对象。其次，介绍了数据融合理论与方法，梳理了数据融合的关键步骤与结构，为多源评价数据的融合提供参考。并对影响力评价的理论及其研究方法进行梳理与总结，归纳了影响力评价的流程，以及评价图书影响力的现有方法。再次，对引文内容研究的理论、研究内容进行了总结，梳理了引文内容分析的一般过程及其对应研究方法。最后，对评论挖掘理论进行分析，介绍了评论挖掘的研究任务及不同任务对应的方法，并总结了不同方法的优势与不足。

第三章

图书影响力多源异构评价数据识别与获取

结合前文分析可知基于单一资源的图书影响力评价结果是不全面的，会导致评价结果准确性、可用性的下降。因此，有必要进行多源评价数据的识别与整合从而得到更加全面的图书传播影响力评价结果。由影响力评价理论可知，图书的传播影响力（以下简称"影响力"）通常包括学术传播影响力（以下简称"学术影响力"）与社会传播影响力（以下简称"社会影响力"）。在学术影响力方面，被引等频次类指标能够快速地评价图书影响力，但无法识别深层信息，如引用意图。对内容类评价数据的挖掘能够弥补频次类指标在内容分析方面的不足，如对图书的施引文献的细粒度挖掘可以评估图书对其他文献的学术影响。在社会影响力方面，同样需要融合多源评价数据，整合现有频次类信息与内容类的评价资源从而更加全面评价图书多维影响力。本章将识别可用于评价图书影响力的多源异构数据，构建多维度的图书影响力评价体系，从而综合评价图书影响力。

第一节 图书多维影响力评价体系框架

随着互联网与数字化的飞速发展，公众的图书阅读行为及评价模式也在发生变化。数字化存储及自然语言处理等技术的进步，为图书影响力评价提供了技术支持，全文数据库、电子商务及其评价系统等为图书影响力评价提供了新的评价资源。图书的影响力评价不再局限于传统的评价指标，如被引频次等。海量多源评价信息的语义级挖掘能够识别用户的购买意图、引用功能等，从而为图书的影响力评价提供了更加全面的评价依据。因此，在进行图书的影响力评价时需要从多个角度选择科学有效的评价资源并进行多粒度的资源挖掘，从而构建多层次的综合评价体系，进而有效融合多维度的评价结果。

叶继元的"全评价"理论，提出了内容评价、形式评价（如书评、被引、馆藏等）及效用评价"三位一体"的组合，从而对图书影响力进行评价[①]。孙勇中等也认为，对图书的评价必须包含以下三个标准：内容标准（如书评等）、形式标准（如版本、价格等）以及效用标准（如馆藏、引用率等）[②]。综上，我们发现图书的引用数据、内容数据、评论数据，以及利用数据是图书多维影响力评价的有效资源。其中，引用数据既可用于评价图书的形式，又可用于评价图书的效用，图书的评论数据可用于评价图书的形式与内容。因此，本书融合多源评价数据，从学术影响力与社会影响力的视角，整合图书评价内容数据与频次数据，构建多层次、多维度的图书影响力评价体系框架，如图3.1所示。

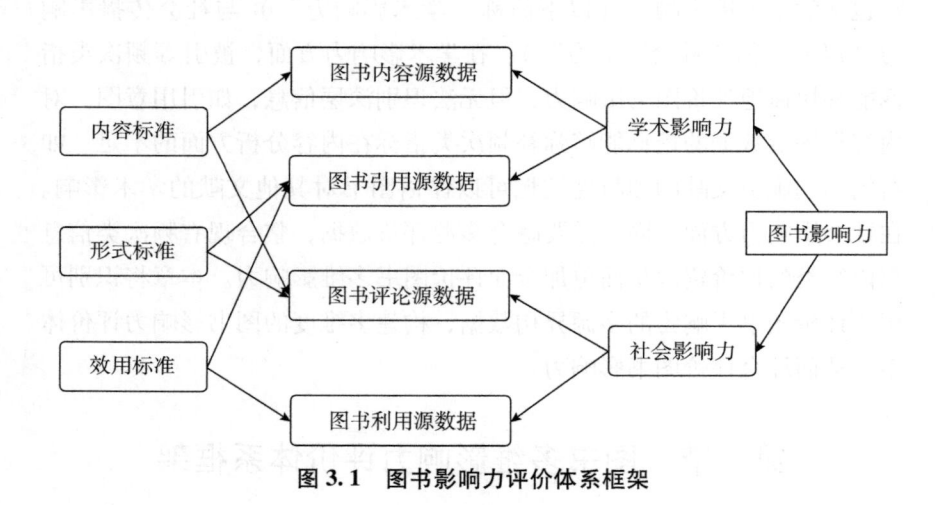

图3.1 图书影响力评价体系框架

---

① 叶继元：《人文社会科学评价体系探讨》，《南京大学学报》（哲学·人文科学·社会科学版）2010年第1期。

② 孙勇中等：《外文核心学术图书模糊综合评价体系的建立》，《图书情报工作》2007年第6期。

第二节　图书影响力多源评价数据识别

在明确图书影响力的评价数据源之后,需要进行对应数据源中有效评价数据的识别。具体如下。

（一）图书内容源评价数据识别

鉴于当前的文献数据库中图书的全文数据稀疏,因此难以以图书全文作为其内容源评价数据。与此同时,图书的目录是作者对图书的总结,是图书内容的提炼。读者通过图书的目录信息能够大致了解图书的主要内容,因此图书的目录信息可以有效反映图书的内容,从而作为图书内容源的评价数据。

（二）图书引用源评价数据识别

图书的引用信息能够反映学者对于图书的认可程度。一般认为,图书被引越高,其学术影响力越大。然而,图书的引用影响力并不能仅基于图书引用频次,还需要考虑引用相关内容数据,如引文内容。引文内容即指施引文献中关于图书的表述文本,其中施引文献即引用了该图书的文献。与此同时,在引文内容之外,施引文献相关的其他内容信息,如文献所属领域、文献质量等也能够反映图书学术影响力的广度与深度等。

（三）图书评论源评价数据识别

电子商务的飞速发展使公众越来越习惯在线购买图书,同时生成海量的图书评论。图书评论是公众对图书的直接态度的表达,反映公众对图书整体以及图书各个属性（如价格、封面、纸张等）的观点。因此,图书评论能够有效反映公众的购买意图,以及公众的图书偏好。与此同时,图书评论的大众、海量、易获取、可测量等特点,使图书评论可以作为图书社会影响力的有效评价资源[①]。

（四）图书利用源评价数据识别

图书的社会影响力与图书的利用情况密切相关,图书的馆藏是

[①] Zhou Q. et al., "Measuring Book Impact Based on the Multi-Granularity Online Review Mining", *Scientometrics*, Vol. 107, No. 3, 2016, pp. 1435-1455.

图书的典型利用场景。一般认为图书的馆藏越多，其社会影响力越高。因此，我们可以基于图书的馆藏数据作为图书利用的评价数据资源。

第三节　图书影响力多源评价数据获取

本书基于图书多维影响力评价体系框架进行了多源评价数据的识别，明确了图书目录、图书引用、图书评论，以及图书馆藏数据是有效的评价数据，这些评价数据可以直接反映作者、读者、学者和相关机构等与图书影响力相关的用户（或关注图书影响评价的用户）对图书的态度和意见。因此，为了完善图书多维影响力评价体系，有必要进行对应评价数据的获取。多源异构评价数据的获取过程如图3.2所示。首先，将中华人民共和国学科分类与代码国家标准与亚马逊网站提供的图书类别进行匹配，以确定能够批量获取评价数据的图书所属的学科，最终确定了五个学科，包括计算机科学、文学、法学、医学和体育学。其次，进行五个学科全部图书的元数据获取，包括图书标题、作者、出版社、出版时间、ISBN等。最后，根据图书元数据分别进行图书目录、评论、引用及利用数据的获取。

图书学科 → 图书元数据 → 图书目录数据／图书评论数据／图书引用数据／图书利用数据

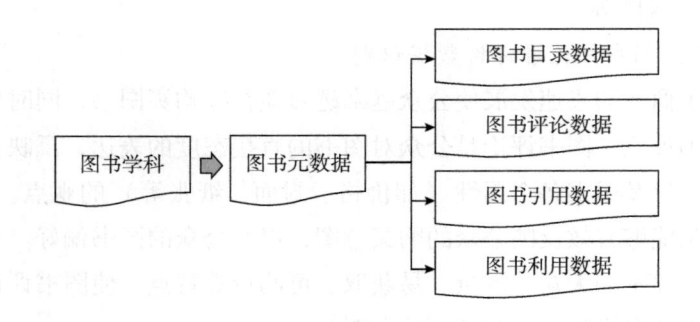

图3.2　图书影响力多源异构评价数据获取

（一）图书目录数据获取

本书从亚马逊网站收集了五个学科全部图书的目录信息，用于提取内容相关指标。每种图书的目录信息包括ISBN、标题、作者、出版年份、出版社、页数、目录内容及图书的学科。图书目录示例如表 3.1 所示。

表 3.1　　　　　　　　　　图书目录示例

ISBN	9787115317957
标题	机器学习实战
作者	作者：哈林顿（Peter Harrington） 译者：李锐、李鹏、曲亚东、王斌
出版年份	2013
出版社	人民邮电出版社
页数	315 页
目录内容	第 1 章 机器学习基础 1.1 何谓机器学习 1.1.1 传感器和海量数据 1.1.2 机器学习非常重要 1.2 关键术语 1.3 机器学习的主要任务 ……
学科	计算机科学

（二）图书评论数据获取

本书利用网络爬虫采集了 57627 种图书的 642258 条评论数据（过滤了无评论数据的图书）。图书评论示例数据如表 3.2 所示。

表 3.2　　　　　　　　　　图书评论数据示例

ISBN	用户名	星级	评论内容
9787533158842	To * * ate	3 星	图很不错，可惜我觉得纸张不够好
9787502361877	Dr. * * ang	5 星	书籍都是正品，运输希望改进，有书脊被摔坏的情况，还需要注意
9787508076584	王 * * 青	5 星	印刷质量及装帧都不错

（三）图书引用数据获取

在图书引用数据获取方面，本书首先通过匹配图书元数据信息（包括标题、作者和出版年份等）从百度学术中提取图书引用信息，共获取 6006 种图书的引用信息（其余 51621 种图书未被引用），包括引用频次数据及施引文献数据。每种图书的施引文献数据包括施引文献标题、施引文献作者、发表年份等信息。图书《机器学习实战》的施引文献示例如表 3.3 所示。

表 3.3　　　　　图书《机器学习实战》的施引文献示例

图书	施引文献标题	施引文献作者	发表年份
机器学习实战	基于 R 语言的 k-最近邻法数字模式识别研究	钟志强	2014
	基于 GPS 轨迹的用户移动行为挖掘算法	肖艳丽、张振宇、杨文忠	2015
	半监督分类方法的研究	尚耐丽、王骁力、沈鹍霄……	2015
	K-Means 算法的研究分析及改进	藏传宇、沈勇、张宇昊……	2016
	……	……	……

其次，获取施引文献全文，从施引文献中获取关于图书的引文内容。为了保证引文内容的获取准确性，我们采用人工标注的方法获取图书相关的引文内容。由于人工标注引文内容的工作量巨大，因此，我们从 6006 种图书中抽取 500 种图书进行引文内容的准确标注。在进行 500 种图书的选择时，由于 6006 种图书的被引分布存在差异，如被引频次在 0—5 次的图书较多，而被引频次大于 15 次的图书相对较少，因此为了使引文内容数据更具有代表性，我们根据图书被引频次的分布，基于分层抽样确定各个被引频次区间的图书抽取数量，共抽取 500 种图书，最终得到的图书分布如表 3.4 所示。

表 3.4　　　　　引文内容实验数据分布　　　　　单位：种

被引频次	计算机科学图书	文学图书	法学图书	医学图书	体育图书
0—5 次	68	70	65	68	73
6—10 次	18	18	19	18	16
11—15 次	10	7	10	9	8
16 次以上	4	5	6	5	3

我们对上述 500 种图书在各个施引文献中的引文内容进行抽取，共

采集 3182 条引文内容数据。由于部分图书的施引文献的正文中没有任何引用标注，因此最终保留的引文内容数据共有 2288 条。引文内容包括五句引文：引文句与引文句的上下文，即引文句的前两句以及引文句的后两句。如该条引用无上下文信息，则标注为空。数据统计结果如表 3.5 所示。

表 3.5　　　　　　　　　　引文内容数据统计

学科	计算机科学	文学	法学	医学	体育	总计
图书（种）	63	76	80	90	61	370
引文内容（条）	284	548	614	585	257	2288

（四）图书利用数据获取

我们从 WorldCat.org（OCLC）收集 6006 种图书的馆藏数据，包括馆藏国家和地区及在该国家和地区的馆藏数量，部分示例数据如表 3.6 所示。

表 3.6　　　　　　　　　　馆藏信息样例

ISBN	图书馆藏信息
9787301114421	3@中国
9787301114551	1@加拿大，8@中国，1@法国，1@德国，1@马来西亚，1@新加坡，7@美国
9787301114568	1@加拿大，10@中国，1@法国，1@德国，1@马来西亚，1@新西兰，1@新加坡，10@美国

最终的数据统计如表 3.7、表 3.8 所示。

表 3.7　　　　　　　　　　图书采集统计

采集过程	图书及多源评价数据	图书数量（种）
批量获取	图书（包含目录与图书评论）	57627
	图书（包含图书目录、图书评论、图书施引文献元数据、图书利用）	6006

续表

采集过程	图书及多源评价数据	图书数量（种）
人工标注	图书（包含图书目录、图书评论、图书施引文献元数据与引文内容、图书利用）	370

表 3.8　　　　　图书采集分类统计　　　　　单位：种

批量获取数据数量				人工标注数据数量			
学科		类型		学科		类型	
计算机科学	1518	参考类	196	计算机科学	63	参考类	43
文学	648			文学	76		
法学	1453	学术类	5305	法学	80	学术类	262
医学	2170			医学	90		
体育	217	教材类	505	体育	61	教材类	65
总计			6006	总计			370

第四节　图书影响力多源评价数据分析

通过对图书内容数据、图书引用数据、图书评论数据及图书利用数据的差异化挖掘分析，可以获得图书不同维度的影响力评价指标。分析框架如图 3.3 所示。首先，对获取的四种评价数据借助深度与广度分析、主题分析、引文内容分析、多粒度情感分析，以及其他数据处理方法分别进行处理与分析，从而得到不同数据源对应维度的影响力评价指标。其次，整合不同的评价指标得到图书综合影响力评价结果。

本书采用理论研究和实验分析相结合的方法评价图书影响力，技术路线如图 3.4 所示。

（1）文献调研与问题提出。广泛查阅国内外文献资料，跟踪国内外的图书影响力评价研究的最新动态，对已有的图书影响力评价相关文献进行系统归纳与总结，包括基于不同数据与方法的图书影响力评价，以及引文内容分析与评论挖掘技术与方法，从而提出现有研究问题。

（2）评价体系设计与资源准备。基于相关理论的调研结果构建影响力评价体系框架，在此基础上获取多源异构评价数据资源，并准备涉及的相关算法与工具。

第三章 图书影响力多源异构评价数据识别与获取

多源异构数据源
- 图书内容数据 → 图书目录数据
- 图书引用数据 → 图书被引数据
- 图书引用数据 → 图书施引文献数据
- 图书评论数据 → 图书评论数据
- 图书利用数据 → 图书馆藏数据

自然语言处理等技术
- 深度与广度分析
- 主题分析
- 引文内容分析
- 情感分析
- ……

多层次评价指标体系
- 图书内容维度指标
- 图书引用维度指标
- 图书评论维度指标
- 图书利用维度指标

→ 图书学术传播影响力
→ 图书社会传播影响力
→ 图书综合传播影响力

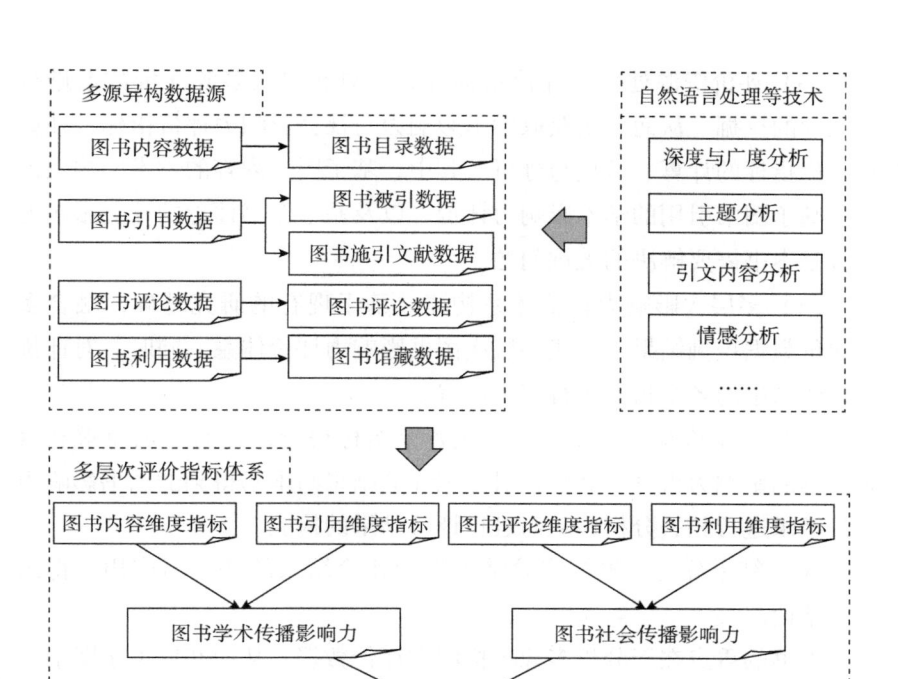

图 3.3　图书影响力评价数据分析框架

①文献调研与问题提出
- 课题相关文献调研
- 提出研究问题

②评价体系设计与资源准备
- 图书影响力评价体系设计
- 相关数据资源获取
- 相关算法与工具准备

③评价资源处理与评价指标计算
- 图书学术影响力
  - 基于图书内容的学术影响力
  - 基于图书引用的学术影响力
- 图书社会影响力
  - 基于图书评论的社会影响力
  - 基于图书利用的社会影响力

④多层次影响力评价体系构建
- 多层次图书影响力评价体系
- 评价指标权重计算

⑤实验检验
- 基于多源异构数据的图书影响力评价结果
- 基于专家评价的图书影响力评价结果

⑥结果分析
- 评价结果分析
- 研究结论

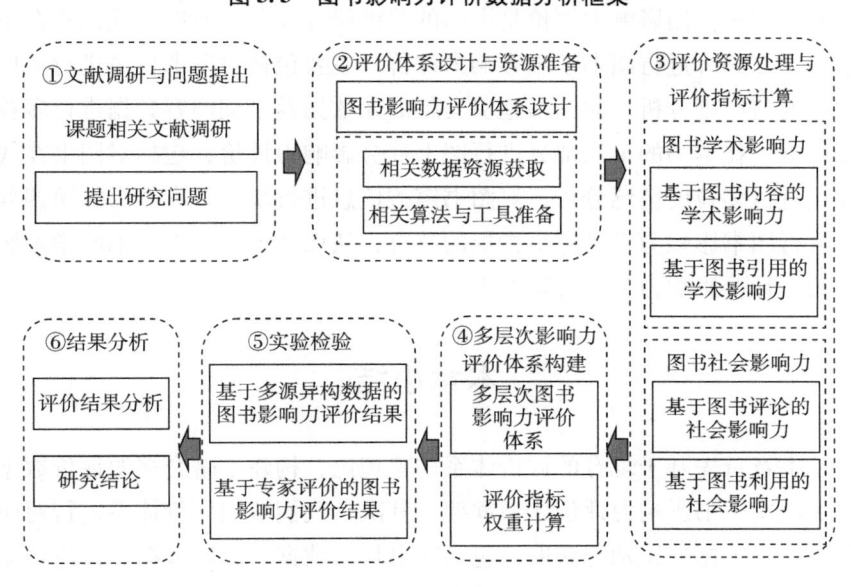

图 3.4　技术路线

(3）评价资源处理与评价指标计算。对获取的多源评价数据进行多粒度的挖掘，从而分别获取学术影响力与社会影响力评价指标，并进行评价指标的计算、呈现与分析。其中，基于图书内容的学术影响力评价、基于图书引用的学术影响力评价，以及基于图书评论的社会影响力评价是本书需要解决的关键问题。

（4）多层次影响力评价体系构建。基于现有的研究基础，融合多源评价数据挖掘结果，构建多层次图书影响力评价体系。同时，对评价指标体系中的各个指标进行权重设置。

（5）实验检验。首先，归一化各个指标得分，并通过加权求和得到图书的影响力得分。其次，对专家评分结果与本书得到的图书影响力评价结果进行相关分析，从而进行评价结果的检验。

（6）结果分析。根据实验结果进行评价结果的评价与应用，得出研究结论。

本书的重点在于分析多源异构图书评价数据，从而获取关于图书学术维度与社会维度的影响力评价指标得分，即图书内容、引用、评论，以及利用的评价指标得分。因此，基于图书目录数据的图书内容影响力评价、基于施引文献数据的图书引用影响力评价，以及基于图书评论数据源的图书使用影响力评价是本书的关键研究部分。所以，我们将在本书的第二部分进行图书学术影响力评价，主要包括对图书目录进行多层次深度与广度分析，对图书施引文献的元数据及引文内容数据进行多粒度挖掘。在本书的第三部分进行图书社会影响力评价，包括对图书在线评论进行多粒度情感分析，对图书馆藏信息进行统计。在本书的第四部分进行图书影响力多维评价指标的整合，从而计算并呈现图书的学术影响力、社会影响力和综合影响力。

本章小结

本章首先基于现有的评价体系构建理论，构建了融合多源评价数据的多层次图书影响力评价体系框架。其次，我们依据评价体系进行对应多源评价数据的识别与获取，包括图书目录数据、引用数据、评论数据及馆藏数据。最后介绍了本书的数据分析框架与技术路线。

第二部分
融合多源异构数据的图书学术传播影响力评价

引用频次通常用于衡量科学出版物（包括图书）的学术传播影响力（以下简称"学术影响力"）。然而，一方面，图书的引用次数是单一的频次型指标，其忽略了引用内容的挖掘，可能导致评估结果的全面性下降。另一方面，引文等数据是图书的外部信息，对于某些图书尤其是新出版的图书而言，可能尚未被引用，从而导致无法准确判断其影响力。图书目录作为图书的内部数据，是图书的必要组件，其是作者对图书内容的归纳，可以反映图书的内容、主题、方法等信息。因此，本部分将结合图书内部目录数据与图书外部引用数据对图书的学术影响力进行评价，通过多层次挖掘目录数据与引用数据，获取图书学术影响力评价指标，并进行评价指标的计算、呈现与分析。

第四章

基于图书内容数据的学术影响力评价

不同于期刊、论文等，图书通常能够提供更加全面的信息。同时，不同的图书对深度与广度的侧重各有不同，部分图书致力于更高的广度，如《百科全书》等，涉及更多的学科、领域、话题等；同时也有图书倾向更高的深度，对某一个领域或者话题进行深入剖析，揭示这一研究内容的演变与发展。图书目录是作者对图书内容的提炼，能够反映图书涉及的内容、主题、方法等信息，如图 4.1 所示。因此，本章基于

```
                  目    录
第一部分      分类
第 1 章     机器学习基础
    1.1    何谓机器学习
        1.1.1    传感器和海量数据
        1.1.2    机器学习非常重要
    1.2    关键术语
    1.3    机器学习的主要任务
    1.4    如何选择合适的算法
    1.5    开发机器学习应用程序的步骤
    1.6    Python 语言的优势
        1.6.1    可执行伪代码
        1.6.2    Python 比较流行
        1.6.3    Python 语言的特色
        1.6.4    Python 语言的缺点
    1.7    NumPy 函数库基础
    1.8    本章小结
第 2 章     k-近邻算法
```

图 4.1　图书《机器学习实战》目录示例

图书的目录进行图书内容的挖掘与评价,识别图书涉及的深度及广度,从而判断图书在内容维度的学术影响力。

第一节 基于图书内容数据的学术影响力评价指标获取

本章旨在利用图书的目录数据源进行深度与广度分析,从而判断图书在内容维度的学术影响力,评价框架如图4.2所示。我们对图书目录进行深度与广度的分析,包括主题层挖掘及特征层挖掘。具体而言,在主题层分析方面,通过对图书目录进行主题建模,从而识别目录中表示的主题并计算主题分布,进而得到主题层内容深度与广度指标。在特征层分析方面,通过对图书目录进行特征提取并计算特征分布,从而得到特征层内容深度与广度指标。

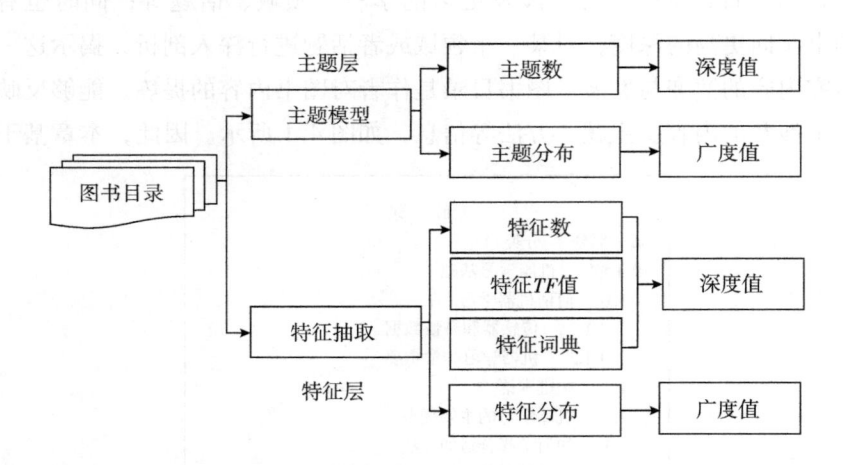

图4.2 基于目录数据的图书学术影响力评价框架

基于以上分析,我们得到基于图书目录数据的4个图书学术影响力评价指标,包括主题层内容深度与内容广度,以及特征层内容深度与内容广度,如表4.1所示。

表 4.1　基于图书内容数据的学术影响力评价指标

数据源		评价指标	评价指标释义
图书内容	主题层	主题层内容深度值	图书目录主题反映出的图书涉及的深度
		主题层内容广度值	图书目录主题反映出的图书涉及的广度
	特征层	特征层内容深度值	图书目录特征反映出的图书涉及的深度
		特征层内容广度值	图书目录特征反映出的图书涉及的广度

第二节　基于图书内容数据的学术影响力评价指标计算

一　主题层内容深度与内容广度评价指标计算

主题能够反映目录内容中隐含的信息[①]。因此,本节利用 LDA 识别目录中的主题信息。LDA 是非监督机器学习算法,能够用于识别语料中隐含的主题。LDA 使用词袋模型将文本信息转换成词频向量,认为文档是由潜在主题随机组成的,同时每个主题又是由一些词组成的。为了确定最佳的主题数,我们结合困惑度(perplexity)与人工判断明确主题建模结果[②]。困惑度通常用于语言建模,越低的困惑度值表明越好的泛化性能,即主题建模结果越好。我们首先通过比较不同主题数对应的困惑度,从而确定最佳的主题数。其次基于主题抽取的结果计算每种图书的涉及主题数及对应主题的分布,从而获得图书在主题层的深度值与广度值。

(一) 主题层内容深度

我们认为如果图书涉及的主题数越少,那么该图书的内容深度越深。换言之,如果一本图书花费越多的篇幅介绍越少的主题,那么该图书的内容深度值越高。因此,基于图书目录的主题层深度值计算方法如式(4.1)所示:

---

① Pons-Porrata A. et al., "Topic Discovery Based on Text Mining Techniques", *Information Processing & Management*, Vol.43, No.3, 2007, pp.752-768.

② Blei D. M. et al., "Latent Dirichlet Allocation", *Journal of Machine Learning Research*, Vol.3, No.1, 2003, pp.993-1022.

$$Con\_depth\_topic = \frac{\#pages}{\#topics} \tag{4.1}$$

式中，Con_depth_topic 为基于图书目录的主题层内容深度值；$\#topics$ 为图书目录中涉及的主题数；$\#pages$ 为图书的页数。

（二）主题层内容广度

我们认为如果一种图书的主题分布越均匀，则该图书的内容广度越广。因此，基于图书目录的主题层广度值计算方法如式（4.2）所示：

$$Con\_breadth\_topic = -\frac{1}{\ln(\#topics)} \sum_{j=1}^{\#topics} p\_topics_j \ln(p\_topics_j) \tag{4.2}$$

式中，$Con\_breadth\_topic$ 为基于图书目录的主题层内容广度值；p_topics_j 为图书属于主题 j 的概率。

二 特征层内容深度与内容广度评价指标计算

特征词可以反映图书目录中的关键信息，可以用来表示图书并区分其他图书。我们认为，如果图书目录中包含更多的关键特征词，则该图书具有较高的内容深度。同时，如果图书目录中特征分布更均匀，则该图书具有更高的内容广度[1][2]。因此，我们首先基于 CHI[3] 从图书目录中提取特征，以生成特征字典，计算方法如式（4.3）和式（4.4）所示：

$$CHI = \max(chi_i) \tag{4.3}$$

$$chi_i = \frac{N_i \times (A_i D_i - B_i C_i)^2}{(A_i + C_i)(A_i + B_i)(B_i + D_i)(C_i + D_i)} \tag{4.4}$$

式中，CHI 为特征词 t 的 CHI 值；chi_i 为特征词 t 在学科 i 中的 CHI 值；A_i 为特征词 t 在学科 i 中出现的次数；B_i 为特征词 t 在其他学科出现的

---

[1] Tomov D. T., Mutafov H., "Comparative Indicators of Interdisciplinarity in Modern Science", *Scientometrics*, Vol. 37, No. 2, 1996, pp. 267-278.

[2] Wagner C. S. et al., "Approaches to Understanding and Measuring Interdisciplinary Scientific Research (IDR): A Review of the Literature", *Journal of Informetrics*, Vol. 5, No. 1, 2011, pp. 14-26.

[3] Lee J. et al., "The Effect of Negative Online Consumer Reviews on Product Attitude: An Information Processing View", *Electronic Commerce Research & Applications*, Vol. 7, No. 3, 2008, pp. 341-352.

次数；C_i 为除特征词 t 外学科 i 中其他特征词数；D_i 为其他学科中指除特征词 t 外其他特征词数；$N_i = A_i + B_i + C_i + D_i$。

首先，本节基于学科类别标签共提取了 66065 个特征词，包括 7355 个法学特征词、11158 个计算机科学特征词、13426 个医学特征词、6388 个体育学特征词及 27738 个文学特征词。其次，通过相应的学科特征词典识别每个目录中的特征词，并计算每个目录中特征词的词频（TF）值。最后，使用式（4.5）至式（4.8）计算得到基于图书目录的特征层深度值与广度值。

（一）特征层内容深度

$$Con\_depth\_feature = \frac{\#fea}{\#dic} \times \frac{\sum_{i=1}^{\#fea} TF_i}{\#word} \quad (4.5)$$

$$D(book) = \begin{cases} 7355, & 图书 \in 法学 \\ 11158, & 图书 \in 计算机科学 \\ 13426, & 图书 \in 医学 \\ 6388, & 图书 \in 体育学 \\ 27738, & 图书 \in 文学 \end{cases} \quad (4.6)$$

式中，$Con\_depth\_feature$ 特征为基于图书目录的特征层内容深度值；$\#fea$ 为目录中包含的特征词数；$\#dic$ 为学科特征词典中的特征词总数；TF_i 为特征词 i 的 TF 值；$\#word$ 为目录中的词语总数。$D(book)$ 为特征词典。

（二）特征层内容广度

$$Con\_breadth\_feature = \frac{1}{\ln(\#fea)} \sum_{i=1}^{\#fea} p\_fea_i \ln(p\_fea_i) \quad (4.7)$$

$$p\_fea_i = \frac{TF_i}{\sum_{i=1}^{\#fea} TF_i} \quad (4.8)$$

式中，$Con\_breadth\_feature$ 为基于图书目录的特征层内容广度值；p_fea_i 为特征词 i 的重要性。

第三节 基于图书内容数据的学术影响力评价指标呈现

一 主题层深度与广度影响力评价指标呈现

我们比较了不同主题数（N = 25，50，75，100，125，150）对应的困惑度，从而判断基于图书目录进行主题建模的性能，发现当主题数为 100 时，困惑度最低，主题建模性能最优。因此，图书目录的主题数设定为 100。在此基础上，我们进行主题层内容深度与广度指标计算，计算结果如图 4.3 所示。其中，横坐标为排序后的 6006 种图书，纵坐标为主题层内容深度值/广度值。

图 4.3（a）显示了图书的主题层内容深度指标得分分布，从图 4.3（a）可以看出多数图书的内容深度指标得分低于 100 分，少量图书内容深度值高于 300 分。这表明在本书的数据集中存在高深度的图书，但是大部分图书的深度值不高，存在明显的长尾现象。图 4.3（b）为图书的主题层内容广度指标得分分布。从图 4.3（b）可以看出，多数图书的内容广度指标得分低于 0.01 分。可见，图书主题层内容广度指标得分分布与内容深度指标得分分布类似，即本书的数据集中多数图书的主题层内容广度较低，仅有少量图书具有较高的广度值。

为得到更具体的指标结果，本章对主题层内容深度与广度评价指标进行了描述统计，结果如表 4.2 所示。

从表 4.2 可以看出，图书主题层内容深度指标取值为 1.2727—544.0000 分，图书的平均主题深度值为 36.0311 分。图书主题层内容广度指标取值范围远小于深度值，最大值为 0.0762 分，图书的平均主题广度值为 0.0026 分。

二 特征层深度与广度影响力评价指标呈现

特征层内容深度与内容广度指标计算结果如图 4.4 所示，横坐标为排序后的 6006 种图书，纵坐标为特征层内容深度指标得分/内容广度指标得分。其中，图 4.4（a）为图书的特征层内容深度指标得分分布，图 4.4（b）为图书的特征层内容广度指标得分分布。从图 4.4 可以看出，图书特征层内容深度与内容广度的指标得分分布较为相似，图书的

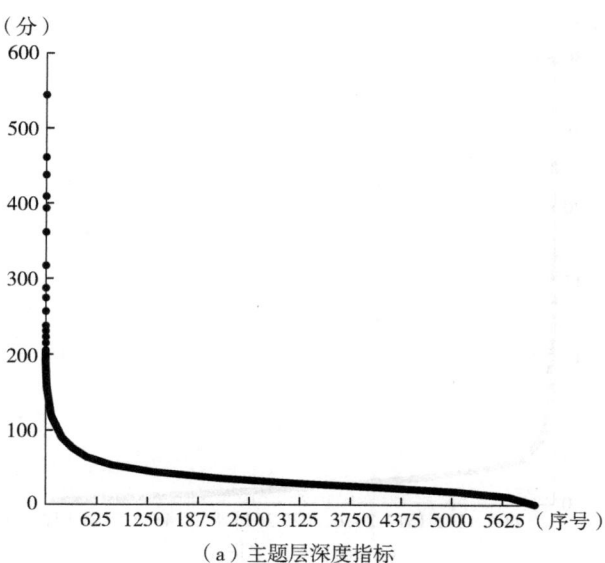

（分）

（a）主题层深度指标

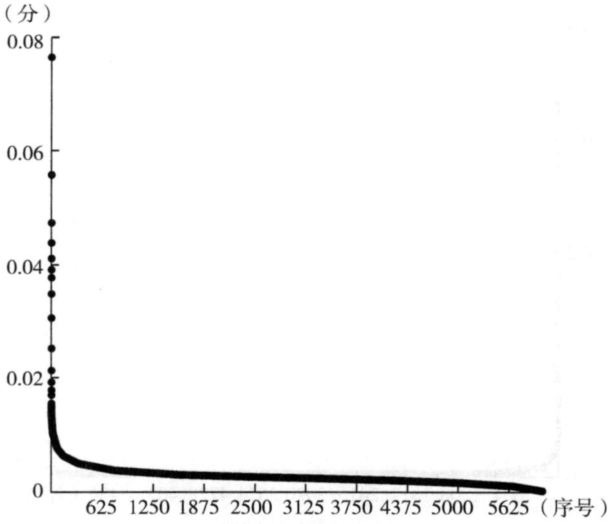

（分）

（b）主题层广度指标

图 4.3　主题层图书内容影响力深度与广度指标得分

表 4.2　　基于图书内容数据的主题层影响力评价指标统计　　　单位：分

指标	最大值	最小值	平均值
主题层内容深度	544.0000	1.2727	36.0311
主题层内容广度	0.0762	0.0000	0.0026

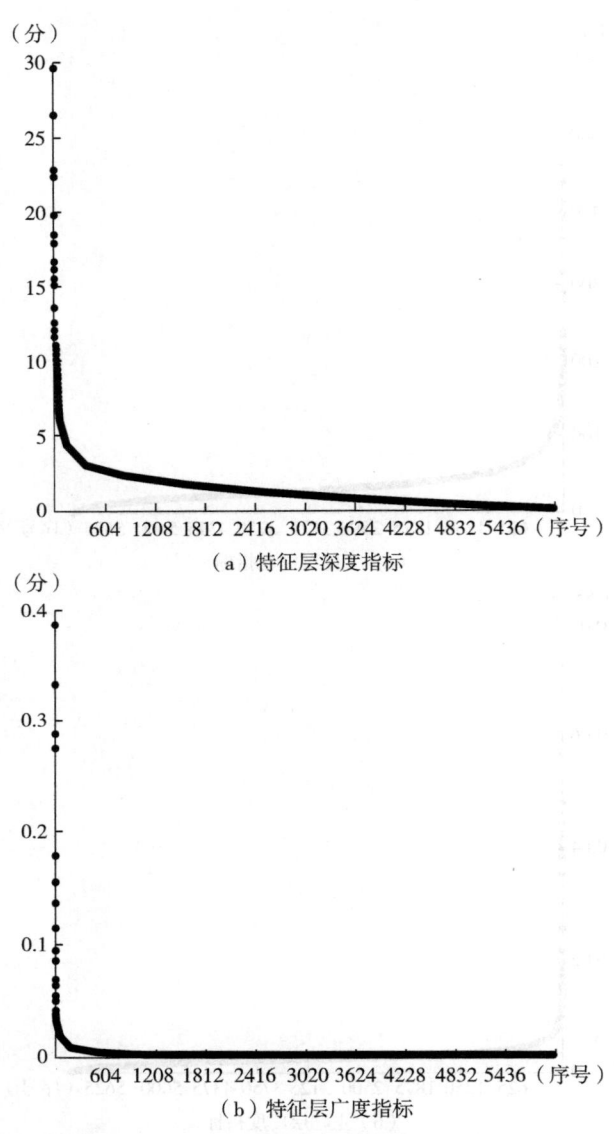

图 4.4　特征层图书内容影响力深度与广度指标得分

内容深度指标得分多数低于 5 分，图书的内容广度指标得分多数分布在 0.05 分之下。

可见，无论是同一层级的内容评价指标，即内容深度与内容广度，还是不同层级之间的评价指标，即主题层内容深度与特征层内容深度

(或主题层内容广度与特征层内容广度),其分布均具有明显的相似性。换言之,在基于图书内容的学术影响力方面,具有较高评价指标得分的图书是少数的,多数图书的影响力指标得分是相近且较低的。

此外,特征层内容深度与内容广度评价指标的描述统计结果如表 4.3 所示。从表 4.3 可以看出,特征层深度指标取值为 0.0000—29.6585 分,图书的平均特征深度值为 1.3008 分;特征层广度指标取值范围远小于深度值,取值为 0.0000—0.3865 分,图书的平均特征广度值为 0.0019 分。

表 4.3 基于图书内容数据的特征层影响力评价指标统计　　单位:分

指标	最大值	最小值	平均值
特征层内容深度	29.6585	0.0000	1.3008
特征层内容广度	0.3865	0.0000	0.0019

第四节 基于图书内容数据的学术影响力评价指标分析

一 图书内容相关评价指标的学科分布分析

我们对基于图书内容的学术影响力指标得分进行了排序,并分别提取了四个指标(主题层内容深度、主题层内容广度、特征层内容深度以及特征层内容广度)得分最高的 100 种图书,从而分析不同学科在内容数据维度的学术影响力差异,结果如图 4.5 所示。

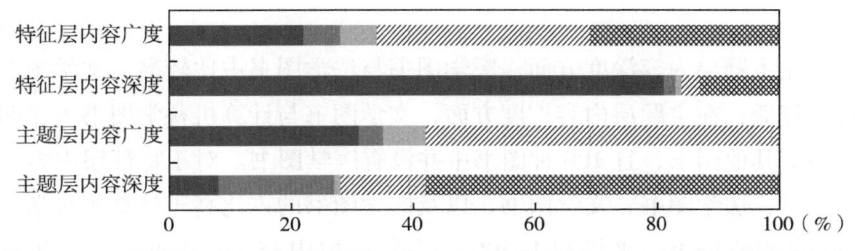

图 4.5 基于图书内容的学术影响力评价指标得分最高的 100 种图书

从图 4.5 可以看出，四个指标中图书的学科分布存在明显差异。在主题层内容深度方面，医学图书占比较高，体育学图书占比最低；在主题层内容广度方面，文学图书与法学图书占比明显高于其他图书，且前 100 种图书中未见有医学图书。可见，不同学科的图书在主题层内容深度或广度方面存在明显的偏好差异。对于特征层内容深度而言，法学图书的占比显著高于其他四个学科，超过 80%；在特征层内容广度方面，文学图书与医学图书占比较高，计算机科学图书与体育学图书占比较低。可见，在图书影响力评价的特征层，法学图书与医学图书不仅具有较多高深度值的图书，同时还具有较多高广度值的图书。与此同时，体育学图书具有高深度值或高广度值的图书均相对较少。

整体来看，无论是同一层级的不同指标（如主题层深度指标与广度指标），还是同一指标的不同层次（如主题层深度指标与特征层深度指标），其学科分布均具有明显的差异。

图 4.6 为基于图书内容的学术影响力指标得分最低的 100 种图书。从图 4.6 可以看出，四个指标中的学科分布同样存在明显差异。

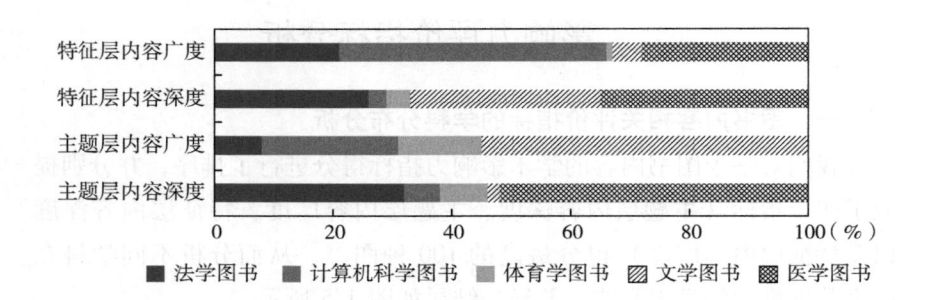

图 4.6　基于图书内容的学术影响力评价指标得分最低的 100 种图书

在主题层内容深度方面，医学图书与法学图书占比较高，文学图书占比较低；在主题层内容广度方面，文学图书与计算机科学图书占比明显高于其他图书，且 100 种图书中并没有医学图书。对于特征层内容深度而言，法学图书、文学图书，以及医学图书的占比高于计算机科学图书与体育学图书，平均约占 30%。在特征层内容广度方面，计算机科学图书占比最多，其次为医学图书，占比最低的为体育学图书，可见在特征层,法学图书与医学图书不仅具有较多低深度值的图书,同时还具有较多低广度值的图书。

与得分最高的 100 种图书的学科分布结果相似,无论是同一层次的不同指标,还是同一指标的不同层次,得分最低的 100 种图书的学科分布都具有明显的差异。因此,有必要进行多源影响力评价数据的深入挖掘,从而识别并融合更多的影响力评价指标,才能获得更加可靠的图书影响力评价结果。

二 图书内容相关评价指标的关联分析

为了进一步分析图书影响力评价内容深度与内容广度之间的关系,我们将全部图书的深度值与广度值进行展示。图 4.7 为主题层内容深度与内容广度指标得分。其中,横坐标为图书的主题层内容深度指标得分排序,纵坐标为图书的主题层内容广度指标得分排序。

从图 4.7 中可以看出,主题层内容深度值与内容广度值呈近似的线性关系,即内容深度指标得分越高的图书,其内容广度指标得分越低。此外,还存在少量图书同时获得较高的深度值与较高的广度值(如图 4.7 中圆圈部分所示)。因此,如需提高图书在内容维度的学术影响力,往往难以兼顾内容深度与广度,需要有目的地进行资源的合理分配,从而致力于更高的深度或者广度。

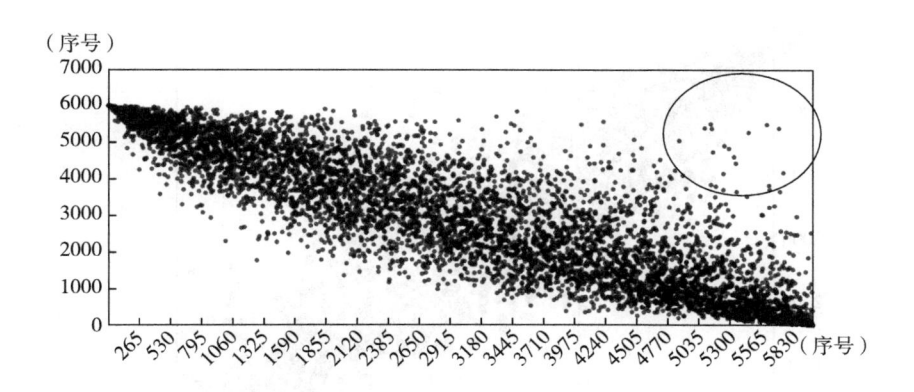

图 4.7 图书主题层内容影响力深度与广度指标得分

图 4.8 至图 4.12 为各个学科的主题层内容深度与广度指标得分结

果，横坐标为主题层深度值排序，纵坐标为主题层广度值排序。可以看出每个学科的总体趋势基本相同，即内容深度指标与内容广度指标得分存在近似的线性关联。与此同时，不同学科的图书也存在差异。我们可以发现，法学图书和医学图书的深度值与广度值呈相对收敛的线性关系，计算机科学图书、文学图书，以及体育学图书的深度值与广度值则相对发散。同时，我们利用虚线将图4.8至图4.12分割为左、中、右三部分，可以发现法学图书与文学图书在三部分的分布相对均匀。计算机科学图书多数位于图4.9的右侧，这说明在本节的数据集中计算机科学领域有较多的图书具有较高的深度值与较低的广度值。医学领域图书多数位于图4.10的左侧与右侧，这说明在本节的数据集中医学领域有较多的图书具有较高的广度值与较低的深度值，同时另有多数图书具有较高的深度值与较低的广度值，而处于中间位置的图书数量相对较少，即仅有少数图书的深度值与广度值同时处于中等区间。体育学图书与计算机科学图书相反，多数位于图4.12的左侧，这说明在本节的数据集中体育学领域有较多的图书具有较高的广度值与较低的深度值。

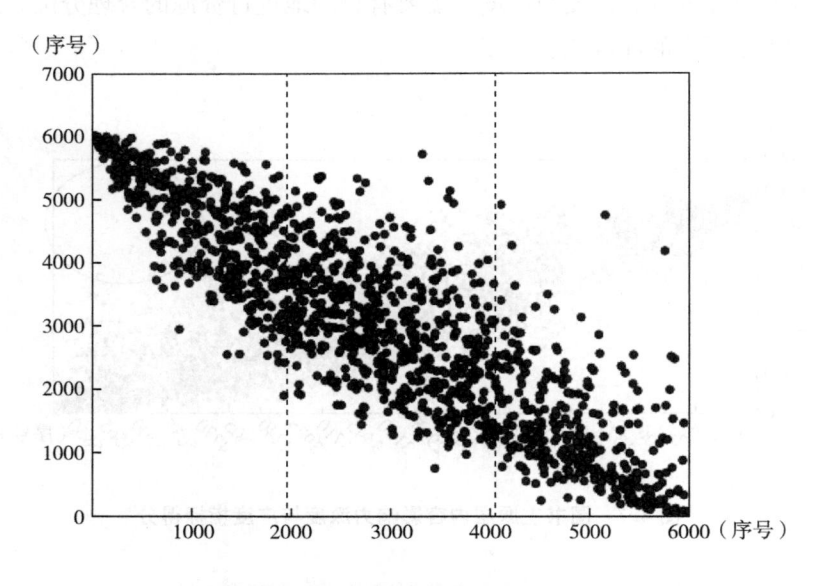

图4.8 法学图书主题层内容影响力深度与广度指标得分

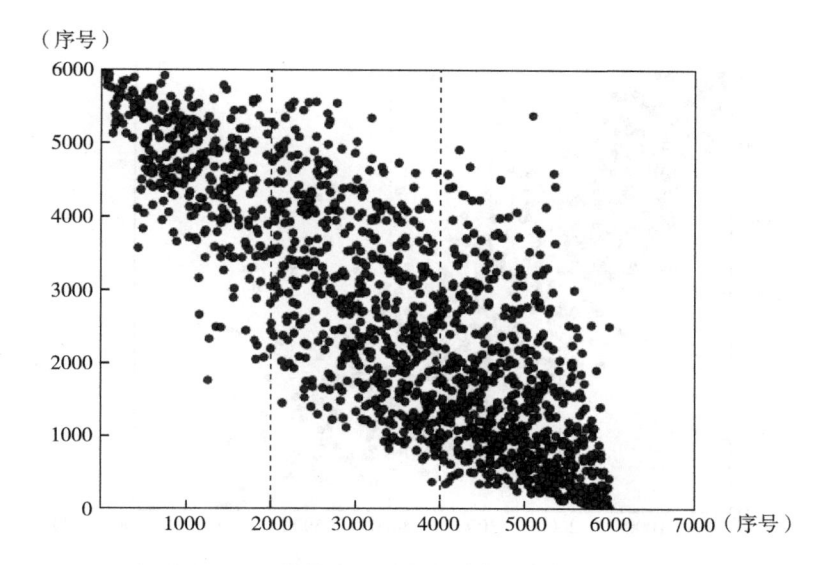

图 4.9　计算机科学图书主题层内容影响力深度与广度指标得分

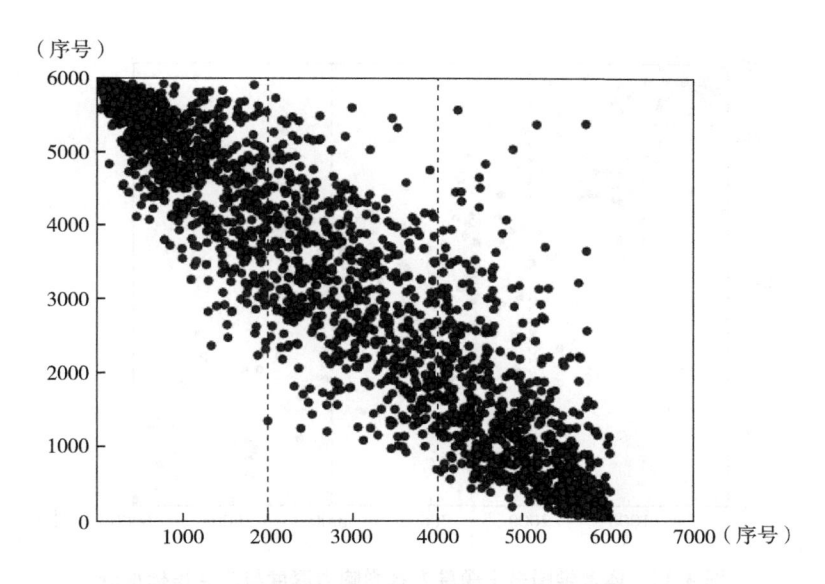

图 4.10　医学图书主题层内容影响力深度与广度指标得分

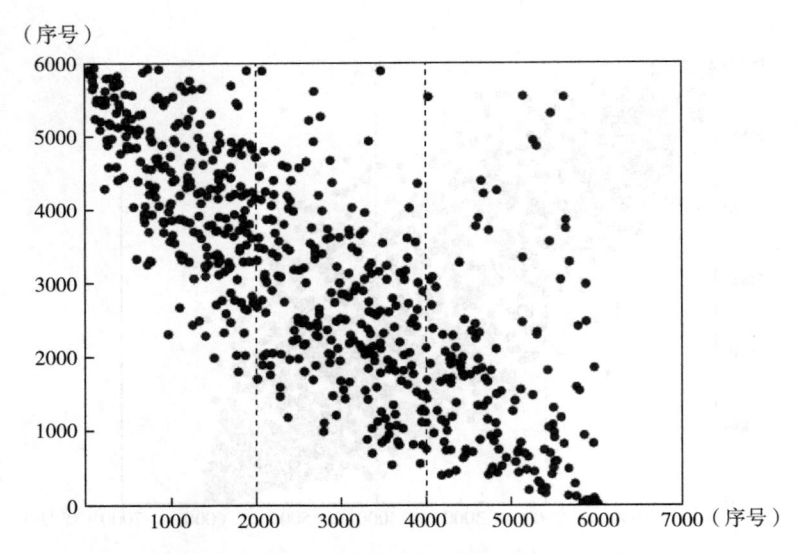

图 4.11　文学图书主题层内容影响力深度与广度指标得分

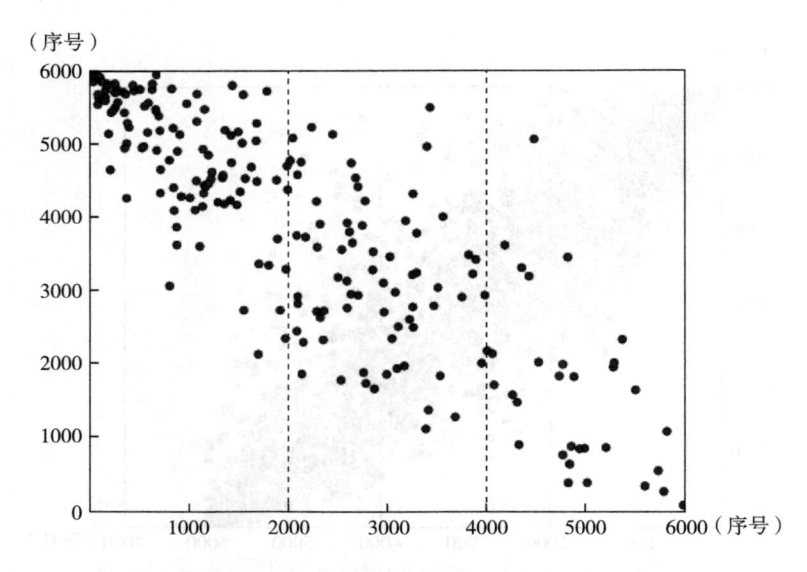

图 4.12　体育学图书主题层内容影响力深度与广度指标得分

此外，本书分析了特征层内容深度指标与广度指标间的关联，如图 4.13 所示。其中，横坐标为图书的特征层深度指标得分排序，纵坐标为图书的特征层广度指标得分排序。

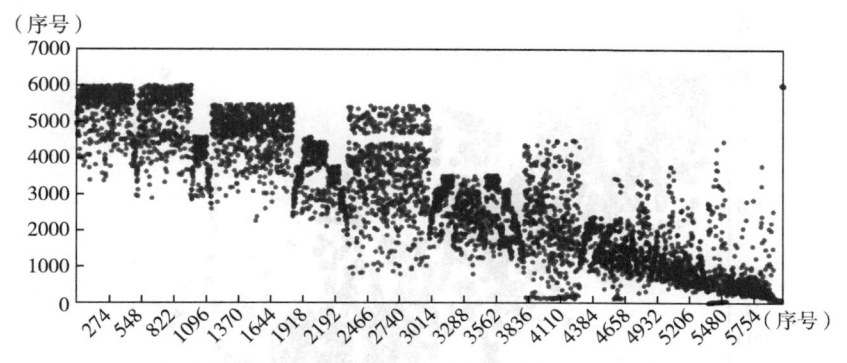

图 4.13　特征层图书内容影响力深度与广度指标得分

从图 4.13 中可以看出，特征层深度指标与广度指标同样存在近似的线性关联，但与主题层评价指标分布存在明显差异。随着特征层深度值的提高，仍有较多图书同时具有较高的广度值。这表明了在主题层内容分析之外，进行特征层深度和广度分析的必要性。主题层与特征层的图书内容分析可以为图书学术影响力评价提供不同维度的评价信息，因此融合多层次的内容评价指标能够获取更加准确的评价结果。

图 4.14 至图 4.18 为各个学科的特征层内容深度指标与广度指标分

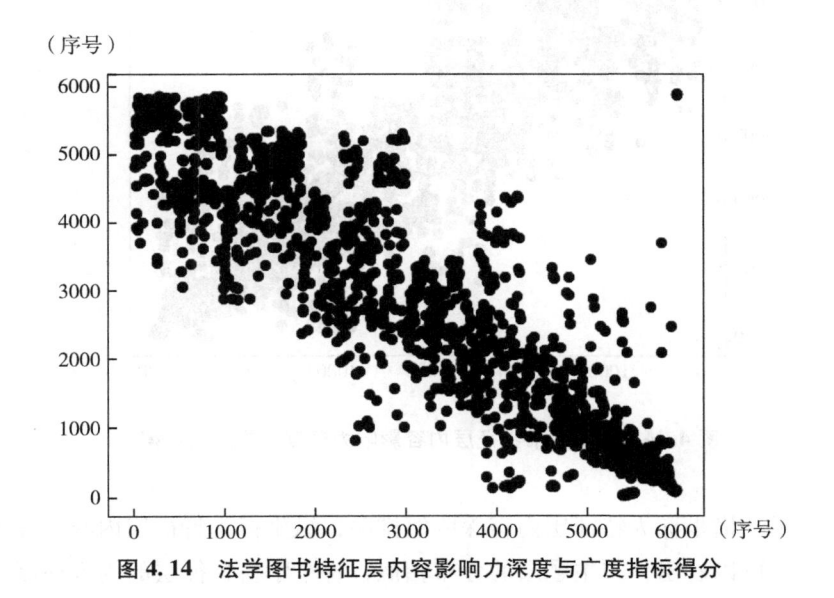

图 4.14　法学图书特征层内容影响力深度与广度指标得分

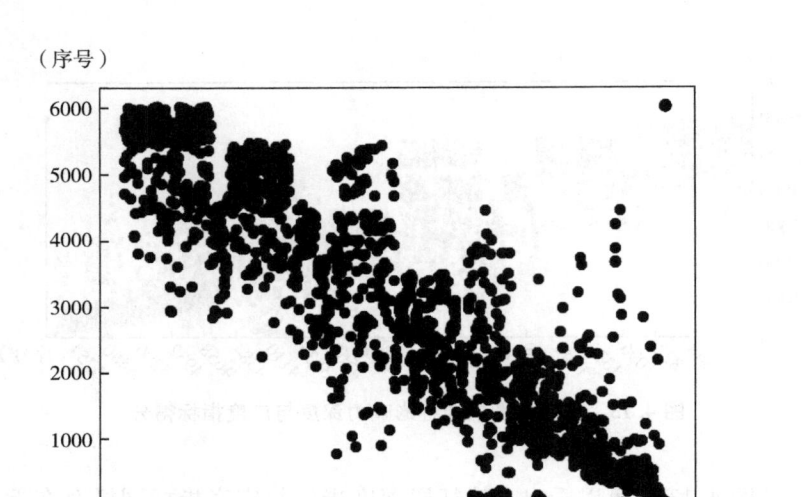

图 4.15 计算机科学图书特征层内容影响力深度与广度指标得分

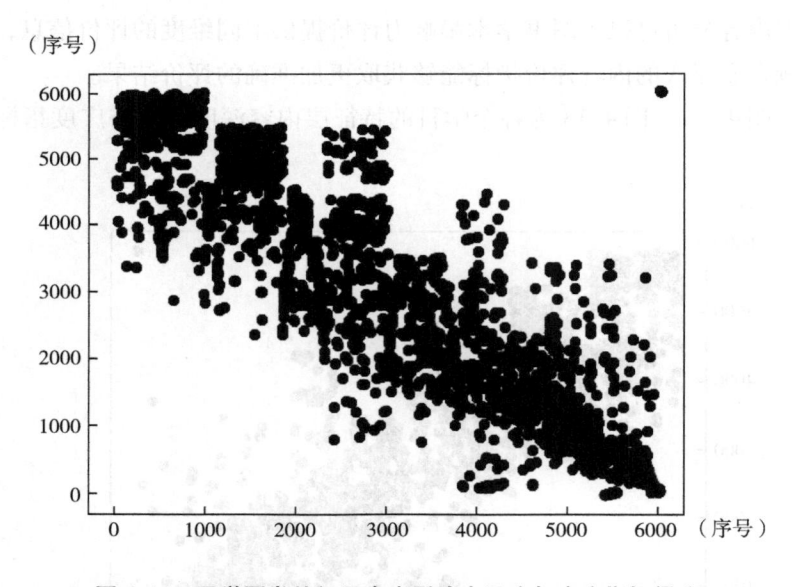

图 4.16 医学图书特征层内容影响力深度与广度指标得分

布结果，横坐标为特征层内容深度值排序，纵坐标为特征层内容广度值排序。可以看出，与主题层的分布相似，各个学科特征层的内容深度与广度分布的总体趋势基本相同。

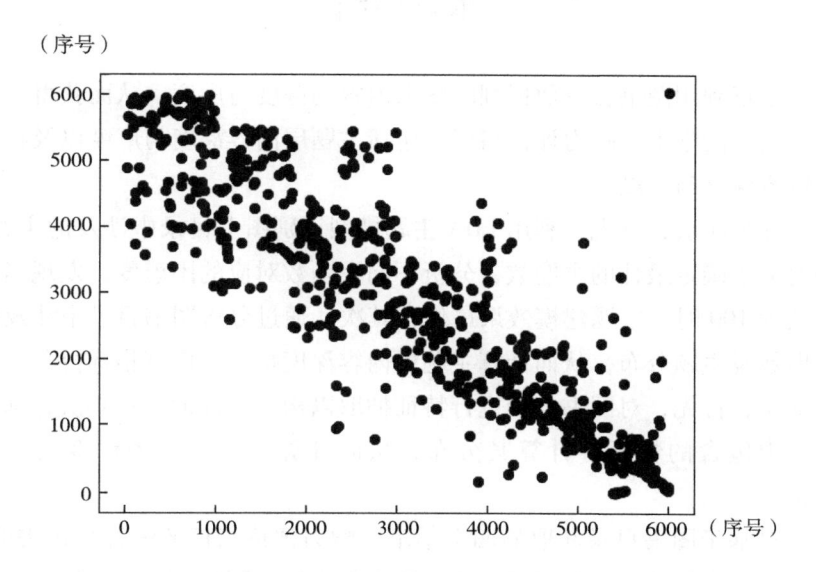

图 4.17 文学图书特征层内容影响力深度与广度指标得分

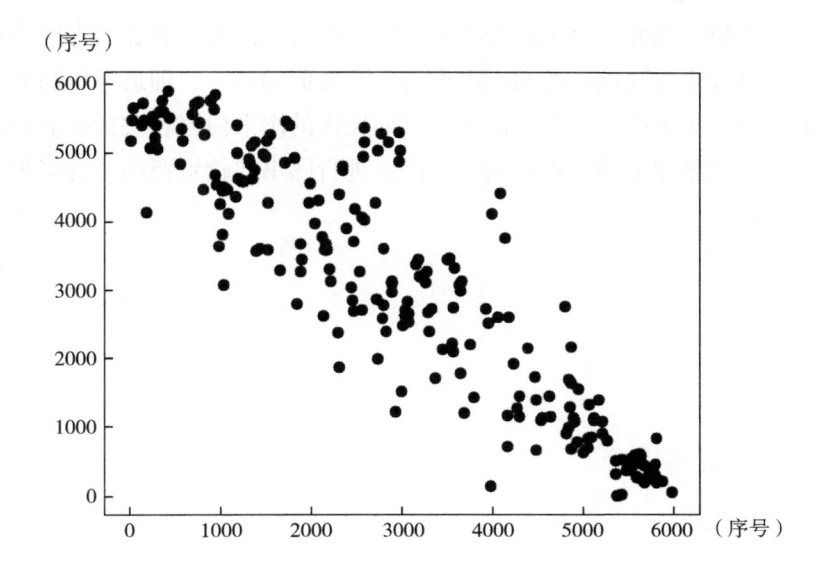

图 4.18 体育学图书特征层内容影响力深度与广度指标得分

本章小结

本章利用图书目录数据判断图书内容的深度与广度,从而获得基于图书内容的学术影响力评价指标,包括主题层内容深度与广度以及特征层内容深度与广度。

在主题层,首先,利用 LDA 主题模型识别图书目录中涉及的主题,同时为了确定最佳的主题数,分析不同主题数对应的困惑度,发现当主题数为 100 时,主题建模效果最优;其次,通过分析图书目录中涉及的主题数及主题分布,从而计算主题层内容深度指标与广度指标得分。在特征层,首先,对图书目录进行特征抽取以构建特征词典;其次,确定目录中包含的特征并计算其分布,从而计算特征层内容深度与广度指标。

对基于图书目录获取的四个学术影响力评价指标的统计分析表明,内容深度指标的取值范围远大于内容广度指标。同时,深度指标与广度指标的得分大致呈线性关系,这说明多数图书难以同时获得较高的深度值与广度值。因此,对于提升图书影响力而言,图书作者在图书的构思及完成过程中需要确定图书在深度与广度方面的目标,即追求更高的深度或者致力于更高的广度。此外,不同层次的图书内容相关指标能够从不同维度量图书的学术影响力,因此进行图书评价资源的融合是很有必要的。

第五章

基于图书引用数据的学术影响力评价

图书的被引频次常被用于评价图书的学术影响力，这类方法具有成熟的理论基础以及丰富的技术支持[1]。传统的引文分析侧重引用频率分析，并证明图书的被引频次越高其学术影响力越大[2]。然而，这些方法忽略了引用相关的内容信息，无法挖掘语义信息或识别引文模式从而进行细粒度分析，存在内生的局限性[3]。可见，传统的引文分析越来越不适用于当前的评价需求。现有研究表明，与图书相关的内容信息对衡量图书的影响力是必要和有效的，融合引文相关内容的图书学术影响力评价是一种必然趋势[4]。图书施引文献（引用图书的文献）包含关于图书的多维引用内容信息，如施引文献的元数据能够反映图书被引用的领域、时间等，施引文献中的引文内容能够反映图书被引用的意图、强度

---

[1] Krampen G. et al., "On the Validity of Citation Counting in Science Evaluation: Content Analyses of References and Citations in Psychological Publications", *Scientometrics*, Vol. 71, No. 2, 2007, pp. 191–202.

[2] Barilan J., "Citations to the 'Introduction to Informetrics' Indexed by Wos, Scopus and Google Scholar", *Scientometrics*, Vol. 82, No. 3, 2010, pp. 495–506.

[3] Zhou Q., Zhang C., "Measuring Book Impact via Content-Level Academic Review Mining", *The Electronic Library*, Vol. 38, No. 1, 2020, pp. 138–154.

[4] McCain K. W., Salvucci L. J., "How Influential is Brooks' Law? A Longitudinal Citation Context Analysis of Frederick Brooks' the Mythical Man-Month", *Journal of Information Science*, Vol. 32, No. 3, 2006, pp. 277–295.

等。因此，可以通过分析图书的施引文献，包括元数据分析[①]和引文内容分析[②]，获取引用内容相关的图书学术影响力评价指标。

引用频率作为一种有效的评价资源，是图书学术影响评价体系中一个重要的度量指标。引用内容不是引用频次的替代计量资源，而是互补关系。在评价图书的学术影响力时，应将引用频率和引用相关内容进行有效整合，以获得相对全面的评价结果。本章旨在融合图书的多维引用信息，包括引用频次与引用内容（如施引文献元数据及施引文献中的引文内容），结合内容维度和频次维度对图书引用信息进行细粒度分析，从而计算基于引用数据的图书学术影响力。图 5.1 为图书 *Sentiment Analysis and Opinion Mining* 的引用频次及施引文献数据示例。

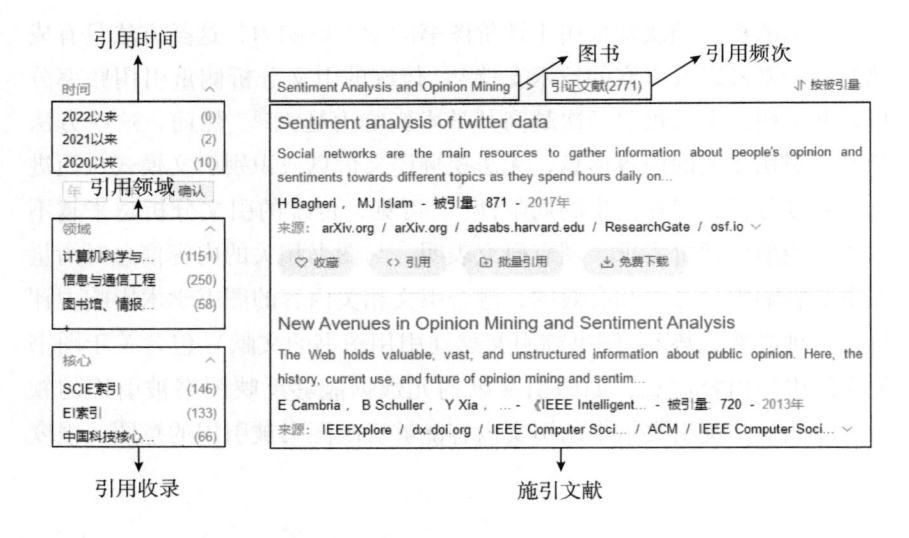

图 5.1　图书施引文献数据示例

图 5.2 为图书 *Sentiment Analysis and Opinion Mining* 施引文献中关于

---

① Zeng B. et al.，"Multi-Task Learning Model for Aspect Term Extraction and Aspect Polarity Classification Based on Dual-Labels"，*Journal of Intelligent and Fuzzy Systems*，Vol. 39，No. 7，2020，pp. 1–12.

② Mccain K. W.，Salvucci L. J.，"How Influential is Brooks' Law? A Longitudinal Citation Context Analysis of Frederick Brooks' the Mythical Man-Month"，*Journal of Information Science*，Vol. 32，No. 3，2006，pp. 277–295.

第五章 | 基于图书引用数据的学术影响力评价

该图书的引文内容示例。引文内容，是指引文的文本描述部分，通常是引用位置附近一定范围的文本①。Small 认为，引文内容是指"参考文献周围的文本"②。刘盛博等认为，引用内容就是能够表征施引文献引用参考文献的文本内容，这些文本内容通常用一个或几个句子来表达③。从图 5.2 可以看出，引文（a）采用了图书 *Sentiment Analysis and Opinion Mining* 构建的词典语料，引文（b）则是作为背景知识，提及了图书 *Sentiment Analysis and Opinion Mining* 对情感分析粒度的分类。因此，引文内容的分析能够反映施引文献的真实引用意图。

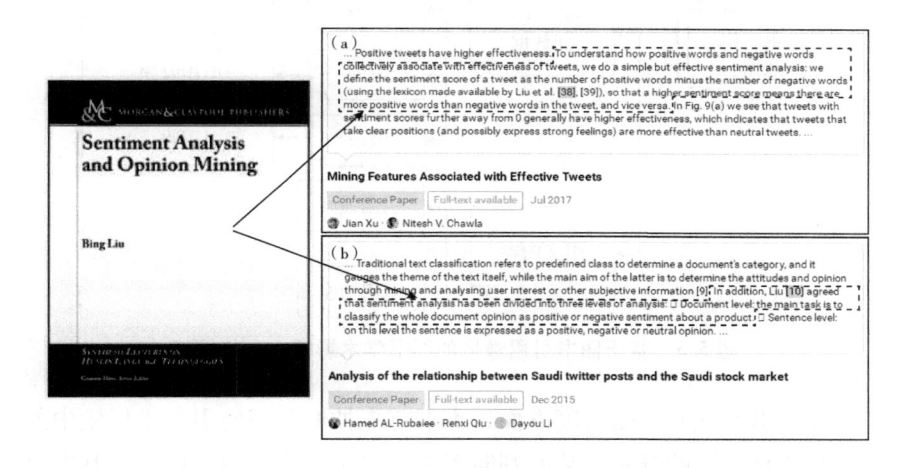

图 5.2　*Sentiment Analysis and Opinion Mining* 引文内容示例

第一节　基于图书引用数据的学术影响力评价指标获取

本节旨在对图书的引用数据进行多粒度挖掘从而判断图书在引用维度的学术影响力，研究框架如图 5.3 所示。首先，采集图书的引用频次

---

① 刘浏、王东波：《引用内容分析研究综述》，《情报学报》2017 年第 6 期。
② Small H., "Citation Context Analysis", *Progress in Communication Sciences*, Vol. 3, 1982, pp. 287–310.
③ 刘盛博等：《引用内容分析的理论与方法》，《情报理论与实践》2015 年第 10 期。

数据及施引文献数据。其次，对引用数据进行深入挖掘，获取来自三个维度的评价指标，包括引用频次维度、施引文献元数据维度以及施引文献引文内容维度。

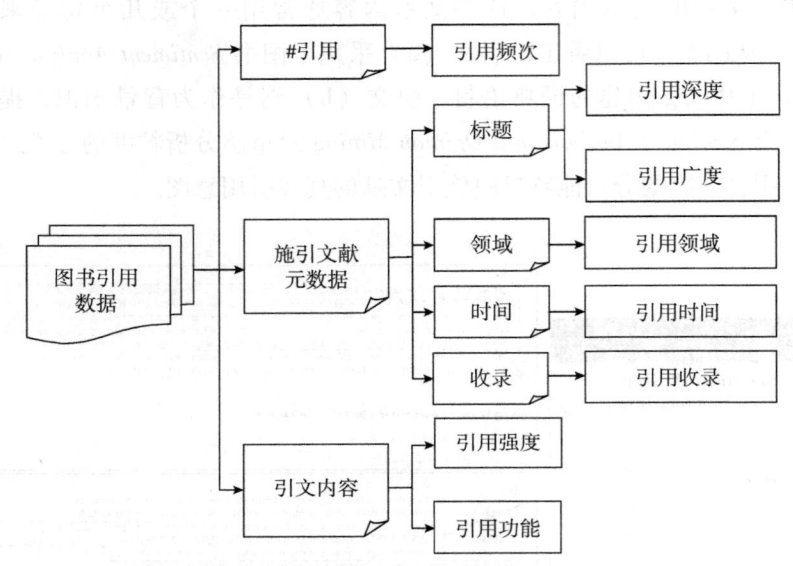

图 5.3 基于图书引用数据的图书学术影响力评价框架

在施引文献元数据维度方面，本书首先抽取图书施引文献标题中的主题并计算主题的分布，从而判断图书的引用深度与引用广度。其次对施引文献涉及的领域、发表时间及数据库收录情况进行分析，从而判断图书的引用领域多样性、引用时间跨度及引用收录等。

在施引文献引文内容维度方面，引文内容数据能够反映学者引用的动机、态度等，通过对引文内容的挖掘能够识别虚假引用、引用意图等信息，进而弥补仅基于引用频次评价方法的不足。本书首先采集图书在各个施引文献中的引文内容。其次识别图书在各个施引文献中的引用强度，即图书在单篇施引文献正文中被引用（提及）的次数，这一信息能够反映图书在施引文献中的重要程度。同时，我们利用监督学习方法判断各个引文内容的引用功能，如背景引用、方法引用等[①]。

[①] Hernández-Alvarez M. et al., "Citation Function, Polarity and Influence Classification", *Natural Language Engineering*, Vol. 23, No. 4, 2017, pp. 561-588.

基于以上分析，我们得到基于图书引用数据的图书学术影响力评价指标，如表 5.1 所示。共有来自三个引用数据维度的八个评价指标，包括引用频次、引用深度、引用广度、引用领域、引用时间、引用收录、引用强度及引用功能。

表 5.1　　　　基于图书引用数据的影响力评价指标

数据源	评价指标		评价指标释义
图书引用	引用频次		图书被引用的次数
	施引文献元数据	引用深度	图书施引文献反映出的图书涉及的深度
		引用广度	图书施引文献反映出的图书涉及的广度
		引用领域	图书被引用的领域多样性
		引用时间	图书被引用的时间跨度
		引用收录	图书施引文献被数据库收录分布
	施引文献引文内容	引用强度	图书在单篇文献中的被引次数
		引用功能	图书被引用的作用，如背景引用

第二节　基于图书引用数据的学术影响力评价指标计算

一　引用频次指标计算

作为评价图书学术影响力的常见指标，图书的引用频次能够相对直观地反映图书被学术界的认可状态，进而在一定程度上反映图书的学术影响力，计算方法如式（5.1）所示：

$$Cite\_fre = \#citation \tag{5.1}$$

式中，$Cite\_fre$ 为图书的引用频次指标得分；$\#citation$ 为图书的被引次数。

二　施引文献元数据相关评价指标计算

图书施引文献的发布时间信息、数据库收录信息等可以反映图书学术影响力的持续性与影响程度，同时施引文献涉及的主题等信息能够反映图书对不同研究领域的影响。因此，图书的施引文献可以作为图书学术影响力评价的重要资源。因此，本节获取了施引文献的元数据，包括施引文献的标题、发表时间、所属领域及施引文献被各类文献数据库的收录情况，如表5.2所示。对施引文献元数据不同维度进行挖掘得到五个影响力评价指标，包括引用深度、引用广度、引用领域、引用时间及引用收录。

表5.2　　　　　　　　图书施引文献元数据示例

序号	图书		图书施引文献			
	标题	发表年份（年）	标题	发表年份（年）	领域	数据库收录
1	《论国家刑权力》	2006	①刑事司法中的公共利益研究 ②西方刑罚权限制的文化解读 ……	2009 2010 ……	24@法学 1@政治学	9@CCJ 5@CSSCI 4@CSTPCD 0@SCI 0@EI 0@SCIE 0@SSCI 0@CSCD 0@AHCI
2	《卢前笔记杂钞》	2006	①论卢前的词学成就及其特色 ②民族诗坛上的词曲情缘——浅论于右任先生对卢前词曲创作的积极影响 ……	2008 2009 ……	9@中国语言文学 2@新闻传播学 2@历史学 2@图书馆、情报与档案管理 1@艺术学 1@地理学 1@建筑学 1@临床医学	6@CCJ 2@CSSCI 2@CSTPCD 0@SCI 0@EI 0@SCIE 0@SSCI 0@CSCD 0@AHCI

注：在"领域"列中，M@D表示该图书的M篇施引文献属于领域D。在"数据库收录"列中，N@DI表示该图书的N篇施引文献由数据库索引DI收录，CCJ是指北大核心期刊数据库，CSSCI是指中国社会科学引文数据库，CSTPCD是指中国科技核心期刊数据库，SCI是指科学引文数据库，SSCI是指社会科学引文数据库，AHCI是指艺术与人文引文数据库，CSCD是指中国科学引文数据库。

（一）引用深度

与基于图书目录的评价指标计算方法相似，在本节中我们利用

LDA 识别施引文献标题中的主题信息。同时，利用困惑度（perplexity）度量主题建模结果[①]。我们认为如果一本图书的施引文献越多并且涉及的主题数越少，那么该图书的引用深度越深。引用深度计算方法如式（5.2）所示：

$$Cite\_depth = \frac{\#citation}{\#topics} \quad (5.2)$$

式中，$Cite\_depth$ 为图书的引用深度指标得分；$\#citation$ 为图书的被引次数；$\#topics$ 为施引文献标题中涉及的主题数。

（二）引用广度

如果一种图书的施引文献的主题分布越均匀，则该图书的广度越广。引用广度计算方法如式（5.3）所示：

$$Cite\_breadth = -\frac{1}{\ln(\#topics)} \sum_{i=1}^{\#topics} p\_cite\_topics_i \ln(p\_cite\_topics_i) \quad (5.3)$$

式中，$Cite\_breadth$ 为图书的引用广度指标得分；$p\_cite\_topics_i$ 为图书施引文献属于主题 i 的概率。

（三）引用领域

图书被引用的领域多样性可以反映图书对其他领域的影响，并衡量图书影响力的跨学科程度。因此，我们从施引文献元数据中提取并分析施引文献涉及的领域数据，从而度量施引文献的领域分布，计算图书的引用领域多样性。在本节中，我们采用 Simpson 指数[②]衡量图书的引用领域多样性，计算方法如式（5.4）、式（5.5）所示。即使是具有相同领域丰富度的图书，Simpson 指数也仍然可以度量其引用领域多样性。

$$Cite\_domain\_diversity = 1 - \sum_{i=1}^{\#domain} p\_cite\_domian_i^2 \quad (5.4)$$

$$p\_cite\_domian_i = n_i / \#citation \quad (5.5)$$

式中，$Cite\_domain\_diversity$ 为图书的引用领域多样性指标得分；$\#domain$ 为图书施引文献所属的领域数；$p\_cite\_domian_i$ 为领域 i 的概率；n_i 为图书的 n 篇施引文献属于领域 i；$\#citation$ 为图书的被引次数，即图

[①] Blei D. M. et al., "Latent Dirichlet Allocation", *Journal of Machine Learning Research*, Vol. 3, No. 1, 2003, pp. 993-1022.

[②] Simpson E. H., "Measurement of Diversity", *Nature*, Vol. 163, No. 4148, 1949, p. 688.

书施引文献数量。

以表 5.2 中的图书数据为例，

对于图书 1，$Cite\_domain\_diversity_1 = 1 - \left[\left(\frac{24}{25}\right)^2 + \left(\frac{1}{25}\right)^2 \right] = 0.0768$；

对于图书 2，$Cite\_domain\_diversity_2 = 1 - \left[\left(\frac{9}{19}\right)^2 + \left(\frac{2}{19}\right)^2 + \left(\frac{2}{19}\right)^2 + \left(\frac{2}{19}\right)^2 + \left(\frac{1}{19}\right)^2 + \left(\frac{1}{19}\right)^2 + \left(\frac{1}{19}\right)^2 + \left(\frac{1}{19}\right)^2 \right] = 0.7313$。

可见，图书 2 的引用领域多样性高于图书 1。

（四）引用时间

引用时间指标是指图书的第一篇施引文献的发表年份与最新施引文献的发表年份之间的时间跨度，可以揭示图书学术影响的可持续性。因此，本节提取了图书及其相应施引文献的出版时间，以计算引用时间跨度指标的得分，计算方法如式（5.6）所示：

$$Cite\_time\_span = \frac{T_{\max} - T_{book}}{T_{\min} - T_{book} + 1} \tag{5.6}$$

式中，$Cite\_time\_span$ 为图书的引用时间跨度指标得分；$T_{\max}$ 为图书最新施引文献的发表年份，T_{book} 为图书的发表年份，$T_{\min}$ 为图书最早被引用的年份。

（五）引用收录

文献数据库收录，特别是权威文献数据库收录，可以有效地反映图书的学术影响程度。因此，我们提取了图书施引文献的数据库收录信息，并统计了每个数据库中收集的施引文献的数量，从而计算引用收录指标得分，计算方法如式（5.7）所示：

$$Cite\_database\_index = \frac{\sum_{j=1}^{m} index_j}{\#citaion} \tag{5.7}$$

式中，$Cite\_database\_index$ 为图书的引用收录指标得分；$index_j$ 为图书被数据库 j 收录的施引文献数量；m 为数据库数量。本节共统计了 9 个数据库的收录数量，包括 CCJ、CSSCI、CSTPCD、SCI、EI、SCIE、SSCI、CSCD 及 AHCI。因此，m 等于 9；$\#citaion$ 为图书的被引频次。

以表 5.2 中的图书数据为例，

对于图书 1，$Cite\_database\_index_1 = \dfrac{9+5+4}{25} = 0.72$；

对于图书 2，$Cite\_database\_index_2 = \dfrac{6+2+2}{19} = 0.5263$。

可见，图书 1 的引用收录指标得分高于图书 2。同时，值得注意的是，由于一篇施引文献可能被一个以上的数据库收录，因此图书的引用收录指标得分可能高于 1 分。

三 施引文献引文内容相关评价指标计算

施引文献中关于图书的引文内容能够反映研究人员的真实引用意图。因此，本节获取了施引文献中对应图书的引文内容，如表 5.3 所示。对施引文献中的引文及其内容进行挖掘，可以得到两个学术影响力评价指标，即引用强度和引用功能。

表 5.3　《梁启超论中国法制史》相关引文内容数据示例

图书	施引文献	引用强度	引文内容				
			引文句	前两句	前一句	后一句	后两句
梁启超论中国法制史	明代惩治官员犯罪的法律制度研究	1	洪武六年时，朱元璋又诏刑部尚书刘惟谦……	经过几个月的材料收集、汇编和讨论……	同年的十一月，朱元璋又命大理卿周桢……	洪武二十二年，朱元璋又命人……	《大明律》共七篇，分别是《名例律》……
	法治现代化视阈下礼法合治传统的创新传承	3	如梁启超认为对礼、法为行为标准……	在某种程度上，我们需要将制度……	同时，厘清传统法文化的道德观……	Null	Null
			对西方的法治主义，梁启超赞之为……	中国近现代法治的转型之前……	当晚清的法律变革取径西法……	Null	Null
			在对接礼法传统上，梁启超作出……	Null	在中国近百年的法治现代化……	但李贵连指出梁启超……	Null

注：Null 为引文句无前两句/后一句/后两句。

（一）引用强度

引用强度是指图书在施引文献正文中被提及的次数①。计算方法如式（5.8）所示：

$$Cite\_int = \frac{\sum_{i=1}^{n} int_i}{n} \quad (5.8)$$

式中，$Cite\_int$ 为图书的引用强度指标得分；int_i 为图书在施引文献 i 的引用强度；n 为图书被引用的总次数，即图书的施引文献数量。

（二）引用功能

引用功能表示研究人员引用图书的原因或动机（如对图书方法的引用）②。本节将引用功能分为三类：背景引用、比较引用与使用引用③。其中，背景引用是指将图书作为背景介绍或者相关工作等引用；比较引用是指将不同的研究进行比较，从而引用；使用引用是指引用被引图书的概念、方法、数据、工具等。引用功能指标计算如式（5.9）、式（5.10）所示：

$$Cite\_fun = \frac{\sum_{i=1}^{m} fun_i}{m} \quad (5.9)$$

$$fun_i = \begin{cases} 1, & 背景引用 \\ 2, & 比较引用 \\ 3, & 使用引用 \end{cases} \quad (5.10)$$

式中，$Cite\_fun$ 为图书的引用功能指标得分；fun_i 为图书引文内容 i 对应的引用功能类别；m 为图书相关引文内容数量。

可见，引用功能指标计算的关键在于判断引文内容的引用功能类别。本节采用监督学习方法识别引文内容的引用功能类别，具体研究思

---

① Ding Y. et al. , "The Distribution of References across Texts: Some Implications for Citation Analysis", *Journal of Informetrics*, Vol. 7, No. 3, 2013, pp. 583-592.

② Teufel S. et al. , "Automatic Classification of Citation Function", Proceedings of the Empirical Methods in Natural Language Processing, Sponsored by the Association for Computational Linguistics, Sydney, Australia, July 22-23, 2006.

③ Hernández-Alvarez M. et al. , "Citation Function, Polarity and Influence Classification", *Natural Language Engineering*, Vol. 23, No. 4, 2017, pp. 561-588.

路如图 5.4 所示。首先，从全部引文内容数据集中随机抽取部分引文内容进行引用功能的人工标注。其次，将已标注的引文内容作为训练语料，通过特征选择、特征权重计算进行文本表示，用于分类模型的训练。最后，利用训练好的引用功能分类模型对未标注语料进行引用功能判断，获得引用功能类别。

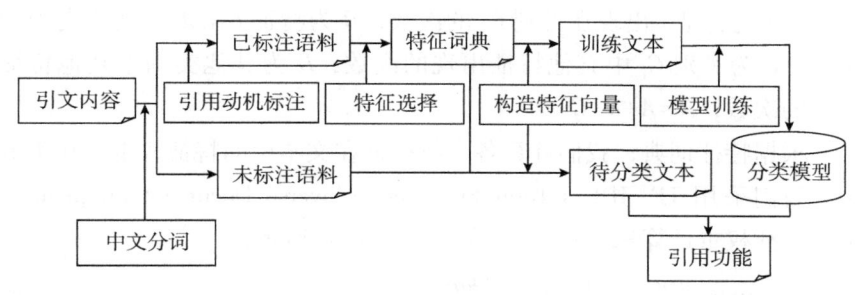

图 5.4　引用功能判断

1. 引用功能判断关键技术

现有研究表明，监督学习方法的关键在于抽取有效的特征[1]。换言之，本节中引用功能判断的关键任务是合理地抽取文本特征，从而将文本表示为向量形式。因此，本节比较了几种不同的文本表示方法，包括 One-hot 表示模型[2]、LSA（Latent Semantic Analysis）矩阵分解模型[3]、LDA（Latent Dirichlet Allocation）文档生成模型[4]及 Doc2Vec 模型[5]。

（1）基于 One-hot 表示模型的文本表示。自然语言处理中最直观，也是到目前为止最常用的文本表示方法是 One-hot。这种方法把每个文

---

[1] Yousefpour A. et al., "Ordinal-Based and Frequency-Based Integration of Feature Selection Methods for Sentiment Analysis", *Expert Systems with Applications*, Vol. 75, 2017, pp. 80-93.

[2] Salton G. et al., "A Vector Space Model for Automatic Indexing", *Communications of the Acm*, Vol. 18, No. 11, 1974, pp. 613-620.

[3] Deerwester S., "Indexing by Latent Semantic Analysis", *Journal of the Association for Information Science & Technology*, Vol. 41, No. 6, 1990, pp. 391-407.

[4] Blei D. M. et al., "Latent Dirichlet Allocation", *Journal of Machine Learning Research*, Vol. 3, No. 1, 2003, pp. 993-1022.

[5] Le Q., Mikolov T., "Distributed Representations of Sentences and Documents", Proceedings of the International Conference on Machine Learning, Sponsored by the International Machine Learning Society, Beijing, China, June 21-26, 2014.

本表示为一个很长的向量。这个向量的维度是词典大小。因此，我们首先通过特征选择构建词典，其次计算词典中每个特征词在各个文本中的特征权重，最后得到每个文本的向量表示。在本节中，我们采用 CHI 方法抽取特征构成特征词典①，计算方法如式（5.11）所示：

$$X^2(t, C_i) = \frac{N \times (AD-BC)^2}{(A+C)(B+D)(A+B)(C+D)} \quad (5.11)$$

式中，A 为特征 t 出现在类别 C_i 的次数；B 为特征 t 出现在其他类别的次数；C 为类别 C_i 中其他特征出现的次数；D 为其他类别中其他特征出现的次数；$N=A+B+C+D$。

根据特征词典，我们计算各个特征词在文本中的特征权重。在本节中，我们采用 TF-IDF（Term Frequency-Inverse Document Frequency）进行特征权重计算②，计算方法如式（5.12）所示：

$$TF\text{-}IDF = \frac{word\_term}{\#word} * \log \frac{\#doc}{\#doc\_term} \quad (5.12)$$

式中，TF 为词频，即给定特征在一个文本中出现的频率，其基本思想是特征在文本集中出现次数越多，该特征越重要，越有利于引用功能分类；IDF 为逆文档频率，即度量给定特征词的全局重要性，在实际运用过程中起到对特征进行区分的作用；$word\_term$ 为给定特征在一个文本（一个引文内容）中出现的次数；$\#word$ 为该文本中包含的词汇总数；$\#doc$ 为全部文本数量，即全部引文内容数量；$\#doc\_term$ 为包含给定特征的引文内容文本数量。

（2）基于 LSA 矩阵分解模型的文本表示。LSA 也被称为 LSI（Latent Semantic Index），基本思想就是把高维的文档降到低维空间。分析文档集合，首先构建特征—文档矩阵；其次对特征—文档矩阵进行奇异值分解，并对分解后的矩阵进行降维。相比传统向量空间，潜在语义空间的维度更小，语义关系更明确。在本节中，我们利用 Gensim 的 LSI 模型进行基于 LSI 的文本表示。

---

① Yang Y., Pedersen J. O., "A Comparative Study on Feature Selection in Text Categorization", Proceedings of the International Conference on Machine Learning, Sponsored by the International Machine Learning Society, Nashville, Tennessee, July 8-12, 1997.

② Salton G., Mcgill M. J., *Introduction to Modern Information Retrieval*, New York: McGraw-Hill, 1983, p. 400.

步骤1：确定主题数量 N。

步骤2：确定每个引文内容属于这些主题的概率，以用于构建文档—主题矩阵，如表5.4所示。其中，T_N 为第 N 个主题；D_M 为第 M 个文档，即第 M 个引文内容；p_{NM} 为第 M 个引文内容属于第 N 个主题的概率。

表5.4　　　　　　　　　　文档-主题矩阵

主题 文档	T_1	T_2	T_3	…	T_N
D_1	p_{11}	p_{21}	p_{31}	…	p_{N1}
D_2	p_{12}	p_{22}	p_{32}	…	p_{N2}
D_3	p_{13}	p_{23}	p_{33}	…	p_{N3}
…	…	…	…	…	…
D_M	p_{1M}	p_{2M}	p_{3M}	…	p_{NM}

步骤3：获得全部引文内容的主题概率表示，$D_i = \{p_{1i}, p_{2i}, p_{3i}, \cdots, p_{Ni}\}$。

（3）基于LDA文档生成模型的文本表示。LDA，即潜在狄利克雷分布，按照文本生成的过程，使用贝叶斯估计的统计学方法，将文本集中每篇文本的主题按照概率分布的形式给出。作为一种无监督学习算法，LDA在训练时不需要手工标注的训练集，只需要指定主题的数量。在本节中，我们利用Gensim的LDA模型进行基于LDA的文本表示。具体而言，我们首先确定主题数 N，其次利用LDA模型判断每个文本隶属各个主题的概率，从而获得文本—主题矩阵，最终获得各个文本的主题概率表示。与基于LSI的方法类似，在本节中，我们同样将比较不同主题数对基于LDA文本表示的影响，从而确定最佳的主题数。

（4）基于Doc2Vec模型的文本表示。Doc2Vec是从Word2Vec的基础上发展而来。Word2Vec是将词表示为实数值向量的一种高效的算法模型。该算法利用深度学习的思想，将对文本内容的处理简化为 K 维向量空间中的向量运算，并用向量空间上的相似度表示文本语义上的相似性。然而，Word2Vec模型是基于词的维度进行语义分析的，不考虑上下文和单词顺序信息，因此在进行文本分析时会丢失重要信息，所以在进行文本分析时需要采用基于Doc2Vec的模型[①]。在本节中，我们使用Gensim的Doc2Vec模型进行基于Doc2Vec的文本表示。具体而言，我们首先确定文本向量的维度L，其次利用Doc2Vec模型中Distributed Memory算法将文本表示为向量，最终获得各个文本的向量表示。我们将比较不同向量维度用于文本表示的差异，从而确定最佳的维度。

步骤1：确定文本向量的维数L。

步骤2：使用Doc2Vec模型中的分布式内存算法将文本表示为向量，如表5.5所示。其中，d_L为第L个维度；D_M为第M个文档，即第M个引文内容；w_{LM}为第M个引文内容在维度L个的特征权重。

表5.5 文档—维度矩阵

文档＼维度	d_1	d_2	d_3	…	d_L
D_1	w_{11}	w_{21}	w_{31}	…	w_{L1}
D_2	w_{12}	w_{22}	w_{32}	…	w_{L2}
D_3	w_{13}	w_{23}	w_{33}	…	w_{L3}
…	…	…	…	…	…
D_M	w_{1M}	w_{2M}	w_{3M}	…	w_{LM}

步骤3：获得所有引文内容的向量表示，$D_i = \{w_{1i}, w_{2i}, w_{3i}, …, w_{Li}\}$。

2. 引用功能判断数据标注

由于本节采用监督学习方法进行引用功能分析，需要人工标注训练语料。因此，需要确定标注标准。本章中的引用功能标注包括三类：背景引用、比较引用及使用引用，具体标注标准如表5.6所示，部分标注示例如表5.7所示。

---

① Le Q., Mikolov T., "Distributed Representations of Sentences and Documents", Proceedings of the International Conference on Machine Learning, Sponsored by the International Machine Learning Society, Beijing, China, June 21-26, 2014.

表 5.6　　　　　　　　　　引用功能标注标准说明

引用功能	描述
背景引用	（1）从宏观角度论述课题的前沿价值、理论意义及实践价值等，引述国内外的相关工作，进而引出作者研究的内容； （2）为说明某论题是目前关注的重点、热点或难点课题，引述国内外的相关工作，并分析现有工作的不足
比较引用	（1）引述他人的理论、方法、结果或结论与作者研究进行对比分析； （2）对现有相关工作的理论、方法及结果的总结、评价、否定等
使用引用	（1）引用现有相关工作的理论、方法、观点、结论、有关技术规范、标准等，作为论据或论证推导的前提； （2）引用现有相关工作中的数据、工具等

表 5.7　　　　　　　　　　引用功能标注示例

引用功能	引文内容
背景引用	2008 年，Pang 和 Lee 对情感分析和观点挖掘的相关研究工作做了非常全面的综述［1］
	在国内核心期刊、相关会议及学位论文中也出现了一系列文本情感分析的文章［朱嫣岚，2006；徐琳宏，2007；王根，2007；唐慧丰，2007；徐军，2007；姚天昉，2008；周立柱，2008；李寿山，2008；刘康，2010；赵妍妍，2010；夏云庆，2010］
	主要的研究方法分为两类：一类是基于知识的规则方法，代表性的工作有［Turney，2002］；另一类是基于统计机器学习的方法，代表性工作是［Pang，2002］
比较引用	对炼己之法，伍守阳谈了六种炼己之法，柳华阳则区分上根器之人和中下根器之人来讨论各自的炼己之法
	与参考文献［1］中提及的处理器取指部分相比，其增加了 PC 选择生成器 G_PC，通过它实现了无延迟的程序转移指令
	类似地，［王根，2007］将句子的主客观性判别、褒贬分类和褒贬分级统一起来，并提出了一种基于多重标记 CRF 方法来加以解决
使用引用	我们在实验中使用张乐的最大熵模型［4］，使用 L-BFGS 方法训练参数，并使用了高斯先验正则项
	参照文献［19-20］中的最大最小蚁群算法，将运行类比为城市，运行线接续时间类比为城市之间的距离，求解所有蚂蚁遍历所有城市后行走总距离最小的问题
	利用上述参数用 Matlab 仿真模拟软件 Simulink 进行模拟［4］，得到单位脉冲响应传递函数及其开环单位脉冲响应曲线

根据表 5.6 的引用功能标注标准，本节采用多人标注的方式进行引用功能的标注，共包括 3 名标注人员与 1 名校验人员。标注包括两个步骤：首先，3 名标注人员进行引用功能的独立标注，并利用 Kappa 系数①评价标注结果的一致性。其次，校验人员对一致性较高的标注结果进行校正，从而得到最终的标注结果。表 5.8 为标注结果的一致性检验结果。

表 5.8　　　　　　　　引用功能标注一致性计算结果

领域	一致性结果		
	标注 1 & 标注 2	标注 1 & 标注 3	标注 2 & 标注 3
计算机科学	**0.7887**	0.5734	0.4370
文学	**0.7463**	0.3862	0.5231
法学	0.5348	**0.6364**	0.5454
医学	**0.6592**	0.5295	0.4438
体育学	**0.6724**	0.4656	0.4289

从表 5.8 可以看出，标注人员 1 与标注人员 2 在计算机科学图书、文学图书、医学图书以及体育学图书的 Kappa 系数高于其他组合，同时标注人员 1 与标注人员 3 在法学领域的一致性高于其他组合。因此，我们选择一致性较高的标注结果作为候选的标注结果集合。在校验过程中，我们比较标注人员 1 与标注人员 2 在计算机科学图书、文学图书、医学图书以及体育学图书的标注结果，如标注一致，则作为最终的标注结果；如出现不一致，则通过校验人员再次进行标注判断。标注人员 1 与标注人员 3 在法学图书的标注结果时采用相同的校验方法。

最终得到标注结果如表 5.9 所示。在本节中，我们共标注了 1256 条引文内容语料，包括 587 条背景引用、92 条比较引用，以及 577 条使用引用。

3. 引用功能判断性能评估指标

我们利用以下指标进行分类性能的评估，包括宏平均精度、宏平均

---

① Thompson W. D., Walter S. D., "A Reappraisal of the Kappa Coefficient", *Journal of Clinical Epidemiology*, Vol. 41, No. 10, 1988, pp. 949-958.

召回率以及 F_1 值①，计算方法如表 5.10 及式（5.13）至式（5.15）所示。

表 5.9   引用功能分类标注统计   单位：条

领域	引文内容	背景引用	比较引用	使用引用
计算机科学	153	81	10	62
文学	296	153	36	107
法学	329	94	30	205
医学	329	142	20	167
体育学	149	117	2	30
总计	1256	587	98	571

表 5.10   引用功能分类性能评估指标

引用功能		真实结果（人工标注结果）		
		背景引用	比较引用	使用引用
实验结果	背景引用	a_{11}	a_{12}	a_{13}
	比较引用	a_{21}	a_{22}	a_{23}
	使用引用	a_{31}	a_{32}	a_{33}

宏平均精度：
$$MacroPre = \frac{\sum_{i=1}^{3} P_i}{3}, \quad P_i = \frac{a_{ii}}{\sum_{j=1}^{3} a_{ij}} \quad (5.13)$$

宏平均召回率：
$$MacroRec = \frac{\sum_{i=1}^{3} R_i}{3}, \quad R_i = \frac{a_{ii}}{\sum_{j=1}^{3} a_{ji}} \quad (5.14)$$

F_1 值：
$$F_1 = \frac{2 \times MacroPre \times MacroRec}{MacroPre + MacroRec} \quad (5.15)$$

式中，P_i 为类别 i 的精度；R_i 为类别 i 的召回率。

---

① Salton G., Mcgill M. J., *Introduction to Modern Information Retrieval*, New York：McGraw-Hill，1983，p. 400.

第三节 基于图书引用数据的学术影响力评价指标呈现

一 图书被引频次指标呈现

本节统计了图书被引次数用于计算图书的引用频次指标，指标得分如图 5.5 所示。其中，横坐标为排序后的图书，纵坐标为图书被引频次指标得分。从图 5.5 中可以看出，仅有少量图书具有较高的被引值，如被引超过 1000 次；大部分图书的被引频次指标得分较低。

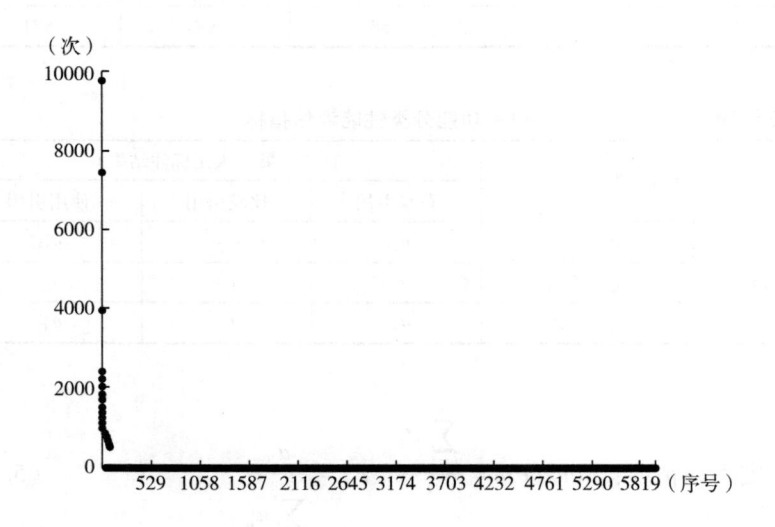

图 5.5 图书被引频次指标得分

我们将图书被引频次指标得分划分为三个区间，即被引频次高于 500 次、被引频次在 10—500 次，以及被引频次低于 10 次，三个得分区间的图书数量占比如图 5.6 所示。从图 5.6 中可以看出，大部分图书的被引频次低于 10 次，仅有较少图书属于高被引图书集合，其被引用超过 500 次。此外，有相当一部分的图书的被引频次属于中等得分区间，即被引频次高于 10 次，但尚不属于高被引图书。

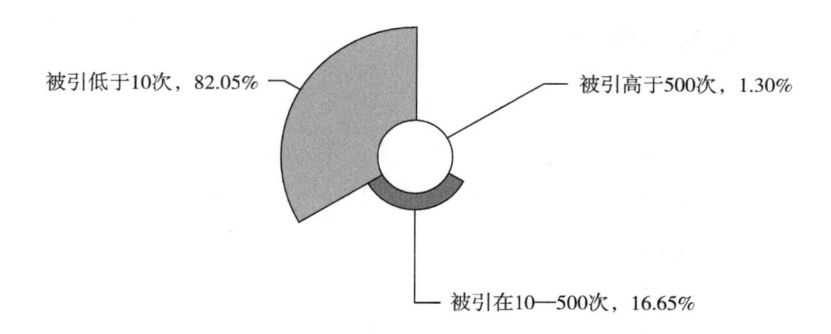

被引低于10次，82.05%　　　　　　　被引高于500次，1.30%

被引在10—500次，16.65%

图 5.6　图书被引频次指标得分分布

我们对图书的被引频次指标进行了描述统计，如表 5.11 所示。从表 5.11 中可以看出，被引频次指标取值为 1.0000—9780.0000 次，图书的平均被引频次为 21.1056 次。

表 5.11　　　　　　　图书被引频次指标描述统计

指标	最大值	最小值	平均值
被引频次（次）	9780.0000	1.0000	21.1056

二　基于施引文献元数据的评价指标呈现

图书施引文献元数据相关的影响力评价指标计算得分如图 5.7、图 5.10、图 5.11 及图 5.13 所示。其中，横坐标为排序后的图书，纵坐标为对应影响力评价指标的得分，包括引用深度、引用广度、引用领域、引用时间及引用收录指标。

图 5.7 为引用深度与引用广度指标得分，从图 5.7（a）可以看出，极少部分图书的引用深度指标得分高于 100 分，大多数图书的引用深度得分相对较低。图 5.7（b）为引用广度指标得分，该指标的得分分布相对均匀。

我们对图书的引用深度指标得分进行区间划分，共得到包括（0，0.1]、(0.1，0.2]、(1，10]、(10，max] 等 12 个得分区间，各得分区间的图书数量如图 5.8 所示。从图 5.8 中可以看出，12 个得分区间的图书数量在 39—1257 种。其中，得分在区间（0.2，0.3] 的图书数量最多，在区间（0，0.1] 的图书数量最少。此外，多数得分区间的图书数量在 50—500 种。

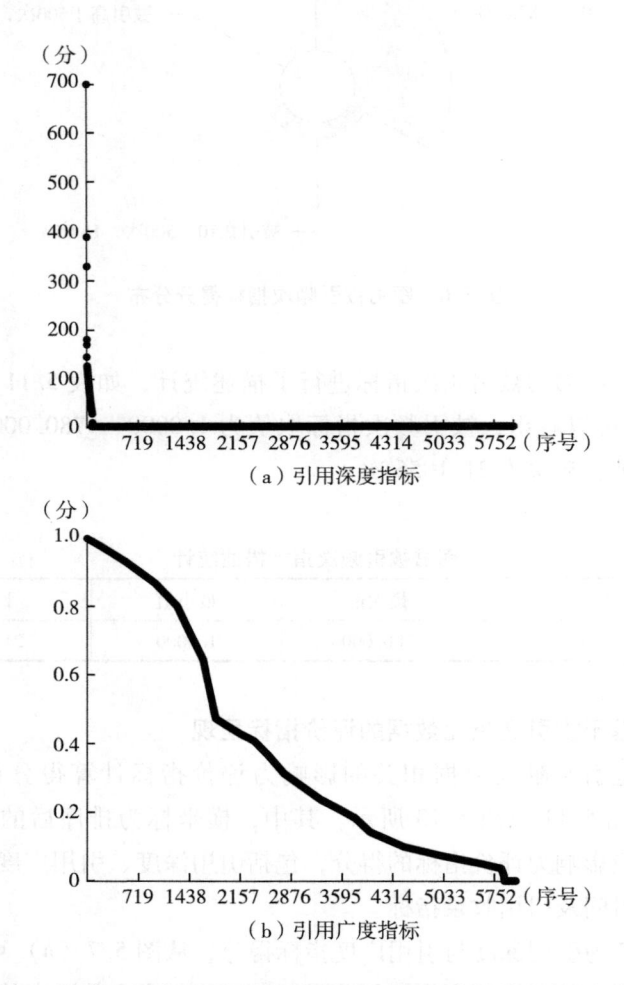

图 5.7　基于图书施引文献元数据的引用深度与引用广度指标

(a) 引用深度指标

(b) 引用广度指标

我们将图书的引用广度指标得分划分为三个类别，即低引用广度、中引用广度及高引用广度。三个类别对应的指标得分区间分别是 [0, 0.4]、(0.4, 0.6] 以及 (0.6, 1]，各类别图书数量占比如图 5.9 所示。从图 5.9 中可以看出，约有 60% 的图书属于低引用广度类别，同时约有 30% 的图书具有较高的引用广度。

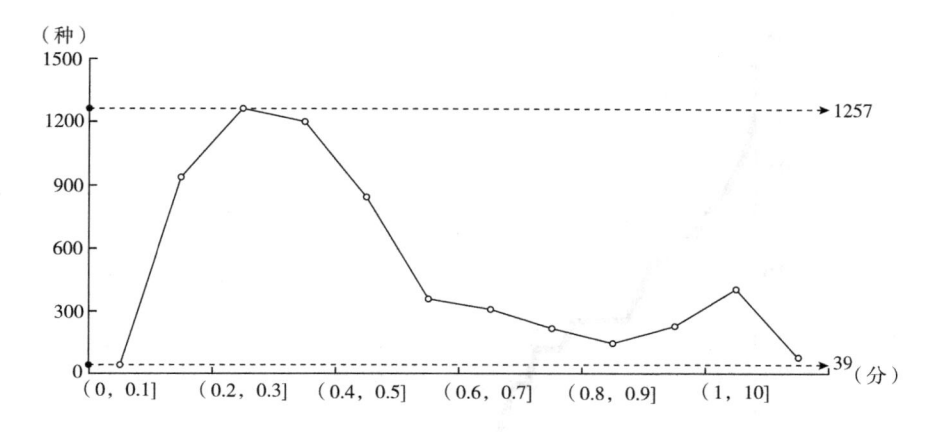

图 5.8 引用深度指标得分区间分布

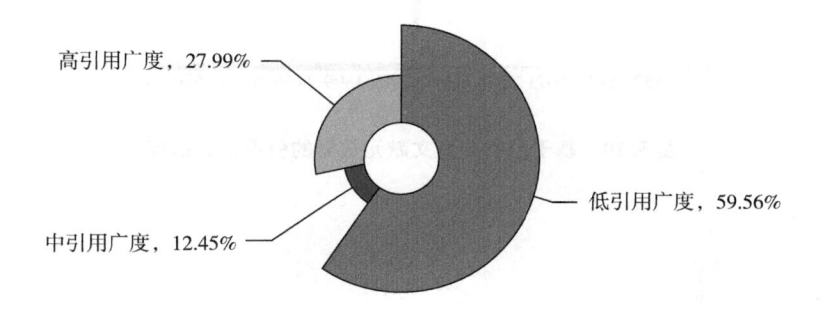

图 5.9 引用广度指标得分区间分布

图 5.10 为引用领域指标得分，可以看到约有半数图书的引用领域指标得分为 0，这表明约有 50% 的图书仅被一个领域的施引文献引用，这进一步反映了图书"出圈"不易。在跨学科研究快速发展的当下，各研究领域之间仍然存在一定的壁垒，图书想要获取更多领域的引用并不容易。

图 5.11 为引用时间指标得分，与引用深度分布相似，多数图书的引用时间指标得分较低，这反映了多数图书均是在相对集中的一段时间被引用的，引用时间跨度短，只有少量图书具有较高的引用持续性。

我们统计了图书首次被引用的时间，计算图书首次被引用距离图书发表的时间间隔，并将间隔时间分为四个类别，如表 5.12 所示。

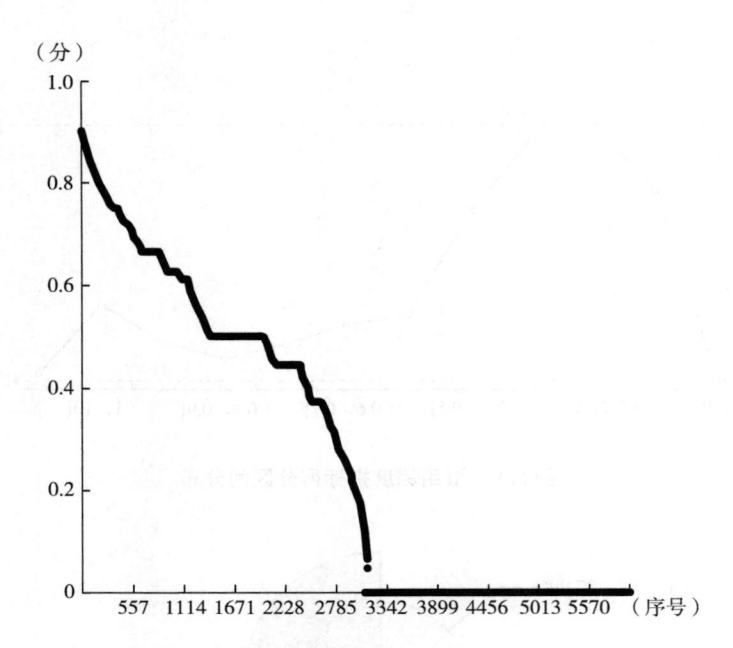

图 5.10　基于图书施引文献元数据的引用领域指标

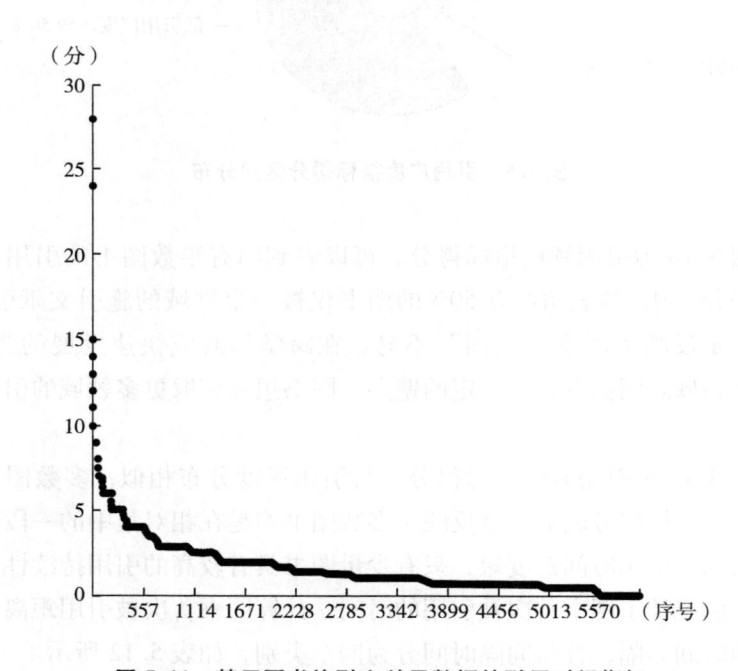

图 5.11　基于图书施引文献元数据的引用时间指标

表 5.12　图书首次被引用时间间隔分类

类别	取值范围
类别1：图书发表一年内被首次引用	[0, 1]
类别2：图书发表一年后五年内被首次引用	(1, 5]
类别3：图书发表五年后十年内被首次引用	(5, 10]
类别4：图书发表十年后被首次引用	(10, max]

图 5.12 显示了图书首次引用时间四个类别的图书数量比例。从图 5.12 中可以看出，绝大多数图书的首次引用发生在图书发表五年内，其中发表当年即被引用的图书占 22.88%，第二年至第五年被引用的图书占 71.04%。可见，通常情况下，图书的首次被引不会距离图书发表时间过久。如果图书发表超过五年仍未被引用，那么该图书成为高被引图书的概率是相对较低的。

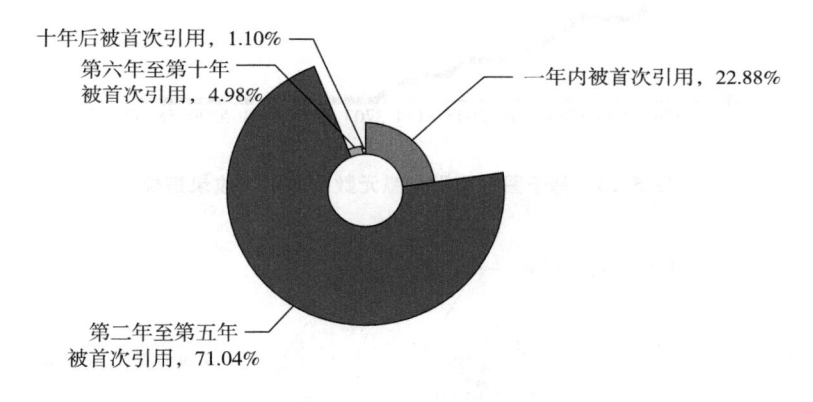

图 5.12　首次引用时间分类

图 5.13 显示了图书引用收录指标得分，可以看到相当一部分的图书引用收录得分为 0，这表明这些图书的施引文献并未被现有的重要的引文数据库收录。同时，存在一定数量的图书，其引用收录得分高于 1 分，这意味着这些图书的施引文献同时被多个文献数据库收录。

基于引用收录指标计算结果，我们将图书的引用收录指标得分划分为三个类别，即类别 1：未被数据库收录、类别 2：被多个数据库收录、类别 3：介于两者之间。类别 1 中图书的引用收录指标得分为 0，类别 2

中图书的引用收录指标得分高于1分，类别3中图书的引用收录指标得分在0—1分。统计三个类别图书数量分布，结果如图5.14所示。

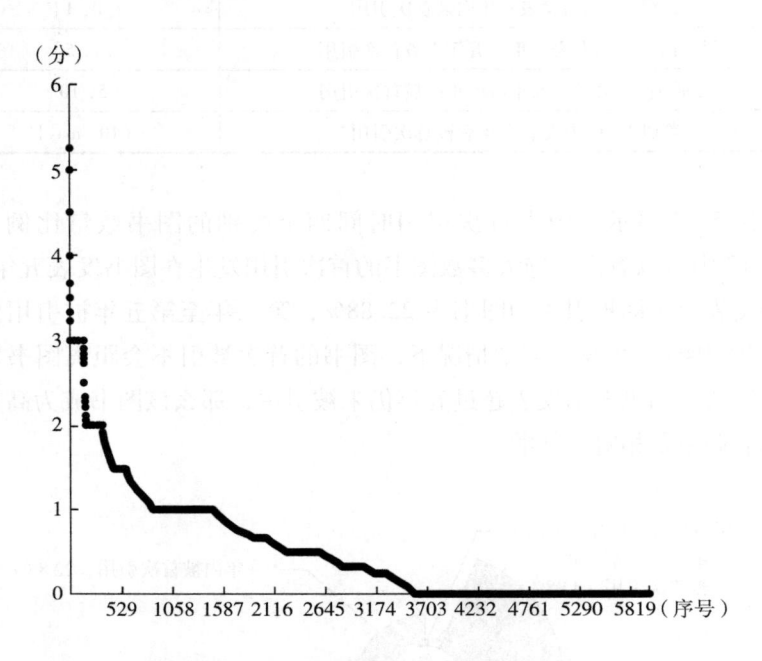

图 5.13　基于图书施引文献元数据的引用收录指标

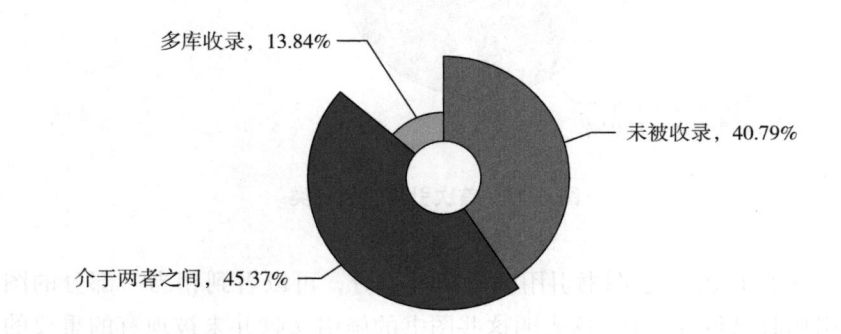

图 5.14　引用收录指标得分分类

从图 5.14 可以看出，13.84%的图书施引文献被一个以上的重要文献数据库收录，40.79%的图书的施引文献未被任何文献数据库收录。文献数据库是研究人员获取科研资料的重要途径，这些图书的施引文献未被收录就意味着文献被研究人员获取、浏览、引用等概率将会降低，这也在一定程度上降低了图书的学术影响力。

总的来说，我们可以看到所有五个学术影响力评价指标都基本符合帕累托分布，只有少数图书的施引文献元数据指标取得了较高的得分。为得到更具体的施引文献元数据指标计算结果，本节对五个评价指标进行了描述统计，统计结果如表 5.13 所示。从表 5.13 中可以看出，引用深度取值范围较大，但多数图书的引用深度值不高，平均引用深度为 1.6340 分。引用广度指标得分与引用领域指标得分的取值范围相似，在 0—1 分。引用时间指标最高得分为 28 分，表明该图书的引用时间跨度长，具有长久持续的学术影响力。引用收录指标的均值为 0.5284 分，表明平均约有半数的施引文献被当前的主要的文献数据库收录。

表 5.13　　图书施引文献元数据指标统计　　　　　　单位：分

指标	最大值	最小值	平均值
引用深度	698.5714	0.0476	1.6340
引用广度	0.9999	0.0000	0.3883
引用领域	0.9000	0.0000	0.2756
引用时间	28.0000	0.0000	1.6511
引用收录	5.2500	0.0000	0.5284

三　基于施引文献引文内容的评价指标呈现

本节采用了四种不同的文本表示方法，利用 SVM（Support Vector Machine）分类器[①]进行引用功能分类模型的训练，最终识别每条引文内容的引用功能。引用功能分类性能评估结果如表 5.14 所示。

表 5.14　　基于不同文本表示方法的引用功能分类性能

文本表示方法	Macro-P	Macro-R	Macro-F_1
One-hot	0.8994	0.8994	0.8994

---

① Cortes C., Vapnik V., "Support-Vector Networks", *Machine Learning*, Vol.20, No.3, 1995, pp.273-297.

续表

文本表示方法		Macro-P	Macro-R	Macro-F_1
LSI	$N=5$	0.4748	0.7274	0.5746
	$N=10$	0.4484	0.7524	0.5619
	$N=15$	0.5227	0.7770	0.6250
LDA	$N=5$	0.3838	0.3598	0.3714
	$N=10$	0.3854	0.3876	0.3865
	$N=15$	0.3957	0.5601	0.4638
Doc2Vec	$L=100$	0.5640	0.5276	0.5452
	$L=200$	0.8890	0.8960	0.8925
	$L=300$	0.8867	0.8938	0.8902
	$L=400$	0.5749	0.5379	0.5558

从表 5.14 可以看出,基于 One-hot 文本表示方法的分类性能较优,各项指标均在 0.9 左右。同时,不同的主题数对于基于 LSI 与 LDA 的文本表示方法的分类性能有明显的影响,主题数越多其分类性能越好。对于基于 Doc2Vec 的文本表示方法,不同的向量维度对分类性能有明显的影响,当维度为 200 时,分类性能最优。

基于上述分析结果,我们可以发现基于 One-hot 文本表示方法的分类性能优于其他三种方法,其次为基于 Doc2Vec 的文本表示方法,基于 LDA 的文本表示方法的分类性能最差。因此,我们利用基于 One-hot 的文本表示方法对全部引文内容语料进行引用功能分析。最终引用功能分类结果如图 5.15 所示。

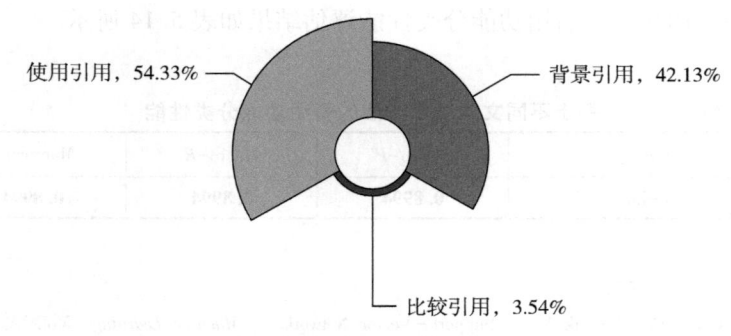

图 5.15 引用功能分类结果

从图 5.15 中可以看出，多数引用的动机是作为背景引用或者使用引用，用作比较的引用相对较少，说明大多数用户对图书的引用是作为背景提及或者引用图书的方法、思路等。

根据引用功能分类结果计算图书对应的引用功能指标得分，结果如图 5.16 所示，其中横坐标为排序后的图书，纵坐标为引用功能指标得分。可以看出，指标得分分布相对均匀。

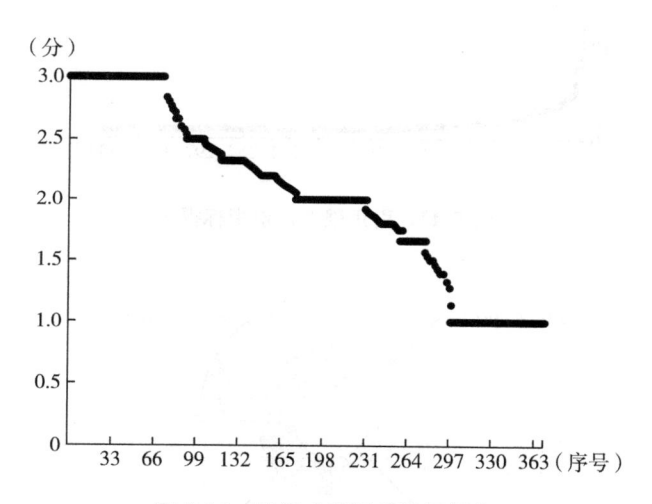

图 5.16　引用功能评价指标得分

引用强度指标得分分布如图 5.17 所示。从图 5.17 中可以看出，多数图书的引用强度指标得分低于 10 分。同时，也有少量图书的引用强度得分高于 5 分，甚至高于 30 分，这说明不同图书的引用强度得分差异明显。

我们计算了不同引用强度得分区间的图书数量，如图 5.18 所示。从图 5.18 中可以看出，约 40% 的图书其引用强度得分高于 1 分。换言之，约 40% 的图书在其施引文献中不止一次被提及。此外，约 14% 的图书在施引文献中被提及的次数超过两次。这表明多重引用现象是普遍存在的，仅根据图书的被引频次来衡量图书的影响力并不准确[①]。图书的引用强度可以为引用评价提供有效的补充信息。

[①] Ding Y. et al., "The Distribution of References across Texts: Some Implications for Citation Analysis", *Journal of Informetrics*, Vol.7, No.3, 2013, pp.583-592.

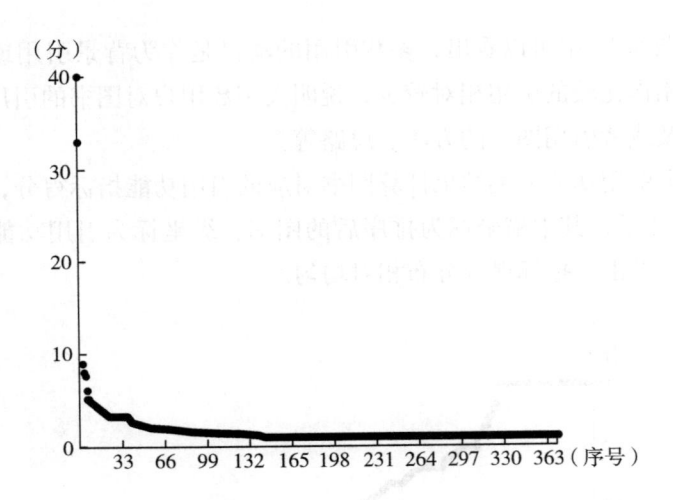

图 5.17 引用强度评价指标得分

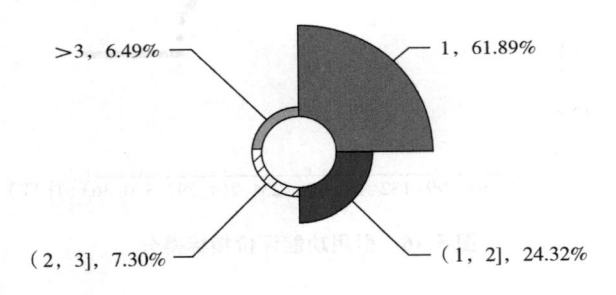

图 5.18 引用强度分布

表 5.15 为引用强度与引用功能指标得分的描述统计结果。从表 5.15 中可以看出，引用强度取值为 1—40 分，图书平均引用强度值为 1.6828 分。引用功能取值为 1—3 分，图书的引用功能平均取值为 2.0462 分。

表 5.15　　　　图书施引文献引文内容指标统计　　　　单位：分

指标	最大值	最小值	平均值
引用强度	40.0000	1.0000	1.6828
引用功能	3.0000	1.0000	2.0462

第四节 基于图书引用数据的学术影响力评价指标分析

一 图书引用相关评价指标的学科分布分析

我们对图书引用数据相关的学术影响力评价指标得分进行了排序，并分别提取了三个引用维度对应的 8 个评价指标得分最高的 100 种图书及其所属学科，从而分析不同学科在引用数据维度的学术影响力差异，如图 5.19 至图 5.21 所示。

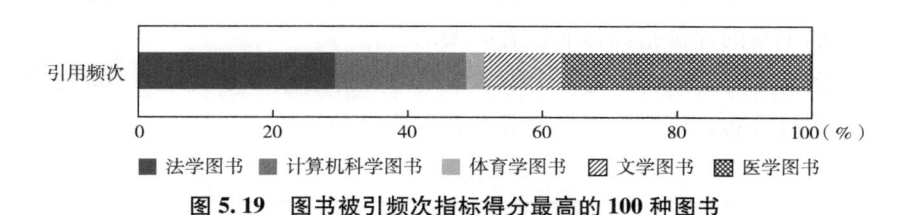

图 5.19　图书被引频次指标得分最高的 100 种图书

图 5.20　图书施引文献元数据指标得分最高的 100 种图书

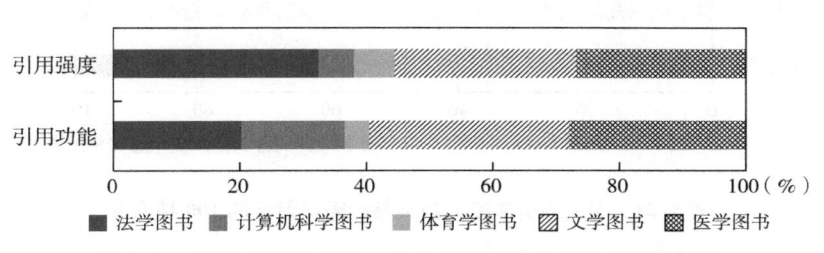

图 5.21　图书施引文献引文内容指标得分最高的 100 种图书

就被引频次指标而言（见图 5.19），医学图书与法学图书比例明显高于其他三个学科。在施引文献元数据维度（见图 5.20），医学图书与法学图书在多个指标中均有较高占比，在引用领域指标方面，计算机科学图书占比明显高于其他四个学科，这表明了计算机科学图书具有高引用领域多样性的图书较多，换言之，计算机科学图书更易被多个领域的文献引用。

在施引文献引文内容维度（见图 5.21），除医学图书与法学图书外，文学图书在引用强度与引用功能指标方面均具有较高的占比。从三个引用维度的评价指标学科分布差异可以看出，不同学科的图书在不同的引用相关评价指标方面各有优劣，这也反映了融合多源评价数据，挖掘更加丰富的评价指标是非常有必要的。

图 5.22 至图 5.24 为 8 个学术影响力评价指标得分最低的 100 种图书的学科分布，可以看出学科分布存在明显差异。

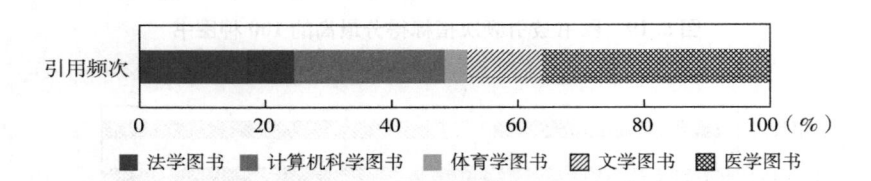

图 5.22　图书被引频次指标得分最低的 100 种图书

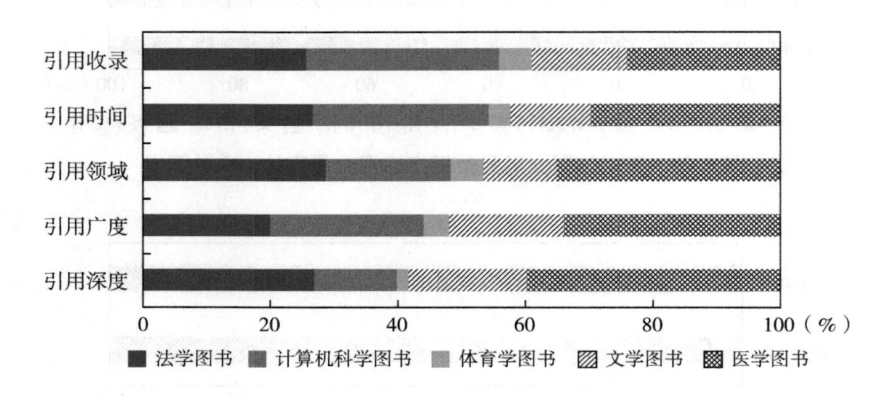

图 5.23　图书施引文献元数据指标得分最低的 100 种图书

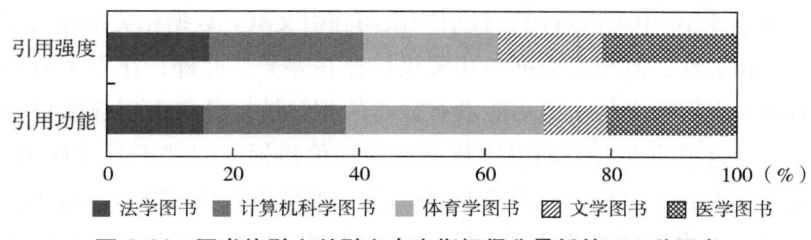

图 5.24　图书施引文献引文内容指标得分最低的 100 种图书

在引用频次方面（见图 5.22），医学图书占比最高，法学图书与计算机科学图书占比相当。在施引文献元数据方面（见图 5.23），同一学科在不同指标中的占比不一，如医学图书在引用深度、引用广度、引用领域，以及引用时间指标方面的占比均为最高，而计算机科学图书在引用收录指标中的数量最多。在施引文献引文内容方面（见图 5.24），各学科在引用功能指标方面占比接近，而在引用强度指标中体育学比例明显高于其他学科。

从上述分析可以看出，无论是在同一个引用维度中（如施引文献元数据维度），还是在不同的引用维度方面（如引用频次维度与施引文献引文内容维度），不同学科的引用评价指标得分均存在明显差异。这再次表明，在基于引用数据进行图书学术影响力评价时不能基于单一数据源进行评价。图书通常会在不同维度中表现出参差的影响力水平。因此，基于单一维度的评价结果往往是片面的。

二　图书引用相关评价指标相关性分析

引用频次作为常用的图书学术影响力评价指标，被大量研究人员用于评价图书。与此同时，丰富的替代计量相关研究也表明图书的其他引用数据也可用于评价图书学术影响力。那么引用频次与其他引用数据之间究竟存在什么关联？本节将图书引用频次与施引文献元数据指标以及引文内容指标进行了相关性分析，结果如表 5.16 所示。

表 5.16　图书引用数据相关性分析

指标	施引文献元数据维度					施引文献引文内容维度	
	引用深度	引用广度	引用领域	引用时间	引用收录	引用强度	引用功能
引用频次	0.767**	-0.940**	0.498**	0.724**	0.260**	0.228**	0.006

注："**"在置信度（双侧）为 0.01 时，相关性是显著的。

从表 5.16 中可以看出，被引频次与施引文献元数据相关指标均存在显著的相关性，但相关程度与相关极性存在差异。此外，在引文内容维度方面，引用频次与引用功能没有显著的相关性，且与引用强度相关系数较低。这说明来自不同引用数据源的评价指标之间并不是替代关系，而是补充关系。这些指标从不同的视角、维度度量图书的学术影响力，整合这些来自不同数据源的评价指标能够获得更加综合、全面的评价结果。

表 5.17 为各学科引用频次与其他引用评价指标之间的相关性分析结果。从表 5.17 中可以看出，就施引文献元数据维度而言，5 个学科的引用深度、引用广度、引用领域，以及引用时间与引用频次的相关系数是接近的，相关极性是一致的。同时，仅有体育学与文学图书的引用收录指标与引用频次指标存在显著的相关性。此外，在施引文献引文内容维度方面，无论是显著性水平还是相关极性都存在明显的学科差异。这表明了在进行图书的学术影响力评价时，需要考虑图书的学科属性，在获得整体评价结果的同时，也需要提供各学科差异化的评价结果，从而满足更加多样化的评价需求。

表 5.17　　各学科图书引用数据相关性分析

指标	学科	施引文献元数据维度					施引文献引文内容维度	
		引用深度	引用广度	引用领域	引用时间	引用收录	引用强度	引用功能
引用频次	法学	0.857**	-0.988**	0.418**	0.734**	0.203	0.121	-0.0192
	计算机科学	0.763**	-0.895**	0.668**	0.615**	0.228	0.115	-0.111
	体育学	0.704**	-0.976**	0.444**	0.803**	0.403**	0.389**	0.678**
	文学	0.683**	-0.845**	0.594**	0.698**	0.280*	0.299**	-0.0179
	医学	0.805**	-0.984**	0.462**	0.755**	0.176	0.272**	0.015

注："**"在置信度（双侧）为 0.01 时，相关性是显著的；"*"在置信度（双侧）为 0.05 时，相关性是显著的。

本章小结

本章利用图书引用数据从三个引用维度提取图书学术影响力评价指

标，包括引用频次维度、施引文献元数据维度，以及施引文献引文内容维度。

第一，对施引文献元数据进行多粒度分析，挖掘施引文献涉及的主题及其分布，从而得到图书的引用深度与广度，识别施引文献所属领域，明确引用领域多样性，并通过施引文献发表时间，以及被主流引文数据收录情况计算引用时间和引用收录指标。

第二，对施引文献引文内容进行引用强度计算与引用功能判断。在引用功能判断部分，我们利用监督学习方法进行判断。为取得最佳的判断结果，我们比较了几种不同的文本表示方法，包括基于 One-hot 表示模型的文本表示、基于 LSA 矩阵分解模型的文本表示、基于 LDA 文档生成模型的文本表示，以及基于 Doc2Vec 模型的文本表示方法。实验结果表明，基于 One-hot 表示模型的引用功能判断性能最优。基于 2288 条引文内容的引用功能分类结果表明，多数引用的动机是作为背景引用或者使用引用，比较引用相对较少。引用强度计算结果表明了多引现象的普遍性，也进一步证明了进行引文内容分析的必要性。

第三，共获取了包括引用频次在内的 8 个图书引用相关影响力评价指标。对 8 个评价指标的分析表明，来自不同数据源的评价指标能够从不同角度度量图书的学术影响力，融合多源评价数据进行图书的学术影响力评价是必要的。与此同时，不同学科的图书存在明显差异，因此图书的学术影响力评价既需要从整体出发，还需要考虑不同学科的特性，从而给出多样化的评价结果。

第三部分

融合多源异构数据的图书社会传播影响力评价

　　Web 2.0、电子商务等相关技术与产业的持续快速发展，使人们越来越习惯在线购买图书，并生成关于图书的海量评论数据。这些评论数据是用户对图书态度与意见的直接表达，能够用于评价图书的社会传播影响力（以下简称"社会影响力"）。与此同时，图书的馆藏数量等信息能够反映图书馆这类社会机构用户对于图书的态度。因此，本部分将结合图书在线评论数据与图书馆藏数据进行图书的社会影响力评价，通过对评论数据与馆藏数据的多粒度挖掘，从而识别、计算图书社会影响力评价指标，并进行评价指标的呈现与分析。

第六章

基于图书评论数据的
社会影响力评价

图书的在线评论表达了用户对图书的直接评价，能够反映用户对于图书整体，以及各个属性（内容、价格、印刷等）的态度与观点，如图 6.1 所示。因此，图书海量的在线评论资源可以从替代计量角度挖掘更深层次的评价信息，合理、高效地挖掘图书的在线评论可以获得有效的图书社会影响力评价指标。

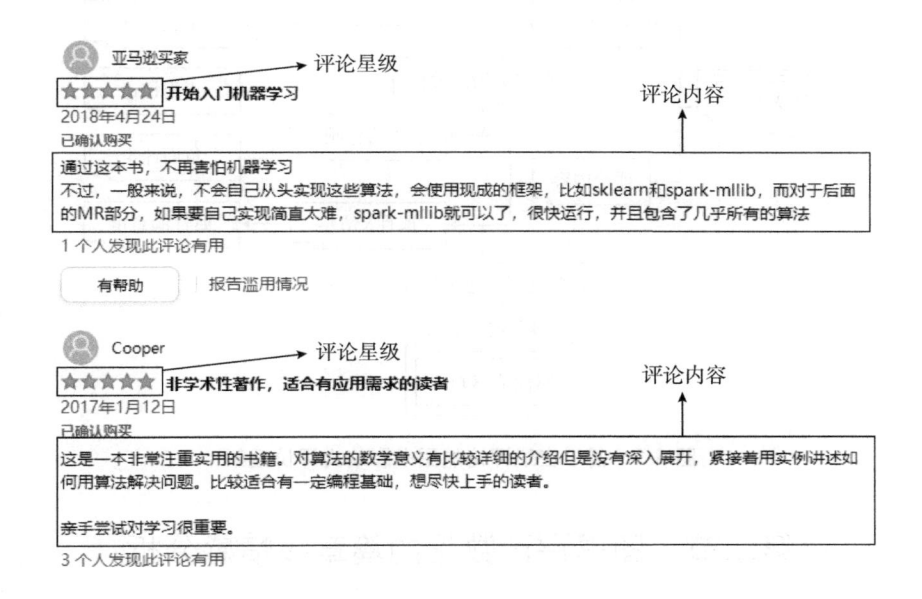

图 6.1　图书《机器学习实战》评论示例

第一节　基于图书评论数据的图书社会影响力评价框架

本节利用图书评论数据进行图书的社会影响力评价，提出了一种基于多粒度的图书评论挖掘方法获取用户对于图书整体以及各个属性的情感倾向，进而获取基于评论数据的社会影响力评价指标，评价框架如图6.2所示。首先，我们获取图书评论中的星级数据计算星级评分。其次，对评论内容进行篇章级情感分析，比较不同文本表示方法以确定最优的篇章级情感分类效果，获取用户在评论中表达的整体情感倾向，从而识别正面评论与负面评论。再次，结合深度学习与聚类算法从评论内容中抽取图书的属性，并利用图书评论语料构建领域情感词典，从而用于判断属性情感倾向判断性能。最后，结合星级评分、整体情感倾向以及属性情感获取基于图书评论的社会影响力评价指标，并计算指标得分。

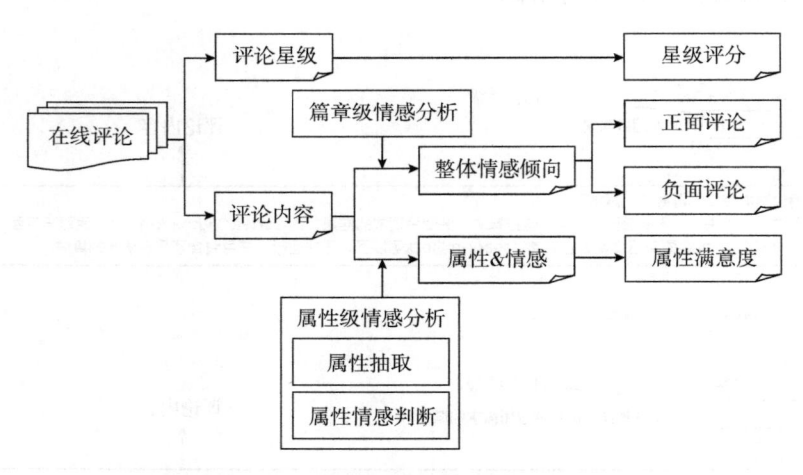

图 6.2　基于在线评论的图书影响力评价框架

第二节　图书评论数据的篇章级情感分析

篇章级情感分析旨在识别用户评论中表达对图书的整体情感倾向，

包括正面情感倾向与负面情感倾向，如表 6.1 所示。

表 6.1　　评论整体情感倾向示例

评论内容	情感倾向
通过这本书，不再害怕机器学习。不过，一般来说，不会自己从头实现这些算法，会使用现成的框架，比如 sklearn 和 spark-mllib，而对于后面的 MR 部分，如果要自己实现简直太难，spark-mllib 就可以了，很快运行，并且包含了几乎所有的算法	正面
这是一本非常注重实用的书籍。对算法的数学意义有比较详细的介绍但是没有深入展开，紧接着用实例讲述如何用算法解决问题。比较适合有一定编程基础，想尽快上手的读者。亲手尝试对学习很重要	正面
书中代码勘误不少，需要上网站一一对应更正，有些不方便	负面

一　图书评论数据的篇章级情感分析设计

本节采用监督学习方法识别图书评论的整体情感极性，具体研究思路如图 6.3 所示。首先，从图书评论数据集中抽取部分评论进行评论情感极性的人工标注。其次，利用多种文本表示方法对已标注语料与未标注语料分别进行文本表示。再次，利用表示后的已标注语料进行情感分类模型的训练，从而构建情感极性分类模型。最后，利用训练好的情感分类模型对未标注的待分类语料进行情感极性判断，从而获得图书评论的情感极性类别。

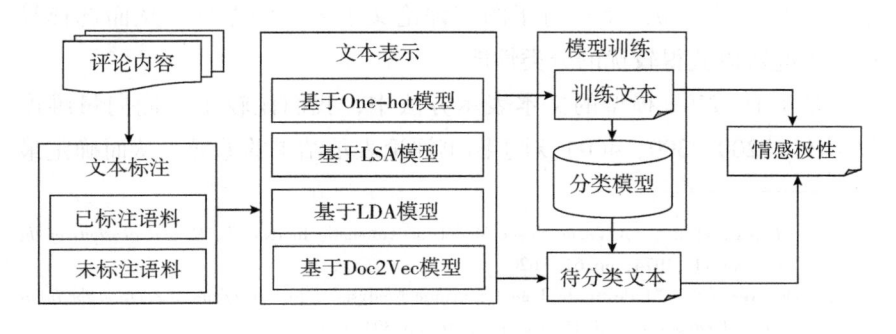

图 6.3　篇章级情感分析研究思路

（一）图书评论文本情感极性标注

由于我们采用监督学习方法进行篇章级情感分析，所以需要人工标注训练语料。在本节中，我们共标注了10000条评论语料。其中，8000条作为训练集，2000条作为测试集，数据分布如表6.2所示。

表6.2　　　　图书评论内容情感极性标注统计　　　　单位：条

评论语料集	正面评论	负面评论
训练集	4000	4000
测试集	1000	1000

（二）图书评论文本表示

与引用功能判断的方法相似，我们采用监督学习的方法进行篇章级情感极性的判断，在情感极性判断过程中我们也比较了不同的文本表示方法，包括One-hot表示模型[1]、LSA矩阵分解模型[2]、LDA文档生成模型[3]以及Doc2Vec模型[4]。与前文所使用的模型相同，不予赘述。

基于One-hot表示模型的文本表示方法中，我们采用CHI方法抽取图书评论文本中的特征构成特征词典，并利用TF-IDF进行特征权重计算。

基于LSA矩阵分解模型的文本表示方法中，我们比较了不同主题数（$N=5, 10, 15$）对于图书评论文本表示的差异，从而选择最佳的主题数，进而获得较优的分类性能。

基于LDA文档生成模型的文本表示方法中，我们同样比较了不同主题数（$N=5, 10, 15$）对于图书评论文本表示的差异，从而选择最佳的主题数以获得较优的分类性能。

基于Doc2Vec模型的文本表示方法中，我们比较了不同向量维度（$L=100, 200, 300, 400$）对于图书评论表示结果的差异，从而确定最

---

[1] Salton G. et al., "A Vector Space Model for Automatic Indexing", *Communications of the ACM*, Vol. 18, No. 11, 1974, pp. 613-620.

[2] Deerwester S., "Indexing by Latent Semantic Analysis", *Journal of the Association for Information Science & Technology*, Vol. 41, No. 6, 1990, pp. 391-407.

[3] Blei D. M. et al., "Latent Dirichlet Allocation", *Journal of Machine Learning Research*, Vol. 3, No. 1, 2003, pp. 993-1022.

[4] Le Q., Mikolov T., "Distributed Representations of Sentences and Documents", Proceedings of the International Conference on Machine Learning, Sponsored by the International Machine Learning Society, Beijing, China, June 21-26, 2014.

佳的维度。

此外，我们利用三个指标进行分类性能的评估，包括宏平均精度、宏平均召回率以及 F_1 值，计算方法与前文相同，不予赘述。

二 图书评论数据的篇章级情感分析结果

本节基于四种不同的文本表示方法进行图书评论文本的表示，利用 SVM 分类器进行情感分类模型的训练，最终识别每条评论内容表达的情感倾向。不同文本表示方法的情感分类性能评估结果如表 6.3 所示。

表 6.3　　不同文本表示方法的篇章级情感分类性能

文本表示方法		Macro-P	Macro-R	Macro-F_1
One-hot		**0.9210**	**0.9200**	**0.9205**
LSI	$N=5$	0.7952	0.7925	0.7938
	$N=10$	0.8416	0.8360	0.8388
	$N=15$	0.8455	0.8415	0.8435
LDA	$N=5$	0.6646	0.6645	0.6646
	$N=10$	0.7020	0.6960	0.6990
	$N=15$	0.7171	0.7145	0.7158
Doc2Vec	$L=100$	0.7366	0.7230	0.7298
	$L=200$	0.7144	0.6780	0.6957
	$L=300$	0.7208	0.6735	0.6964

从表 6.3 中可以看出，基于 One-hot 文本表示方法的分类性能较优，各项指标得分均高于 0.9。同时，不同的主题数（$N=5$，10，15）对基于 LSI 与 LDA 文本表示方法的分类性能有显著影响。主题数越多，其分类性能越好，但是随着主题数的增加，性能上升幅度变缓。对基于 Doc2Vec 的文本表示方法，不同的向量维度（$L=100$，200，300）对于分类性能有显著影响。维度 $L=100$ 时，分类性能最优。

根据上述分析，我们发现基于 One-hot 文本表示方法的分类性能优于其他三种文本表示方法，其次为基于 LSI 的表示方法，基于 LDA 的方法性能最差。因此，我们利用基于 One-hot 的文本表示方法对全部图书评论语料进行篇章级情感分析。最终篇章级情感分类结果如图 6.4 所示。从图6.4可以看出，超过70%的用户在图书评论中给出正面评价。

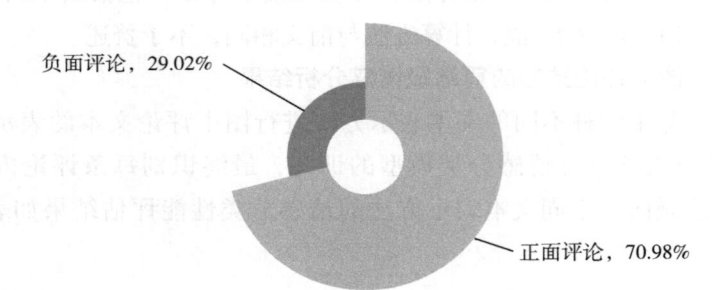

负面评论，29.02%

正面评论，70.98%

图6.4　篇章级情感分类结果

综上，本节利用监督学习的方法进行图书评论的篇章级情感分析。我们比较了几种不同的文本表示方法，包括基于One-hot表示模型的文本表示、基于LSA矩阵分解模型的文本表示、基于LDA文档生成模型的文本表示，以及基于Doc2Vec模型的文本表示方法。实验结果表明，在本书的语料中基于One-hot表示模型的文本表示的分类性能最优。最终，我们对全部6006种图书的50798条在线评论进行了情感分类，其中正面评论约占70%，说明大多数用户对于图书持正面评价。

第三节　图书评论数据的属性抽取

属性抽取的目的在于识别评论中提及的图书属性，如内容、价格、印刷等。同时，将同义属性聚类，如"价格""售价""价钱"等。表6.4为图书评论中涉及的图书属性示例。从表6.4中可以看出，图书评论可以提及单一属性，也可能同时提及多个图书属性。

表6.4　图书评论属性示例

评论内容	属性
正在看，翻了几页基础太多，书的印刷质量挺好	印刷
很多问题并没有深入探讨，实际内容不多，相当于一本劳动法规收集	内容
大家名作，印刷非常不错，可能是买得比较早，刚出版就迫不及待地下单了，价格小贵，要想学习，须下一番功夫	印刷、价格

一 图书评论数据属性抽取设计

本节旨在全面、高效挖掘图书评论数据中用户关注的图书属性，研究思路如图 6.5 所示，包括三个主要任务：候选属性抽取、候选属性聚类及属性确定。在候选属性抽取部分，我们从图书评论数据中抽取高频名词作为候选属性词，以期能够发现用户关注的全部属性。在候选属性聚类部分，我们利用深度学习对候选属性词进行词向量表示，充分利用属性词的上下文信息，进而聚类候选属性词生成聚类后的候选属性词集。在属性确定部分，我们过滤聚类后候选属性词集中的非属性类簇，以及每类属性类簇中的非属性词，最终获取属性词集。

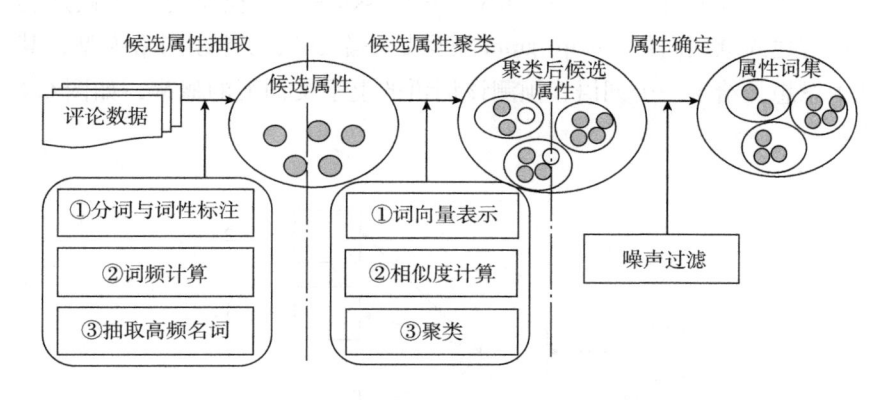

图 6.5 属性抽取研究思路

（一）候选属性抽取

不同于英文等语料以空格为天然分隔符，中文单词间并没有分界符，因此在进行中文文本处理之前，首先需要进行中文分词。此外，由于多数产品的属性词为名词[1]，所以本节抽取名词作为候选属性词，因此还需要对文本进行词性标注。在本节中，我们利用 Ansj 对图书评论数据进行分词及词性标注。Hu 和 Liu 认为，高频名词往往是真正的属

---

[1] Wu Y. et al., "Phrase Dependency Parsing for Opinion Mining", Proceedings of the Conference on Empirical Methods in Natural Language Processing, Sponsored by the the Association for Computational Linguistics, Singapore, August 6-7, 2009.

性词①，因此本节对抽取出的名词进行词频统计，从而抽取高频名词构成候选属性词集。

（二）候选属性聚类

该部分涉及的关键技术包括词向量表示、词语相似度计算及聚类算法。

词向量表示与词语相似度计算部分，本节利用深度学习方法进行词向量表示。我们采用 Distributed representation 词向量表示方式构建候选属性词的词向量。Distributed representation 的基本思想是通过训练将每个词映射成 K 维实数向量，其次通过词之间的距离来判断词间语义相似度，如余弦距离、欧式距离等。

因此，我们首先利用 Word2Vec 中的 skip-gram 模型对每个候选属性词构建高维词向量。skip-gram 模型是一个三层的神经网络模型，其基本思想是给定一个词语，预测该词语的上下文词汇的概率，如图 6.6 所示②。

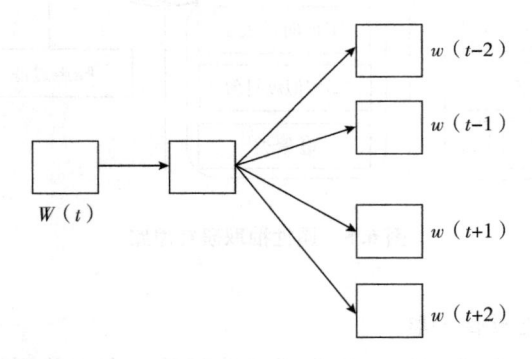

图 6.6 skip-gram 模型示意

---

① Hu M., Liu B., "Mining and Summarizing Customer Reviews", Proceedings of the Tenth International Conference on Knowledge Discovery and Data Mining, Sponsored by the Special Interest Group on Management of Data, Seattle, Washington, USA, August 22-25, 2004.

② Mikolov T. et al., "Distributed Representations of Words and Phrases and Their Compositionality", Advances in Neural Information Processing Systems, Vol. 26, 2013, pp. 3111-3119.

其次，利用余弦相似度计算词间语义相似度①，计算方法如式（6.1）所示。cos 值越大，表示词间相似度越高。

$$\cos(W_i, W_j) = \frac{\sum_{k=1}^{N}(W_i^k \times W_j^k)}{\sqrt{\sum_{k=1}^{N}(W_i^k)^2} \times \sqrt{\sum_{k=1}^{N}(W_j^k)^2}} \qquad (6.1)$$

式中，W_i^k 为词汇 W_i 的词向量的第 k 维；N 为向量的维度。

属性聚类部分，本节利用近邻传播（AP）聚类方法②对候选属性词进行聚类。由于 AP 聚类无须事先指定聚类数目，因此适用于本节事先未知属性数目的情况。AP 聚类的输入为数据之间的相似度，是一种基于数据之间的"信息传递"的聚类算法，包括两种类型信息的传播：吸引信息（responsibility）与归属信息（availability）。前者描述数据 i 适合作为数据 j 的聚类中心的程度，后者反映数据 j 归属以数据 i 为聚类中心的类簇的程度。通过不断更新每个数据的吸引信息与归属信息，直至产生稳定的聚类中心，并将非中心数据分配到相应的类簇中。

（三）属性集确定

我们通过过滤候选属性词集中的噪声确定最终的属性集。噪声包括：①非属性类簇，即整个类簇均无属性词。②属性类簇中的非属性候选词。具体而言，首先，利用属性—情感词对过滤非属性类簇。其次，计算剩余候选属性集中类簇中心词与该类簇中各个候选属性词的语义相似度，从而过滤类簇中非属性词。最后，保留的候选属性词集即最终的属性集。

二　图书评论数据属性抽取数据标注及性能评估指标

（一）属性抽取实验数据标注

本节采用多人构建属性集的方式，根据图书评论语料提出图书语料涉及的属性词构建属性集合。本节邀请 9 名志愿者标注属性集，最终获取图书属性如表 6.5 所示，包含 12 个图书属性。

---

① Salton G. et al., "A Vector Space Model for Automatic Indexing", *Communications of the ACM*, Vol.18, No.11, 1975, pp.613-620.

② Frey B. J., Dueck. D., "Clustering by Passing Messages between Data Points", *Science*, Vol.315, No.5814, 2007, pp.972-976.

表 6.5　　　　　　　　　人工标注图书属性集合

属性集合	内容	作者	纸张	封面
	价格	版本	插图	字体
	印刷	包装	物流	文笔

（二）属性抽取性能评估指标

我们利用以下指标进行属性抽取性能的评估，包括精度、召回率及 F_1 值，计算方法如表 6.6 及式（6.2）至式（6.4）所示：

$$精度：Pre = \frac{a_{11}}{a_{11}+a_{12}} \quad (6.2)$$

$$召回率：Rec = \frac{a_{11}}{a_{11}+a_{21}} \quad (6.3)$$

$$F_1 值：F_1 = \frac{2 \times Pre \times Rec}{Pre + Rec} \quad (6.4)$$

表 6.6　　　　　　　　　属性抽取性能评估指标

属性抽取		真实结果（人工标注结果）	
		属性	非属性
实验结果	属性	a_{11}	a_{12}
	非属性	a_{21}	a_{22}

三　图书评论数据属性抽取实验

（一）候选属性抽取

我们选择评论语料中前 5000 个高频名词构建候选属性词集，部分示例如表 6.7 所示。

表 6.7　　　　　　　　　候选属性词样例

候选属性	内容	质量	作者	纸张	包装	……

（二）候选属性聚类

我们首先对图书评论语料进行 Word2Vec 训练，训练过程中上下文扫描窗口设为 5，并丢弃频率低于 5 的词，最终构建每个候选属性词的

400维词向量。获取属性词向量之后，我们利用余弦相似度计算词间语义相似度。其次，以余弦相似度中值为参考度，利用 AP 聚类对候选属性词聚类。部分聚类结果如表 6.8 所示。

表 6.8　　　　　　　　　聚类后候选属性词集样例

属性	候选属性词集
印次	版/ 第一版/ 日期/ 月份/ 版次/ 出版物/ 印数/ 印刷版/ 中译本/ 初版/ 邮电/ 版权页/ 新星/ 批次/ 印次/ 增刊/ 厂/ 军医/ 影音/ 书号/ 印本/ 语种/ 发行量
价格	价格/ 值/ 价钱/ 价/ 价位/ 厚度/ 成本/ 书价/ 标价/ 售价/ 印张/ 门槛/ 人民币/ 正比/ 精度/ 总价/ 折扣/ 运费/ 邮费/ 全套/ 原价/ 特价/ 半价/ 低价/ 比价/ 书物/ 优惠价
封面	封面/ 封皮/ 书皮/ 书脊/ 表面/ 外包装/ 边角/ 外表/ 皱/ 角/ 外壳/ 上册/ 一角/ 库存/ 外皮/ 书背/ 包装盒/ 书会/ 表皮/ 包装箱/ 皮面

（三）属性集确定

我们通过过滤候选属性词集中的噪声确定最终的属性集。噪声过滤包括：①过滤非属性类簇，②过滤属性类簇中非属性候选词。

对于非属性类簇噪声过滤，先利用属性—情感词对进行非属性类簇过滤。具体而言，我们首先计算类簇中心与情感词共同出现的概率，计算方法如式（6.5）所示（其中情感词来自 HowNet 与 NTUSD 情感词典合并去重后生成的），再将 CA_i 低于中值的类簇过滤。

$$CA_i = TF_i / TFs_i \tag{6.5}$$

式中，TF_i 为类簇中心词 i 单独出现的次数；TFs_i 为类簇中心词 i 与情感词共同出现的次数。

其次，利用词性进行过滤，保留词性为"n"的候选词，去除词性为"nr""ns""nz"等候选属性词。过滤结果如图 6.7 所示，可以看出，经过非属性类簇噪声过滤后，类簇数量下降明显。

对于非属性候选词过滤，我们首先计算类簇中心与类簇各个词汇的余弦相似度。其次对相似度结果进行排序，将排名前 70% 的词汇保留作为最终的属性。部分属性过滤后结果如表 6.9 所示。从表 6.9 给出的样例可以看出，经过相似度过滤后，类簇中的非属性词噪声比例有所降低，"军医"等词被过滤。

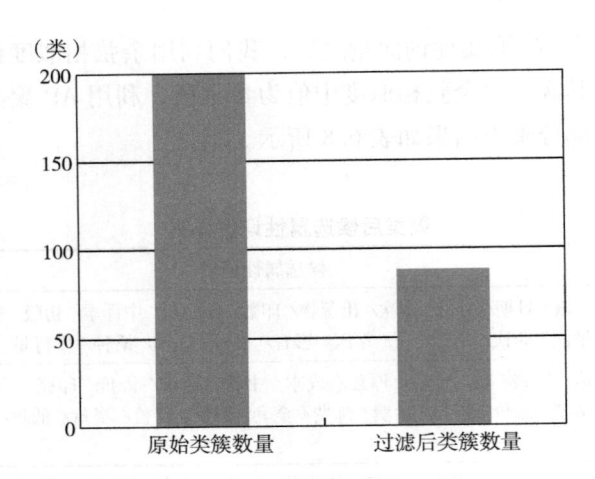

图 6.7　非属性类簇噪声过滤统计

表 6.9　　　　　　　　　　属性词集样例

属性	属性词集
印次	印次/ 版次/ 初版/ 印数/ 印本/ 语种/ 版权页/ 批次/ 书号/ 影音/ 印刷版/ 新星/ 第一版/ 日期/ 中译本/
价格	价格/ 价钱/ 价位/ 书价/ 价/ 售价/ 折扣/ 标价/ 原价/ 半价/ 运费/ 总价/ 邮费/ 比价/
封面	封面/ 封皮/ 书皮/ 外壳/ 外表/ 书脊/ 外皮/ 皮面/ 外包装/ 表皮/ 边角/ 包装盒/ 书背/

四　图书评论数据属性抽取结果评估

我们将本章采用的属性抽取方法与三种现有的属性抽取方法进行对比，包括基于种子词方法、基于结合人工的 LDA 方法及基于情感词的方法[①]。

基于种子词方法：首先，在高频名词中选择热门属性的种子词，构建种子词的词向量。其次，利用余弦相似度计算种子词与语料中全部词汇的语义相似度，从而对种子词进行扩展。在本章中，我们选择了与种子词最为相似的前 5 个名词对种子词进行扩展。

---

① Zhao L. et al., "Clustering Aspect–Related Phrases by Leveraging Sentiment Distribution Consistency", Proceedings of the Conference on Empirical Methods in Natural Language Processing, Sponsored by the the Association for Computational Linguistics, Doha, Qatar, October 25–29, 2014.

基于结合人工的 LDA 方法：我们利用 LDA 对语料进行主题建模，并通过人工拣选的方式从抽取出的主题中选出属性词。其中，每条评论被视为一个文档。

基于情感词的方法：属性词向量可以由该属性词的情感词构成。因此，我们首先抽取高频名词作为候选属性词，其次基于情感词集构建属性词向量，对候选属性词进行 AP 聚类，最后通过噪声过滤获取属性词集。

（一）定量评估

图 6.8 为属性抽取定量评估结果。从图 6.8 中可以看出，基于结合人工的 LDA 方法的三项指标均为最低，基于种子词的方法与基于情感词的方法性能相似。本节方法的精度、召回率与 F_1 值均明显高于其他三种方法。可能原因如下。

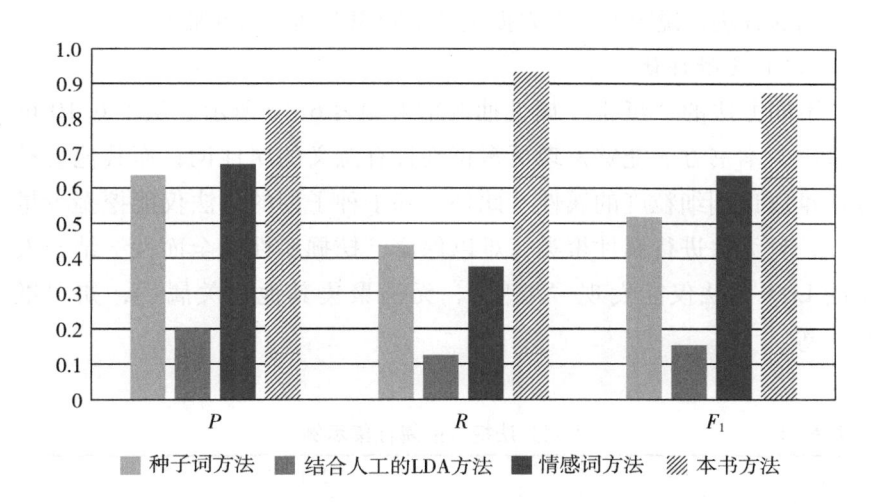

图 6.8 不同方法的属性抽取性能比较

与基于种子词的方法比较，本书方法召回率明显高于基于种子词的方法。可能原因是本书以前 5000 个高频名词作为候选属性集，这在一定程度上保证了属性抽取的召回率，而基于种子词方法的召回率完全依赖种子词集的大小。对于通用领域，我们可以相对快速、全面地给出种子集合，如手机领域；然而对于生僻领域，如天体物理仪器领域，其种子词获取则需要依赖领域专家。因此，本书方法比基于种子词的方法有更强的领域适应性。

与基于结合人工的 LDA 的方法相比，本书方法性能更优。可能原因是，首先 LDA 的方法难以过滤高频非属性词，因此会生成噪声。其次，在结合人工的 LDA 方法生成的结果中，一个主题中可能包含多个属性，因此只适用于挖掘粗粒度属性。而本书方法具有明确的噪声过滤过程，且通过属性聚类能够发现细粒度属性。

与基于情感词的方法相比，本书方法通过深度学习方法构建属性词向量，充分利用词汇的上下文信息。而基于情感词的方法仅通过情感词来表示属性词，造成信息缺失。此外，"好""不错"等高频情感词可搭配任意属性词，很可能影响属性词间相似度。

此外，基于种子词的方法优于基于结合人工的 LDA 的方法与基于情感词的方法，说明人工事先提供基础知识有利于属性抽取。

（二）定性评估

不同方法的"纸张"属性抽取结果如表 6.10 所示。从表 6.10 可以看出，本书方法能够发现更多正确且有意义的属性词；而其他三种方法难以识别细粒度的属性。此外，基于种子词的方法仅能挖掘少量属性，且无法进行属性聚类，难以保证已挖掘属性的全面性。结合人工的 LDA 方法仅能发现"纸质"，无法聚集其他相关属性，如"纸版"等。

表 6.10　　　　　　　　不同方法挖掘的属性集示例

属性	方法	属性集	
纸张	种子词方法	纸张/ 纸质/ 书纸/ 纸页/ 用纸/ 质地/ 手感/ 装订	
	结合人工的 LDA 方法	纸质	
	情感词方法	⊗	
	本书方法	纸质	纸质/ 纸张/ 手感/ 质量/ 用纸/ 质地/ 装帧/ 质感/
		纸版	胶版纸/ 新品/ 彩印/ 正本/ 铜版纸/ 铜版/

注：⊗为未抽取出相关的属性词。

综上所述，基于种子词的方法可以发现并聚集属性，但是需要人工提供种子词，且严重依赖种子词，领域适应性差。结合人工的 LDA 方法可以抽取属性，但是需要人工对属性进行拣选，并且属性抽取数量较少。基于情感词的方法可以发现并聚集属性，但是类簇中噪声多，且属性抽取数量少。本书方法不但可以发现更多正确且细粒度的属性，而且能够对属性进行聚集，从而全面挖掘评价对象的属性。

五 图书评论数据属性抽取结果呈现

（一）图书属性集

经过上述分析，我们得到四种方法的属性抽取结果，如表 6.11 所示。从表 6.11 中可以看出，本书共抽取属性 12 类，包括内容、作者、纸张、包装、封面、价格、物流、插画、印刷、版本、字体及文笔。相较于其他三种属性抽取方法，本书抽取的图书属性更加全面，包含 12 类属性，以及各类属性的若干同义属性。

表 6.11　　　　不同方法挖掘的图书属性集

属性	种子词法	人工+LDA 法	基于情感词法	本书方法	
内容	内容/类容/剧情/选文/内文/纸质	⊗	可读性/针对性/专业性/指导性/可操作性	情节/文采/古韵/内涵/书卷气/韵味/古风/美感/意境/结尾/结局/感觉/开头/风味/意思/冲击力	
作者	作者/他/她/笔者/译者	⊗	作者/文字/语言/读者/文学	作者/译者/编者/原作	
纸张	纸张/纸质/书纸/纸页/用纸/质地	纸质	⊗	纸质	纸质/纸张/手感/质量/用纸/质地/装帧/质感
				纸版	胶版纸/新品/彩印/正本/铜版纸/铜版
包装	包装/外包装/品相/包裹/装帧/外观	包装	⊗	包装/包裹/包装纸/书包/货运/货品/薄膜/外层/膜/纸箱/包装袋/保护膜/塑胶/牛皮纸/盒子/塑料/货物/速度/泡沫/纸盒/气垫/箱子/塑料纸/袋子/泡泡/气泡/塑料袋/皮包	

续表

属性	种子词法	人工+LDA法	基于情感词法	本书方法	
封面	封面/封皮/书皮/书面/内页/外壳	⊗	封面/纸/封皮/新书/书皮	封面/封皮/书皮/外壳/外表/书脊/外皮/皮面/外包装/表皮/边角/包装盒/书背	
价格	价格/价钱/价位/定价	⊗	性价比/效率/含金量/期望值/可信度	价格/价钱/价位/书价/售价/折扣/标价/原价/半价/运费/总价/邮费/比价	
物流	书价/价/物美价/售价	⊗	⊗	物流/送货/邮递/店家/卖家/邮政/效率	
插画	⊗	插图	图片/装帧/插图/大小/插画	图片	图片/照片/图画/插图/图/剧照/插画/画面/彩图/油画/图文/
				画质	画质/清晰度/做工/印刷业/分辨率/附图/图案/画工/字迹/
印刷	⊗	⊗	⊗	印次	印次/版次/初版/印数/印本/语种/版权页/批次/书号/影音/印刷版/第一版/日期/中译本
				底色	底色/纹路/纸面/色差/斑点/切口/浓淡/书口/色泽/插页/页眉/深浅/影/粉色/反面/荧光
版本	⊗	⊗	⊗	载体版本	电子版/英文版/中文版/原版/字帖/纸制/网络版
				装帧版本	单行本/精装本/影印本/平装本/收藏版/线装本/线装书/宣纸/灰度/铅字/布面/珍藏版/繁体/全集/大字

续表

属性	种子词法	人工+LDA法	基于情感词法	本书方法	
字体	⊗	⊗	⊗	字号	字号/行距/字体/间距/开本/厚薄/大小/尺寸/薄厚/版面
				字体	小字/粗细/宋体/楷体/红色/线条/笔画/宋体字/色调/黑体/通假/简体字/花纹/正体
文笔	⊗	⊗	情感/笔触/笔法/笔调/笔锋	形象/手法/文风/行文/笔触/话语/言语/比喻/语气/笔法/笔调/口吻	

注：⊗为未抽取出相应的属性词。

（二）属性分布

我们根据属性词的词频统计了图书语料中属性词的分布，结果如图 6.9 所示。其中，横坐标表示高频名词排序，纵坐标表示属性词占全部属性词的比例。图 6.9 中圈出的点表示超过 60% 的属性词出现在前 2000 个高频名词集合中。总体而言，前 3500 个高频名词集合中包含了超过 80% 的属性词。

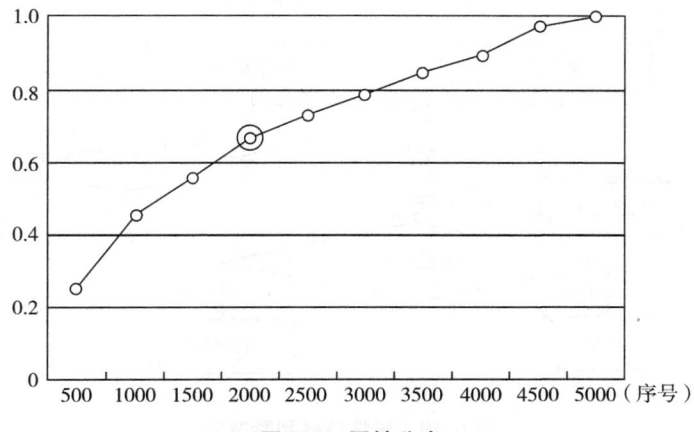

图 6.9 属性分布

综上，本书基于深度学习与聚类算法抽取图书属性，在抽取细粒度属性的同时能够进行属性归类，从而挖掘同义属性。通过与其他三种属性抽取方法的对比，包括基于种子词方法、基于结合人工的 LDA 方法，及基于情感词的方法，表明本书提出的方法性能较优，能够更加全面地抽取图书属性。

第四节　图书评论数据的属性情感判断

属性情感判断是指判断用户对属性的情感倾向，部分示例如表 6.12 所示。可见，图书评论会对提及的属性表达某个情感倾向，也可能同时对提及的多个属性表达相反极性的情感。

表 6.12　　　　　　　图书评论属性示例

评论内容	属性：情感
正在看，翻了几页基础太多，书的印刷质量挺好	印刷：正面
很多问题并没有深入探讨，实际内容不多，相当于一本劳动法规收集	内容：负面
大家名作，印刷非常不错，可能是买得比较早，刚出版就迫不及待地下单了，价格小贵，要想学习，须下一番功夫	印刷：正面 价格：负面

一　图书评论数据属性情感判断设计

本节采用基于情感词典的方法判断属性的情感倾向，具体研究框架如图 6.10 所示。我们首先对比属性集与每条图书评论语料，判断评论

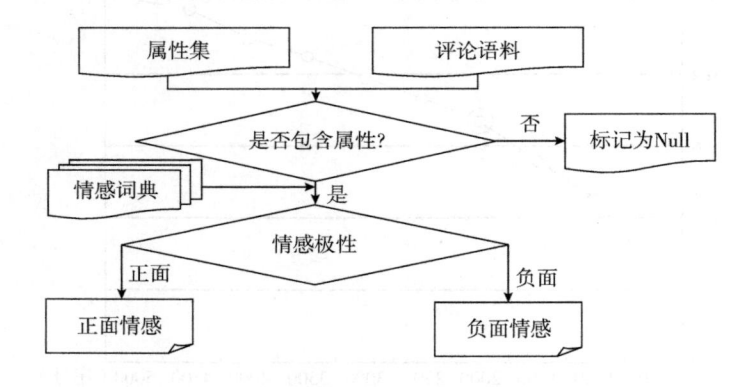

图 6.10　属性情感判断框架

语料中是否包含属性词。如果语料中不包含属性词，那么该属性在该条评论语料中的情感极性为 Null；如果评论语料中包含属性词，那么寻找与该属性词距离最近的情感词进行极性判断，以该情感词的极性作为属性词在该条评论语料中的情感极性。遍历上述流程，直至判断全部属性在每条语料中的情感极性。可以看出情感词典的优劣将直接影响情感判断的性能。因此，本节的关键任务即构建情感词典。

二　图书评论情感词典构建

本节采用基于情感词典的方法判断属性的情感倾向，而现有通用情感词典难以识别特定领域情感词，以及模糊情感词的情感倾向，如大、小、高、低等。不同的模糊情感词搭配不同的属性将会表达不同的情感倾向，如"价格高"与"清晰度高"为相反的情感极性。因此，本节将构建基于图书评论语料的领域情感词典。具体而言，我们以现有的通用词典为基础，结合连接关系构建基于图书评论的情感词典，具体构建流程如图 6.11 所示。

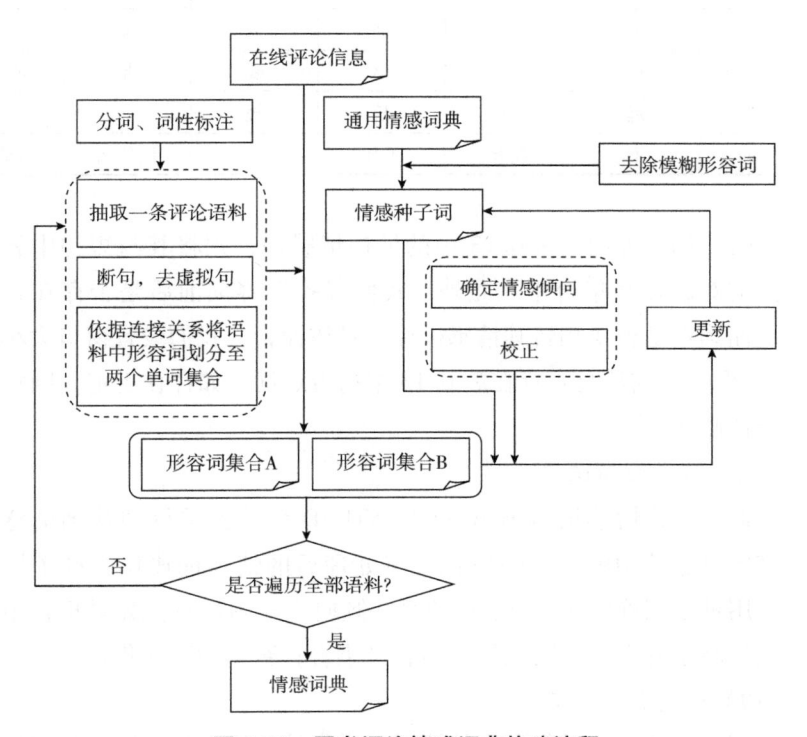

图 6.11　图书评论情感词典构建流程

（一）虚拟句识别

我们首先对所有图书评论进行分词、词性标注。其次将评论按照标点进行断句，得到多个分句后，判断句子是否为虚拟语气。如果句子为虚拟语气，则跳过该句。我们以是否存在虚拟词汇判断句子是否为虚拟句，其中虚拟词汇包括要是、希望、但愿、如果、换成、假如、原来、是否、以为。

（二）连接关系识别

本节基于连接关系的极性转移规则将形容词划分为两个集合 A、B。具体而言，如出现表 6.13 中的转折连接词，则将连接词前后的形容词分别放于两个集合，否则放于同一集合。

表 6.13　　转折连接词、模糊情感词以及否定词示例

转折连接词	就是	但	但是	只是	只怪	不过
	可惜	遗憾	虽然	其他	美中不足	
模糊情感词	大	小	高	低	多	少
	快	慢	早	晚	厚	薄
	远	近	长	短		
否定词	不	没有	不如	不及	没什么	不是

同时，如形容词为表 6.13 中的模糊情感词，则将其与短句中属性词作为词对放置在集合中。此外，我们寻找形容词前后是否存在否定词，从而确定是否要翻转其情感极性。具体而言，我们设置窗口大小为 3，识别形容词前后是否存在表 6.13 中的否定词。如存在否定，则将其情感极性翻转。

（三）情感倾向识别

我们首先将情感词典 HowNet 与 NTUSD 合并去重得到基础情感词典。其次过滤其中的模糊情感词，将处理后的情感词典作为种子情感词，利用种子词确定集合 A、B 的情感倾向。规则如下：如果集合中褒义词数量高于贬义词，则该集合为褒义集合；否则为贬义集合。

（四）情感倾向校正

我们利用种子词对集合中的情感词进行情感倾向校正。将校正后的情感词加入种子词集，并更新词汇被判断为该极性的频数。正如前文所述，用户在给出关于图书的评价时，往往会给出正面评价，因此语料中正面评论比例要高于负面评论。所以，对于既被判断为正面情感词又被判断为负面情感词的情感词，我们将分别计算其被判断为正面与负面情感词的频数，如正面频数大于 2 倍的负面频数，则将其视为正面情感词；否则为负面情感词。

重复以上步骤，直至遍历全部语料。最终，我们保留词频数大于或等于 5 的情感词构建基于图书语料的情感词典。

三　属性情感判断实验数据标注

为了评估属性情感分类的性能，本节共标注了 5000 条包含图书属性的图书评论。由于一条评论可能提及多个属性，所以最终我们得到包含 12 个图书属性的 7796 个情感倾向标注。

在评估指标方面，我们采用与篇章级情感分析相同的指标，即宏平均精度、宏平均召回率及 F_1 值。

四　属性情感判断实验及结果分析

本节利用连接关系构建基于图书评论语料的情感词典，构建结果如表 6.14 所示。

表 6.14　　　　　基于语料的情感词典统计　　　　　单位：个

情感词典	图书情感词典	新增情感词	模糊情感词
正面情感词	1050	1031	15
负面情感词	913	904	17
情感词	1963	1935	32

从表 6.14 中可以看出，本节构建的情感词典包含 1050 个正面情感词与 913 个负面情感词，较通用情感词增加了 1935 个情感词，其中包括 32 个模糊情感词。

我们依据构建的情感词典对全部 50798 条图书在线评论中提及的属性进行情感分类。为验证情感词典的性能，我们比较了基于几种不同的情感词典的分类结果，分类性能如表 6.15 所示。其中，M1 为基于通用情感词典进行情感判断，即将情感词典 HowNet 与 NTUSD 合并去重得到的情感词典进行属性的情感判断；M2 为合并通用情感词典与本节构建的情感词典进行情感判断；M3 为利用本节构建的领域情感词典进行属性情感判断；M4 为去除本节构建的领域词典中的模糊情感词进行属性情感判断。

表 6.15　　　　　　　　属性情感分析性能评估

词典	Macro-P	Macro-R	Macro-F_1
M1	0.8146	0.7099	0.7587
M2	0.8440	0.7704	0.8055
M3	**0.8660**	**0.8110**	**0.8376**
M4	0.8632	0.7958	0.8281

从表 6.15 可以看出，M2 的分类性能优于 M1，说明本节构建的领域情感词典能够提升属性情感分类的性能。同时，M3 的分类性能优于 M2，说明通用情感词典中的部分情感词对于本节图书语料的情感倾向判断存在干扰，换言之，通用情感词典并不完全适用于不同领域语料的情感判断。此外，M3 的分类性能优于 M4，说明模糊情感词的情感极性判断对分类性能的影响明显，在进行属性情感判断时，需要考虑模糊情感词与不同属性词搭配所表达的情感倾向。总而言之，M3 的性能最优，说明本节构建的情感词典能够有效提升属性情感分类的性能。同时，考虑模糊情感词是很有必要的。

综上，本节基于情感词典进行了属性的情感倾向判断。鉴于现有通用情感词典的不足，本节基于连词关系构建了基于图书评论语料的情感词典，并考虑了高、低、快、慢等模糊情感词的情感极性。实验结果表明，本节构建的情感词典能够更加精确地抽取并识别语料中情感词的情感倾向，从而获得最优的属性情感分类性能。

第五节　基于图书评论数据的图书影响力指标

基于以上分析，我们得到基于图书评论数据的图书社会影响力评价指标，如表 6.16 所示。从表 6.16 中可以发现，基于图书评论数据的图书社会影响力指标共有四个,包括星级评分、正面评论数、负面评论数及属性满意度得分。其中,星级评分通过每条评论中的星级获取,正面评论数与负面评论数通过篇章级情感分析获得,属性满意度则通过属性抽取与属性情感判断获取。

表6.16　　　　基于评论数据的图书社会影响力指标

数据源	评价指标	评价指标释义
图书评论	星级评分	星级得分
	正面评论数	表达正面情感倾向的评论数
	负面评论数	表达负面情感倾向的评论数
	属性满意度	属性满意度得分

一　基于图书评论数据的影响力指标计算

本节利用图书评论进行图书影响力评价,在从评论星级与评论内容中获取相应评价指标后,需要进行指标量化,计算方法如下。

(一) 星级评分

图书评论中的星级得分是用户对于图书最为直观的态度,对星级评分的计算可以明确用户对于图书的整体且直接的态度。计算方法如式(6.6)至式(6.7)所示:

$$Rev\_star = \sum_{i=1}^{N} star_i / N \tag{6.6}$$

$$star_i = 1, 2, 3, 4, 5 \tag{6.7}$$

式中,Rev_star 为图书的星级评分指标得分;N 为图书的评论数量;$star_i$ 为图书在评论 i 的星级得分,$star_i$ 根据用户给出的星级,分别对应1—5。

(二) 正面评论数

在星级评分之外,我们还需要对评论内容进行挖掘,从而得到用户对于图书其他维度的态度,如整体情感倾向。因此,我们需要借助篇章级情感分析判断图书评论的整体情感倾向,其中正面评论数的计算方法如式(6.8)所示:

$$Rev\_pos = n_{pos} \tag{6.8}$$

式中，Rev_pos 为图书的正面评论数指标得分；n_{pos} 为图书评论中正面评论的数量。

（三）负面评论数

基于篇章级情感分析结果，负面评论数的计算方法如式（6.9）所示：

$$Rev\_neg = n_{neg} \tag{6.9}$$

式中，Rev_neg 为图书的负面评论数指标得分；n_{neg} 为图书评论中负面评论的数量。

（四）属性满意度

用户在对图书表达整体观点时，通常会对比较关注的图书属性表达具体的意见，对这些属性相关意见的挖掘能够得到更加细节、深入的用户态度，为频次数据（星级评分）、浅层内容数据（如整体情感倾向）提供补充评价信息（属性及其情感极性）。因此，基于属性级情感分析结果，我们首先确定图书评论中提及的单个或多个属性，其次判断其对应的情感倾向，从而计算用户对图书的属性满意度，计算方法如式（6.10）至式（6.12）所示。

$$Rev\_aspect = \sum_{i=1}^{M} aspect_i / M \tag{6.10}$$

$$aspect_i = \frac{1}{1+e^{-(V_i)}} \tag{6.11}$$

$$V_i = \sum_{j=1}^{M_i} v_{ij} / \sum_{j=1}^{M_i} |v_{ij}| \tag{6.12}$$

我们整合图书的各个属性得分计算图书的属性得分均值，即图书的属性满意度 Rev_aspect。其中，M 为图书 i 涉及的属性数量，$0 \leq M \leq 12$；$aspect_i$ 为图书属性 i 的情感得分；M_i 为图书评论中包含属性 i 的评论数量；v_{ij} 为图书属性 i 评论 j 情感得分。如果为正面评论，则 $v_{ij}=1$；如果为负面评论，则 $v_{ij}=-1$；如果为中性评论，则 $v_{ij}=0$。

二 基于图书评论数据的影响力指标呈现

基于上述计算，我们得到了基于图书评论数据的影响力评价指标得分，包括四个评价指标，即星级评分、正面评论数、负面评论数，以及属性满意度指标。图 6.12 所示为星级评分指标得分分布。其中，横坐标为排序后的图书，纵坐标为星级评分指标得分。从图 6.12 中可以看出，多数图书的星级得分高于 4 分，换言之，用户对于多数图书是满意的。

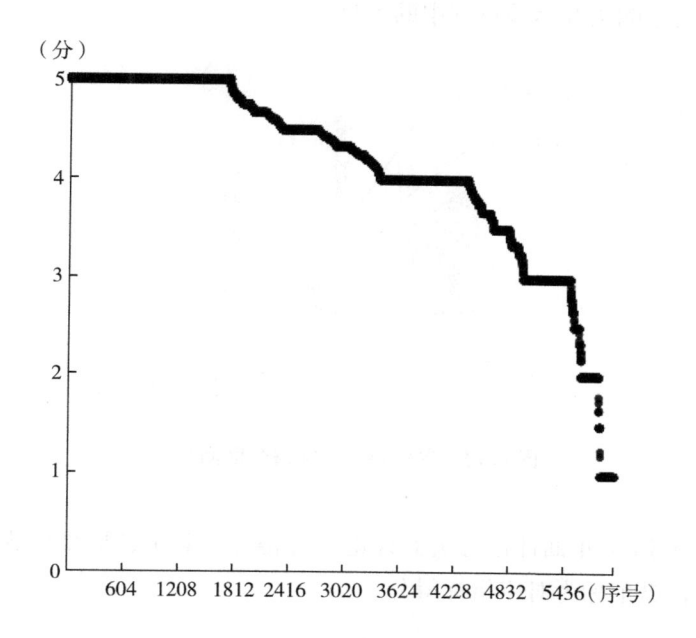

图 6.12　星级评分指标得分

现有研究依据星级评分与用户情感之间的关系，将 3 分以上视为正面态度或推荐态度，3 分以下视为负面态度或不推荐态度，3 分视为中立态度[1][2]。因此，本节将图书星级评分指标得分划分为三个区间，三个得分区间的占比如图 6.13 所示。

从图 6.13 中可以看出，超过 80% 的用户评论表达了推荐态度，仅有约 8% 的用户评论表达了不推荐态度。另有 8.66% 的用户评论表达中

---

[1] Liu B., *Sentiment Analysis: Mining Opinions, Sentiments, and Emotions*, Cambridge: Cambridge University Press, 2020, p.550.

[2] Turney P. D., "Thumbs up or Thumbs Down? Semantic Orientation Applied to Unsupervised Classification of Reviews", Proceedings of the Annual Meeting of the Association for Computational Linguistics, Sponsored by the Association for Computational Linguistics, Philadelphia, Pennsylvania, USA, July 8-10, 2002.

立态度，持中立态度通常有两种情况，一是在图书购买、阅读及使用过程中，图书"无功无过"，既无太大亮点，也无明显过错。二是图书的亮点明显，但同时也存在明显的疏漏，这些疏漏可能源自图书内容，也可能是由于购买及运输过程中的不足。

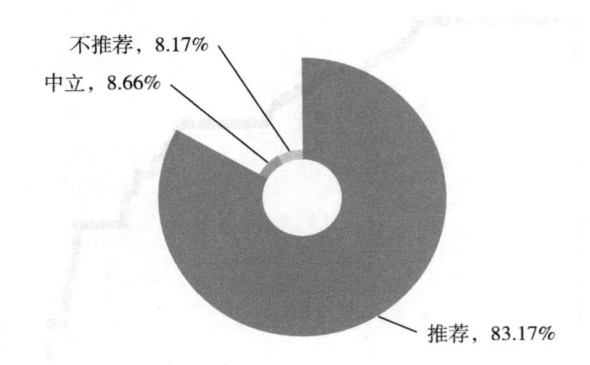

图 6.13　星级评分指标得分区间分布

图 6.14 为正面评论与负面评论指标得分。其中，横坐标为排序后的图书，纵坐标为对应指标得分。

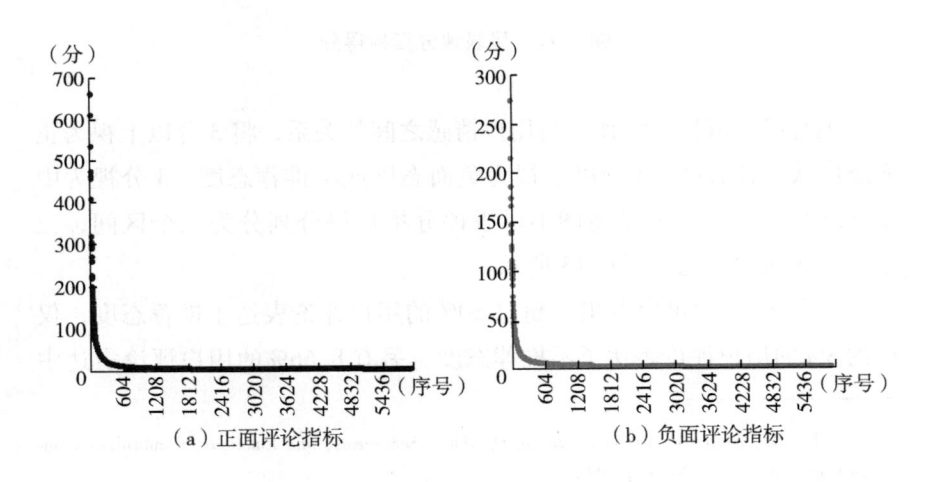

图 6.14　正面评论与负面评论指标得分

从图 6.14（a）中可以看出，多数图书的正面评论数得分低于 100

分，仅有少量图书的正面评论数高于200分。图6.14（b）为负面评论数指标得分，从中可以看出，多数图书的负面评论数得分低于50分。对比图6.14（a）与图6.14（b）可以发现，两个指标的得分分布趋势是相似的，不同之处在于负面评论数得分区间明显小于正面评论数得分，这说明多数用户评论对于图书的评价是正面的。

本节比较了图书正面评论指标与负面评论指标之间的关系，将两者关系分为三类，即正面评论数多于负面评论数、正面评论数等于负面评论数，以及正面评论数少于负面评论数，三个类别的占比分布如图6.15所示。

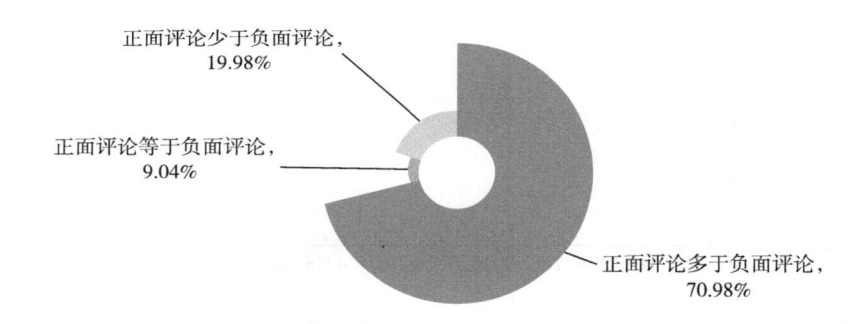

图 6.15　图书评论极性比较

从图6.15中可以看出，多数图书的正面评论数超过其负面评论数，约有20%的图书其负面评论数多于正面评论数，两者数量相等的图书约有9%。此外，本节对正面评论数指标与负面评论数指标进行了相关性分析，分析结果表明两者存在显著的正相关关系，相关系数为0.285。显著的相关性表明图书通常会存在一些争议，用户在对图书表达正面态度的同时，也会有其他用户对图书表达负面观点，换言之，少有图书会出现评论极性"一面倒"的情况。与此同时，较低的相关系数也表明，图书追求更多的正面评论的同时，致力于降低负面评论数存在一定的可能性，图书作者及其相关人员需要在图书发表、制作、销售等多个环节进行高标准的把控，以获得更高的社会影响力。

图6.16为属性满意度指标得分分布。从图6.16中可以看出多数图书的属性满意度得分在0.5—0.6分，这说明虽然用户对多数图书的整

体评价是正面的，但是对图书的部分属性仍有较明显的负面观点，如图书的纸张薄、包装差等。

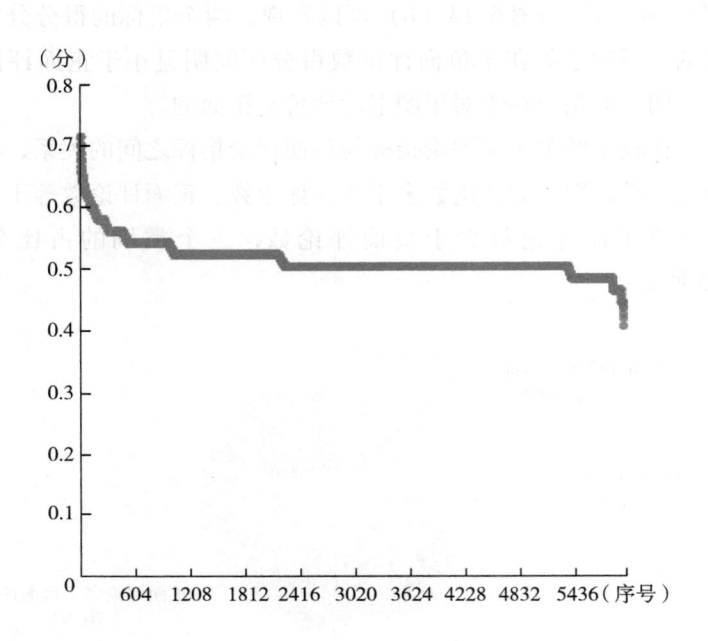

图 6.16　属性满意度指标得分

为了进一步了解用户对于不同属性的观点，本节对 12 类属性的满意度及其关注度进行了统计分析，结果如图 6.17 所示。其中，横坐标为从图书评论内容中抽取出的图书属性，纵坐标为属性的满意度均值/关注度。

从图 6.17 中可以看出，用户对图书的属性满意度存在差异。内容属性的满意度最高，其次为物流、印刷。满意度较低的为字体属性，最低的为封面属性。同时可以看出，当前图书的属性满意度偏低，其中满意度最高的内容属性得分也低于 0.57 分。因此，图书作者及相关人员在致力于提升图书的整体质量的同时，还需要有针对性地提升图书多个属性的表现。

在图书属性关注度方面，本节统计了各个属性被提及的次数用于衡量图书属性的关注度。从图 6.17 中可见，内容属性的关注度最高，其

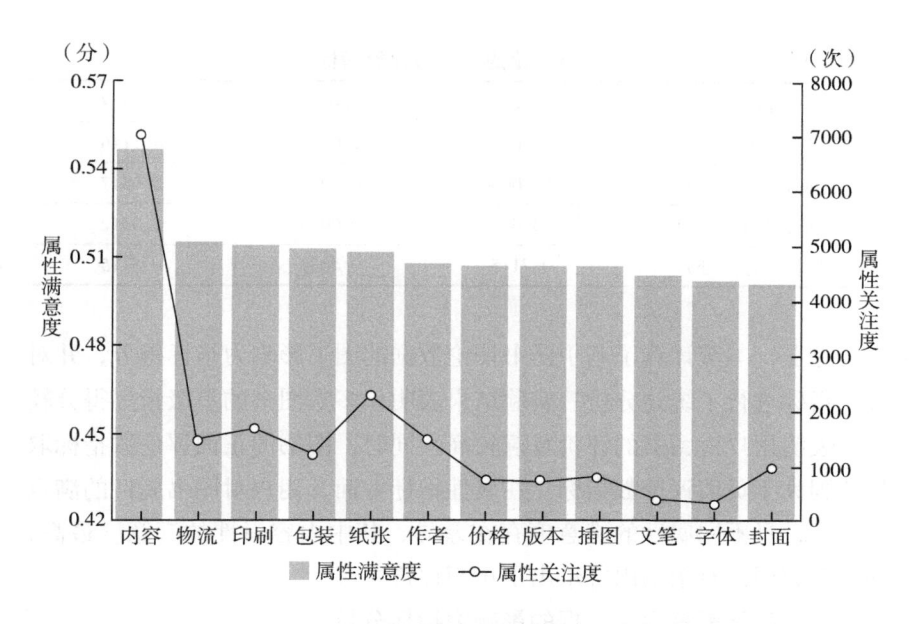

图 6.17 属性满意度分布

次为纸张，字体与文笔属性的关注度最低。综合图书属性的满意度与关注度，图书属性的满意度与其关注度并不一致，换言之，存在部分属性具有较高的关注度但较低的满意度。因此，图书作者、出版社，以及销售单位需要在图书生产的各个环节合理分配资源，需要更多地重视高关注度、低满意度的图书属性，有针对性地提升图书的属性。在优化图书内容的同时，需要关注图书的封面等外观方面的属性，同时需要选择高质量的出版社，以提高印刷、纸张等图书属性的满意度；此外，高效的物流、优质的包装等也是在选择图书销售单位时需考量的因素。

表 6.17 为图书评论相关的影响力评价指标得分统计，可以看出星级评分指标最低为 1.0000 分，最高为 5.0000 分，平均得分为 4.1146 分，说明多数图书的星级得分较高。正面评论数得分取值为 0—662 条，每种图书平均约有 6 条正面评论。负面评论数得分范围小于正面评论数得分，最大值为 274 条，并且每种图书的平均负面评论数约为 2 条，明显低于正面评论数。属性得分为 0.4038—0.7115 分，平均得分为 0.5115 分，处于中间位置。

表 6.17　　　　基于图书评论的影响力评价指标统计

指标	最大值	最小值	平均值
星级评分（分）	5.0000	1.0000	4.1146
正面评论数（条）	662.0000	0.0000	5.6817
负面评论数（条）	274.0000	0.0000	2.3312
属性得分（分）	0.7115	0.4038	0.5115

综上，本节计算了基于图书评论数据的图书影响力指标得分，并对各个指标进行了统计分析。实验结果表明，多数图书的星级指标得分较高，表明用户对图书的评价普遍较高。同时，图书的正面评论数指标取值范围大于负面评论数指标。在属性指标方面，用户对图书属性的满意度不高，且不同属性的满意度存在差异，其中内容属性的满意度最高，表明多数用户对图书内容给出了正面评价。

三　基于图书评论数据的影响力指标分析

（一）图书评论相关评价指标的学科分布分析

本节对图书评论相关指标得分分别进行了排序，并分别提取了四个指标得分最高的 100 种图书，从而分析不同学科在评论数据维度的影响力差异，如图 6.18 所示。

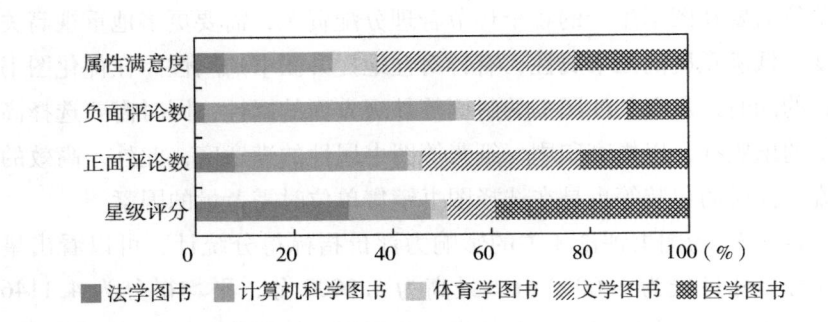

图 6.18　图书评论相关指标得分最高的 100 种图书

从图 6.18 中可以看出，四个指标中的学科分布存在明显差异。在频次类指标（星级评分指标）方面，医学图书与法学图书占比较高，其中医学图书占比近 40%，法学图书超过 30%。在浅层内容指标（正面评论与负面评论指标）方面，计算机科学图书与文学图书的比例明显高于其他学科，表明这两个学科的图书更容易引起公众的讨论，且并非"一边倒"的极端正面或者极端负面的评价。与此同时，法学图书与医学图书在正面评论指标中的占比明显高于其在负面评论指标中的占比。在深层内容指标（属性满意度）方面，文学图书比例明显高于其他四个学科，约占40%，计算机科学图书与医学图书比例相当。综上，不同评价指标明显学科分布差异表明基于单一评价维度是难以准确评价图书的影响力的，频次类指标与内容指标能够从不同的维度进行图书价值的度量。因此，对图书评论数据进行多粒度的挖掘，整合不同粒度的挖掘结果，能够提升图书影响力计算的可靠性。

图6.19为图书评论相关指标得分最低的100种图书。从图6.19中可以看出，四个指标中的学科分布同样存在明显差异。法学图书、计算机科学图书和医学图书在星级评分指标，以及属性满意度指标中比例相当，约占30%。同时，仅有计算机科学图书在正面评论数指标占比高于负面评论数指标。综上所述，图书评论相关指标在低得分图书集中通常存在学科分布差异，换言之，无论是高影响力图书集还是低影响力图书集均有分布差异，这些差异是普遍存在的。图书通常难以在全部指标均获得较高的得分，"偏科"才是常见现象，因此识别更多的影响力评价维度、提取更加丰富的评价指标、构建更加全面的评价体系是非常有必要的。

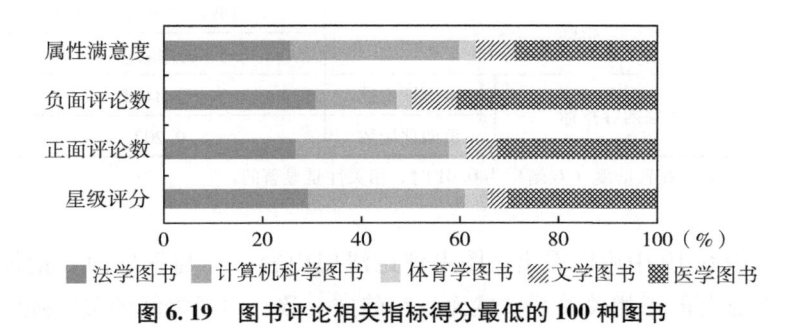

图6.19 图书评论相关指标得分最低的100种图书

（二）图书评论相关评价指标的相关性分析

本节从三个粒度获取图书评论相关的影响力评价指标，即频次级、浅层内容级及深层内容级。从多粒度的评论挖掘结果中提取了对应的评价指标并计算了指标得分。前文的分析表明无论是图书还是图书所在的学科均会在不同粒度的评价指标中存在差异化的表现，那么三个粒度的评价指标之间究竟存在何种关联？

本节对图书星级评分指标、图书评论浅层内容指标，以及图书评论深层内容指标进行了关联分析，结果如表 6.18 所示。

表 6.18　　　　　　　　图书评论相关指标相关性

指标		图书评论浅层内容指标		图书评论深层内容指标
		正面评论数	负面评论数	属性满意度
频次指标	星级评分	0.178**	-0.429**	0.116**

注："**"在置信度（双侧）为 0.01 时，相关性是显著的。

从表 6.18 中可以看出，无论是图书评论浅层内容指标还是图书评论深层内容指标，均与图书星级评分存在显著的相关性。较低的相关系数表明图书的星级评分确实会影响其内容层指标，但是影响程度较低。

此外，本节还分析了图书评论内容不同挖掘粒度的评价指标之间的相关性，如表 6.19 所示。

表 6.19　　　　　　图书评论内容相关指标相关性分析

指标		图书评论深层内容指标
		属性满意度
图书评论浅层内容指标	正面评论数	0.440**
	负面评论数	0.202**

注："**"在置信度（双侧）为 0.01 时，相关性是显著的。

从表 6.19 中可以看出，图书评论浅层内容指标与深层内容指标之间存在显著的正相关关系。然而，与前文一致，两者之间的关联强度是低的，这一结果再次表明了融合多源评价数据的必要性。

表 6.20 为各学科引用频次与其他引用评价指标之间的相关性分析结果。从表 6.20 中可以看出，除相关性的极性外，无论是相关程度还

是显著程度，都存在明显的学科差异。具体而言，除文学图书外，其他四个学科图书的图书评论内容指标与图书评论星级得分存在显著的相关关系。其中，法学图书的图书评论浅层内容指标与星级评分指标间的相关系数最高，而其图书评论深层内容指标与星级评分指标间的相关系数最低。因此，无论是显著性水平还是相关性程度，均表明了不同学科图书的影响力指标得分在评论数据维度的差异。这也说明了与评价图书学术影响力相似，在评价图书社会影响力时，也需要考虑图书的学科差异，尽可能提供更加多样化的评价结果，以应对更加复杂的评价场景。

表 6.20　　各学科图书评论相关指标相关性

指标		图书评论浅层内容指标		图书评论深层内容指标
		正面评论数	负面评论数	属性满意度
星级评分	法学图书	0.244**	−0.511**	0.094**
	计算机科学图书	0.236**	−0.328**	0.146**
	体育学图书	0.135*	−0.358**	0.139*
	文学图书	0.011	−0.302**	0.009
	医学图书	0.173**	−0.429**	0.134**

注："**"在置信度（双侧）为0.01时，相关性是显著的；"*"在置信度（双侧）为0.05时，相关性是显著的。

本章小结

本章利用图书评论数据进行了图书的使用影响力评价，共涉及四个子任务：篇章级情感分析、属性抽取、属性情感判断，以及基于图书评论数据的图书社会影响力指标获取。

在图书评论数据的篇章级情感分析部分，我们比较了几种不同的文本表示方法，包括基于One-hot表示模型的文本表示、基于LSA矩阵分解模型的文本表示、基于LDA文档生成模型的文本表示，以及基于Doc2Vec模型的文本表示方法。实验结果表明，基于One-hot表示模型的文本表示的分类性能最优。基于50798条在线评论的分类结果表明，多数用户在图书评论中给出了正面评价。

在属性抽取部分，我们结合深度学习与聚类算法进行细粒度的属性抽取，在全面挖掘属性的同时，将同义属性进行归类，从而有效识别图书属性。通过与基于种子词方法、基于结合人工的 LDA 方法，以及基于情感词的方法三种属性抽取方法的对比，发现本章方法性能较优，能够更加全面地抽取图书属性。最终获取 12 种图书属性，包括内容、作者、纸张、封面、价格、版本、插图、字体、印刷、包装、物流、文笔。

在属性的情感判断部分，我们利用情感词典进行判断。由于现有的通用情感词典的不足，我们构建了基于图书语料的情感词典，精确识别语料中情感词的情感倾向，同时确定高、低、快、慢等模糊情感词的极性。与通用情感等词典的比较结果表明，本章构建的情感词典能够更加精确地抽取并识别语料中情感词的情感倾向，取得最优的属性情感分类性能。

在图书社会影响力指标获取部分，我们基于前文的数据挖掘结果识别并分别计算了四个指标的得分，包括星级评分、正面评论数、负面评论数及属性满意度得分，并对各个指标进行了统计分析。

第七章

基于图书利用数据的社会影响力评价

图书的馆藏数据体现了图书馆等机构用户对图书价值的评估，图书的馆藏数量、馆藏分布等均可以评价其社会影响力[①]。

因此，本章从 WorldCat 获取图书馆藏信息从而进行图书社会影响力评价。WorldCat，即世界图书馆目录检索平台，是当前最大的数字图书馆。截至 2021 年 12 月，该平台可以搜索来自 112 个国家的约 9000 家图书馆 5.3 亿多条书目记录及 32 亿多条馆藏记录，是目前世界上最大的书目和馆藏信息数据库。

图 7.1 至图 7.3 为在 WorldCat 检索图书《机器学习实战》的检索结果。图 7.1 为图书的初始检索结果，显示图书元数据信息。图 7.2 为该图书被图书馆的馆藏情况，结果显示该图书被 15 个图书馆收藏。此外，单击"借入"按钮可以查看每个图书馆对应的馆藏数量，图 7.3 为南京图书馆关于图书《机器学习实战》的具体馆藏数据。

[①] White H. D. et al., "Libcitations: A Measure for Comparative Assessment of Book Publications in the Humanities and Social Sciences", *Journal of the American Society for Information Science & Technology*, Vol. 60, No. 6, 2009, pp. 1083–1096.

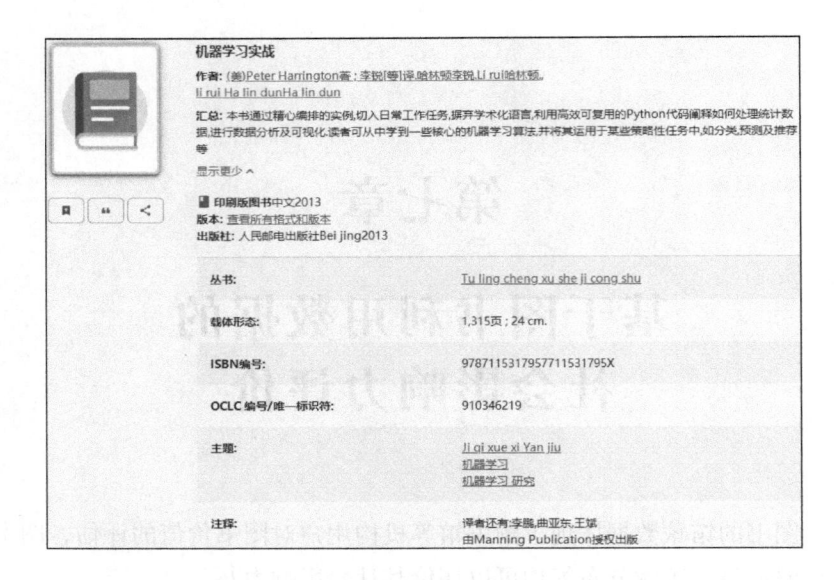

图 7.1　WorldCat 图书检索结果

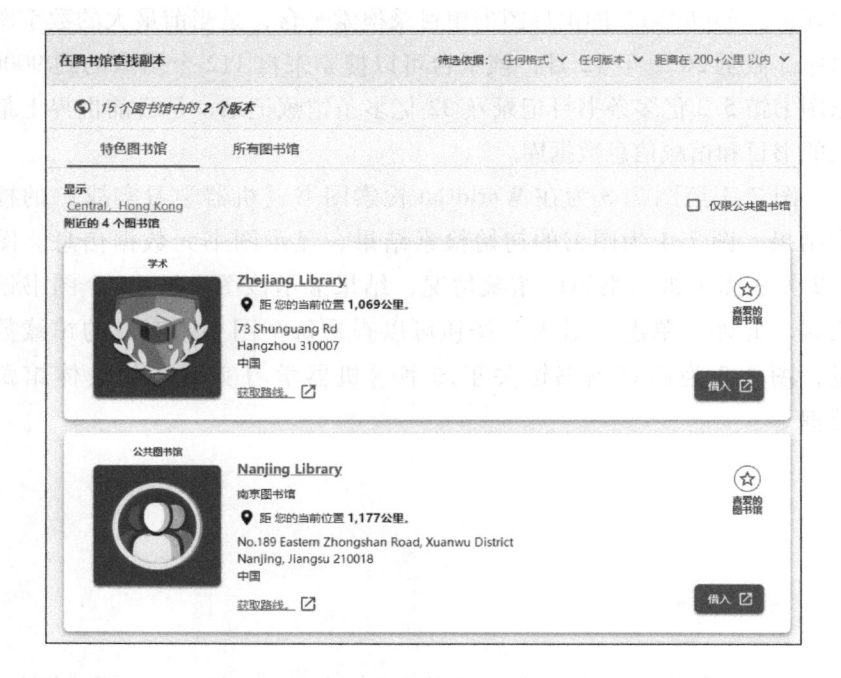

图 7.2　图书馆藏整体数据

第七章 | 基于图书利用数据的社会影响力评价

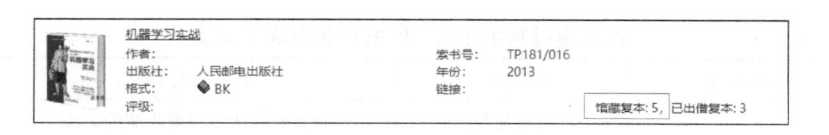

```
机器学习实战
作者：                    索书号：  TP181/016
出版社： 人民邮电出版社    年份：    2013
格式：   ◆ BK             链接：
评级：                              馆藏复本: 5, 已出借复本: 3
```

图 7.3　图书馆藏具体数据

第一节　基于图书利用数据的社会影响力评价指标获取

本节旨在基于图书馆藏利用数据度量图书的社会影响力，研究框架如图 7.4 所示。首先，批量获取图书的馆藏数据，包括图书的馆藏数量及其馆藏国家和地区。其次，基于馆藏数量与国家和地区数据提取图书的馆藏分布指标。再次，计算图书利用数据相关的评价指标，即馆藏数量、馆藏国家和地区及馆藏分布。最后，对指标计算结果进行分析。

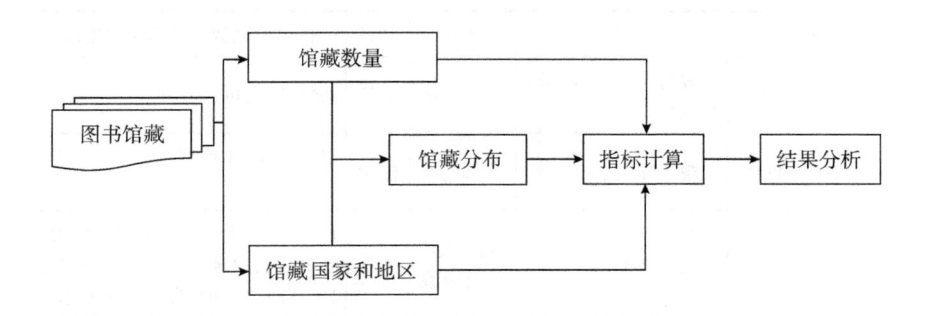

图 7.4　基于图书利用数据的影响力评价研究框架

基于以上分析，我们得到基于图书利用数据的图书影响力评价指标，如表 7.1 所示。从表 7.1 中可以发现，基于图书利用数据的图书影响力指标共有三个，包括馆藏数量、馆藏国家和地区及馆藏分布，分别评价图书被全球图书馆收藏的总数量、收藏图书的图书馆国家和地区数及图书在全球图书馆的分布情况。

181

表7.1　基于图书利用数据的图书社会影响力指标

数据源	评价指标	评价指标释义
图书利用	馆藏数量	图书被全球图书馆收藏的总数量
	馆藏国家和地区	收藏图书的图书馆国家和地区数
	馆藏分布	图书在全球图书馆的分布情况

第二节　基于图书利用数据的社会影响力评价指标计算

图书的馆藏信息作为图书的典型利用形式可以有效反映图书的社会传播效力，进而度量图书的社会影响力。因此，本节通过联机计算机图书馆中心（Online Computer Library Center，OCLC）获取WorldCat数据库中的图书馆藏信息，如表7.2所示。

表7.2　图书馆藏数据示例

ISBN	标题	作者	学科	图书馆藏数量及国家和地区
9787301159989	耻辱与恢复：《呐喊》与《野草》	丸尾常喜	文学	4@中国，14@美国
9787307054851	宏观国际法学论	黄进	法学	8@中国，1@德国，1@瑞士，2@美国
9787811019940	明代民歌集	周玉波/陈书录编	文学	1@澳大利亚，1@加拿大，8@中国，1@日本，1@荷兰，1@新西兰，1@瑞士，15@美国

一　馆藏数量

图书在全球图书馆的馆藏总量可以直接反映该图书的社会传播价值，计算方法如式（7.1）所示：

$$Use\_holding = \sum_{i=1}^{reg} holding_i \tag{7.1}$$

式中，$Use\_holding$为图书的馆藏数量指标得分；reg为图书的馆藏国家和地区数；$holding_i$为图书在国家和地区i的馆藏数量。

以表 7.2 中的图书利用数据为例，

对于图书 1，$Use\_holding_1 = 4+14 = 18$；

对于图书 2，$Use\_holding_2 = 8+1+1+2 = 12$；

对于图书 3，$Use\_holding_3 = 1+1+8+1+1+1+1+15 = 29$。

可见，馆藏数量指标得分排序依次为图书 3、图书 1、图书 2。

二　馆藏国家和地区

图书的馆藏国家和地区能够反映其社会影响的广度，计算方法如式（7.2）所示：

$$Use\_region = \#regions \qquad (7.2)$$

式中，Use_region 为图书的馆藏国家和地区指标得分；$\#regions$ 为藏有该图书的图书馆所在国家和地区的总数。

以表 7.2 中的图书馆藏数据为例，

对于图书 1，$Use\_region_1 = 2$；

对于图书 2，$Use\_region_2 = 4$；

对于图书 3，$Use\_region_3 = 8$。

可见，馆藏国家和地区指标得分排序依次为图书 3、图书 2、图书 1。

三　馆藏分布

馆藏分布能够反映图书在全球图书馆的分布情况，本节利用式（7.3）与式（7.4）计算图书馆藏的分布熵。如果图书在各个国家和地区的分布越均匀，则图书的馆藏分布指标得分会越大。

$$Use\_dis = -\frac{1}{\ln(Use\_region)} \sum_{i=1}^{Use\_region} p\_holdings_i \ln(p\_holdings_i) \qquad (7.3)$$

$$p\_holdings_i = \frac{holdings_i}{Use\_holding} \qquad (7.4)$$

式中，Use_dis 为图书的馆藏分布指标得分；Use_region 为图书的馆藏国家和地区指标得分；$holding_i$ 为图书在国家和地区 i 的馆藏数量；$Use\_holding$ 为图书的馆藏数量指标得分。

以表 7.2 中的图书馆藏数据为例，

对于图书 1，$Use\_dis_1 = -\frac{1}{\ln(2)}\left[\frac{4}{18}\times\ln\left(\frac{4}{18}\right) + \frac{14}{18}\times\ln\left(\frac{14}{18}\right)\right] = 0.7642$；

对于图书 2，$Use\_dis_2 = -\frac{1}{\ln(4)}\left[\frac{8}{12}\times\ln\left(\frac{8}{12}\right) + \frac{1}{12}\times\ln\left(\frac{1}{12}\right) + \frac{1}{12}\times\right.$

$$\ln\left(\frac{1}{12}\right) + \frac{2}{12} \times \ln\left(\frac{2}{12}\right)\Big] = 0.7091;$$

对于图书 3，$Use\_dis_3 = -\frac{1}{\ln(8)}\Big[\frac{1}{29} \times \ln\left(\frac{1}{29}\right) + \frac{1}{29} \times \ln\left(\frac{1}{29}\right) + \frac{8}{29} \times$

$\ln\left(\frac{8}{29}\right) + \frac{1}{29} \times \ln\left(\frac{1}{29}\right) + \frac{1}{29} \times \ln\left(\frac{1}{29}\right) + \frac{1}{29} \times \ln\left(\frac{1}{29}\right) + \frac{1}{29} \times \ln\left(\frac{1}{29}\right) + \frac{15}{29} \times$

$\ln\left(\frac{15}{29}\right)\Big] = 0.4715$。

可见，馆藏分布指标得分排序依次为图书1、图书2、图书3。

经过上述计算，我们得到关于图书利用相关评价指标的得分，如表 7.3 所示。

表 7.3　　　　　　　　图书馆藏数据示例　　　　　　　　单位：分

序号	标题	馆藏数量	馆藏国家和地区	馆藏分布
1	耻辱与恢复：《呐喊》与《野草》	18.0000	2.0000	0.7642
2	宏观国际法学论	12.0000	4.0000	0.7091
3	明代民歌集	29.0000	8.0000	0.4715

从表 7.3 中可以看出，图书在不同评价指标上的得分排序是不一致的。换言之，图书利用相关的三个图书社会影响力评价指标能够从图书的不同维度度量其社会影响力，基于单一评价指标的计算结果是不够精确的。

第三节　基于图书利用数据的社会影响力评价指标呈现

基于上述计算，我们得到了基于图书利用数据的社会影响力评价指标，即馆藏数量、馆藏国家和地区及馆藏分布。各指标得分分布如图 7.5、图 7.7 和图 7.10 所示。其中，横坐标为排序后的图书，纵坐标为对应影响力评价指标得分。

图 7.5 为馆藏数量指标得分分布。从图 7.5 中可以看出，多数图书的馆藏数量低于 50 分，这表明多数图书的馆藏数量是较低的。

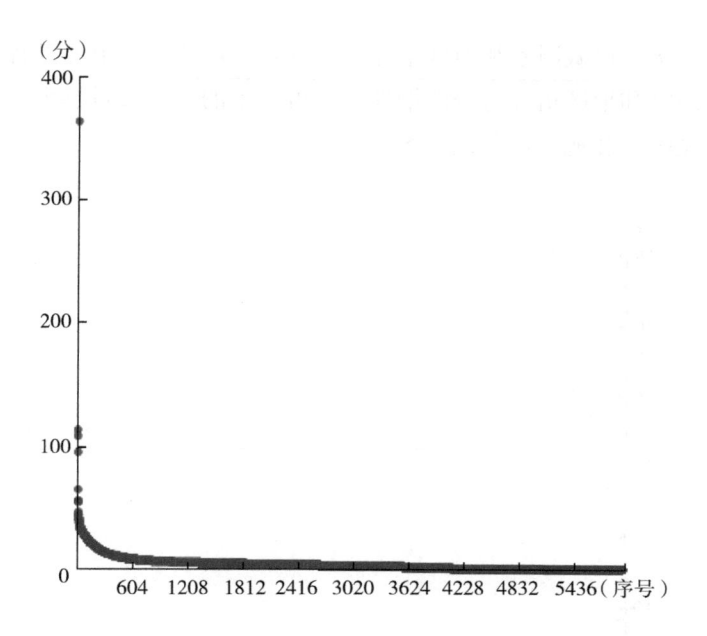

图 7.5　图书馆藏数量指标得分

本节将图书馆藏数量指标得分划分为四个区间，即馆藏数量低于 5 分（[0，5)）、馆藏数量在 5—10 分（[5，10)）、馆藏数量在 10—20 分（[10，20)）及馆藏数量高于 20 分（[20，max)），并计算对应区间的比重，结果如图 7.6 所示。从图 7.6 中可以看出，超过 77% 的图书的馆藏数量是低于 5 分的，仅有较少图书属于高馆藏图书集合。

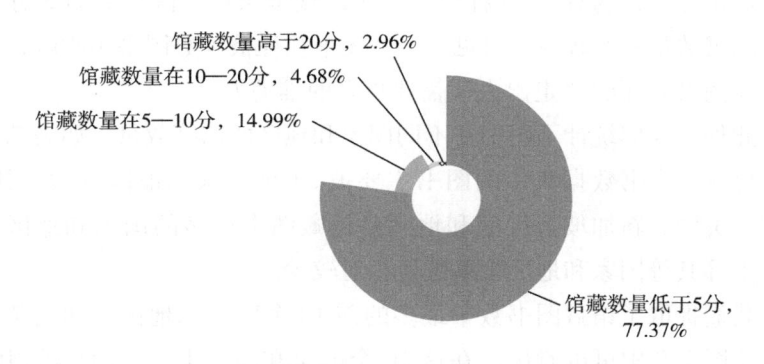

图 7.6　图书馆藏数量指标得分区间分布

图 7.7 为馆藏国家和地区指标得分分布。从图 7.7 中可以看出，随着馆藏国家和地区指标得分的增加，该得分下的图书数量越少，多数图书的馆藏国家和地区得分低于 5 分。

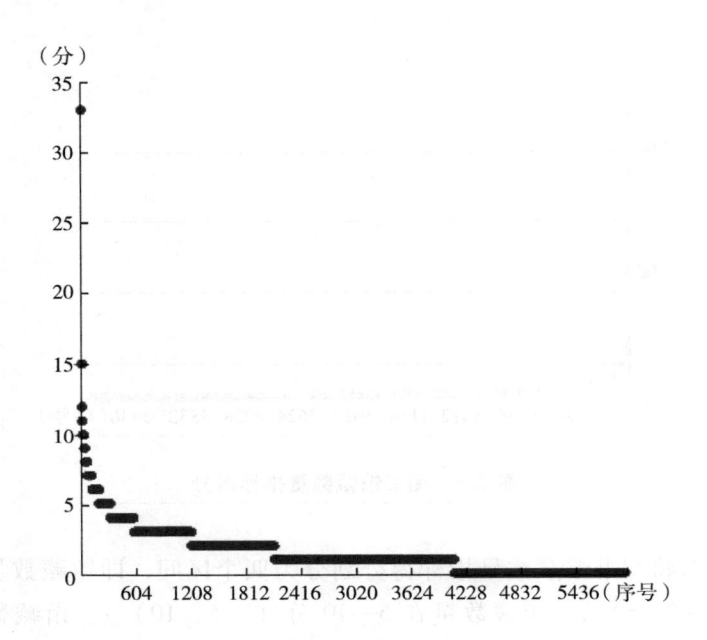

图 7.7　图书馆藏国家和地区指标得分

本节统计了馆藏国家和地区指标不同得分对应的图书数量，如图 7.8 所示。从图 7.8 中可以看出，馆藏国家和地区指标得分为 1 分的图书数量最多，约有 2000 种图书，而馆藏国家和地区得分为 5 分及以上的图书数量相对较少。可见，多数图书往往被少数图书馆收藏，换言之，在图书方面的"走出去"需要更多的推动力。

此外，我们统计了图书在不同国家和地区的馆藏数量，如表 7.4 所示。可见，本书数据集中的图书主要被 34 个国家和地区收藏。其中，中国、美国、新加坡等国家和地区是馆藏图书最多的国家和地区，韩国、土耳其等国家和地区馆藏数量相对较少。

我们提取了馆藏图书数量最多的前 10 个国家和地区，如图 7.9 所示。从图 7.9 中可以看出，在这 10 个国家和地区中，中国与美国的馆

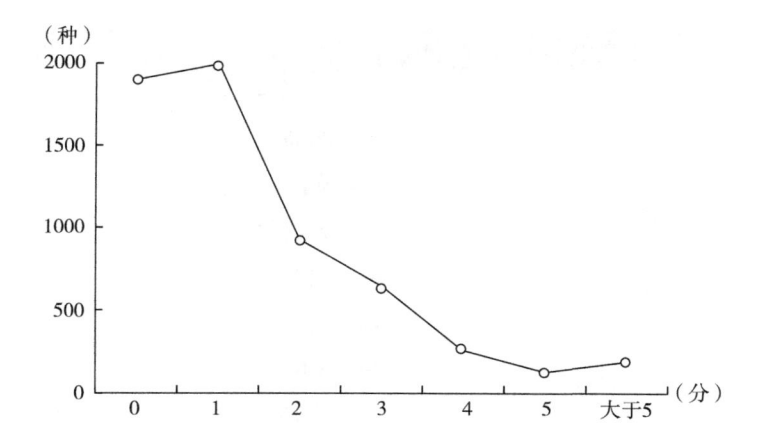

图 7.8 图书馆藏国家和地区得分分布

表 7.4 馆藏图书的国家和地区

序号	国家和地区	序号	国家和地区	序号	国家和地区
1	中国	13	马来西亚	25	泰国
2	美国	14	丹麦	26	阿联酋
3	新加坡	15	瑞典	27	比利时
4	加拿大	16	以色列	28	博茨瓦纳
5	澳大利亚	17	西班牙	29	芬兰
6	英国	18	墨西哥	30	荷兰
7	德国	19	波兰	31	挪威
8	日本	20	爱尔兰	32	韩国
9	新西兰	21	意大利	33	特立尼达和多巴哥
10	荷兰	22	黎巴嫩	34	土耳其
11	瑞士	23	卡塔尔		
12	法国	24	斯洛文尼亚		

藏数量明显高于其他国家和地区。同时，可以看出图书主要是被亚洲国家和地区馆藏、流通。因此，图书"走出去"需要强大的推动力，从而助力促进中华文化"走出去"。

图 7.10 为馆藏分布指标得分分布。从图 7.10 中可以看出，馆藏分布指标在 0—0.4 分存在明显的断层，多数图书的馆藏分布得分为 0 分，

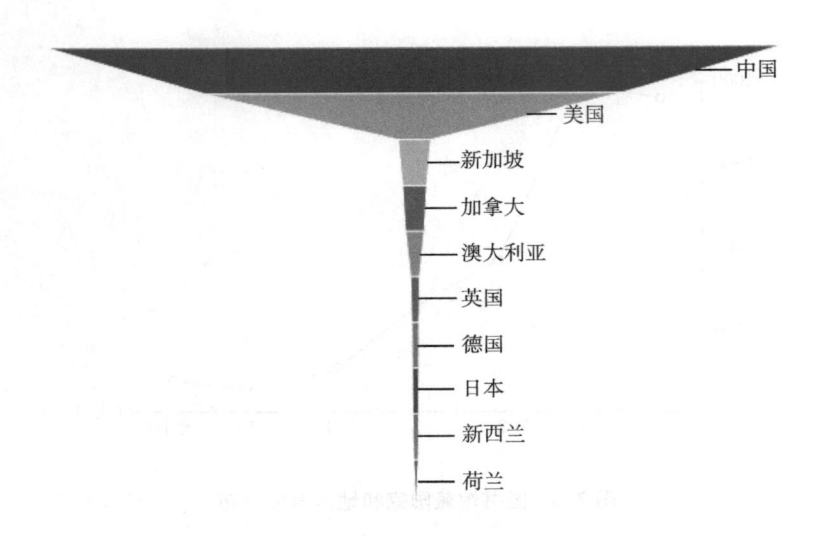

图 7.9　馆藏图书最多的 10 个国家和地区

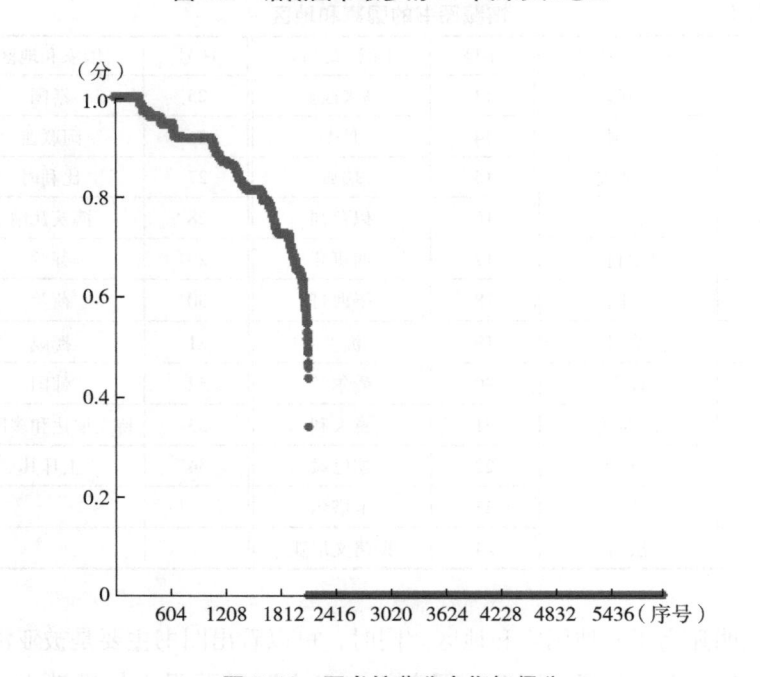

图 7.10　图书馆藏分布指标得分

这说明大多数图书仅被单一国家和地区馆藏，其馆藏分布是极不均衡的。同时，仍有部分图书的馆藏分布指标得分为 1 分，表明这部分图书在多个国家和地区的馆藏数量是相同的，分布相对均衡。

我们依据图书馆藏分布指标得分，将馆藏分布划分为 5 个类别，如表 7.5 所示。当馆藏分布指标得分为 0 时，馆藏分布极不均衡；当馆藏分布指标得分为 1 时，馆藏分布完全均衡。

表 7.5　　　　　　　　　　图书的馆藏分布

类别	类别释义	馆藏分布指标得分区间
类别 1	馆藏分布极不均衡	0
类别 2	馆藏分布比较不均衡	(0, 0.6]
类别 3	馆藏分布一般均衡	(0.6, 0.8]
类别 4	馆藏分布比较均衡	(0.8, 1)
类别 5	馆藏分布完全均衡	1

图 7.11 为 5 个馆藏分布类别对应的比例，可以看出，类别 1（馆藏分布极不均衡）比例最高，超过 60%，其次为类别 4（馆藏分布比较均衡）；类别 2（馆藏分布比较不均衡）占比最少，低于 1%。可见，图书馆藏分布指标得分存在明显的两极分化现象。

馆藏分布完全均衡，4.48%
馆藏分布比较均衡，22.44%
馆藏分布一般均衡，7.56%
馆藏分布比较不均衡，0.92%
馆藏分布极不均衡，64.60%

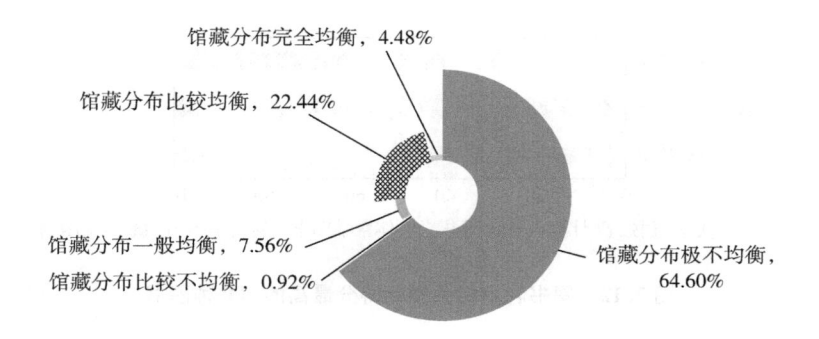

图 7.11　图书馆藏分布得分分布

表 7.6 为图书利用相关的社会影响力评价指标得分统计，可以看出馆藏数量指标得分最低为 0.0000 分，最高为 365.0000 分，平均馆藏数量为 3.6119 分，可见图书的馆藏数量差异明显。馆藏国家和地区指标得分为 0.0000—33.0000 分，表明没有图书同时被 34 个国家和地区馆

藏，同时图书平均被超过 1 个国家和地区馆藏。图书馆藏分布指标得分在 0.0000—1.0000 分，平均得分为 0.3063 分，属于馆藏分布比较不均衡类别，可见大多数图书的馆藏分布是不均匀的。

表 7.6　　　　　基于图书利用的影响力评价指标统计　　　　　单位：分

指标	最大值	最小值	平均值
馆藏数量	365.0000	0.0000	3.6119
馆藏国家和地区	33.0000	0.0000	1.4617
馆藏分布	1.0000	0.0000	0.3063

第四节　基于图书利用数据的社会影响力评价指标分析

本节对图书利用相关指标得分分别进行了排序，并分别提取了三个指标得分最高的 100 种图书，从而分析不同学科在利用数据维度的影响力差异，如图 7.12 所示。

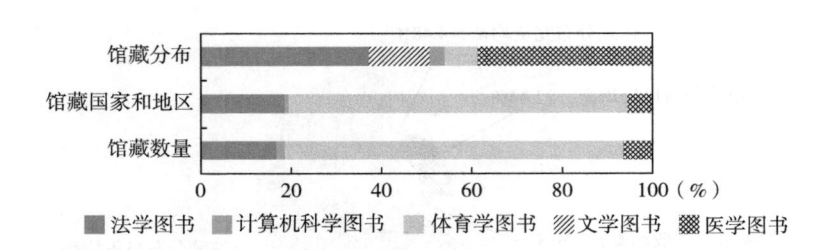

图 7.12　图书利用相关指标得分最高的 100 种图书

从图 7.12 中可以看出，馆藏数量与馆藏国家和地区指标的学科分布相似，其中文学图书的占比最高，约占 75%；其次为法学图书。同时，在这两个指标中，均没有计算机科学图书，可见文学图书在利用维度的社会影响力明显高于其他学科，而计算机科学图书相对较低。不同于馆藏数量与馆藏国家和地区指标，馆藏分布指标中五个学科图书均有一定占比，其中医学图书与法学图书占比较高，而文学图书的占比较低。这表明虽然文学图书更易被多个国家和地区的图书馆大量收藏，但其往往分布不均匀，换言之，文学图书的社会传播存在显著的国家和地区偏好。

图 7.13 为图书利用相关指标得分最低的 100 种图书。从图 7.13 中可以看出，三个指标的学科分布是相似的，其中馆藏数量与馆藏国家和地区指标的学科分布高度接近。

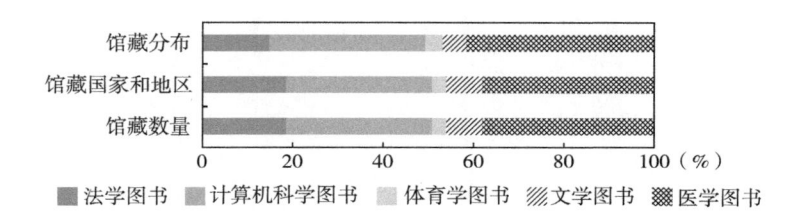

图 7.13　图书利用相关指标得分最低的 100 种图书

综上所述，基于图书利用数据的影响力是存在学科差异的，尤其是高影响力图书集。同时，图书在不同评价指标的得分差异也说明了单一评价指标是难以准确评价图书影响力的。图书的馆藏数量、图书被多少国家和地区的图书馆收藏、图书是否存在国家和地区偏好或者是否能够打破国家和地区限制都是反映图书社会影响力的有效依据。因此，科学融合评价指标才能高效识别具有高社会影响力的图书。

本章小结

本章基于图书的全球馆藏数据进行了图书的利用影响力评价。我们基于 WorldCat 获取图书的馆藏信息，通过对馆藏数据的深入挖掘，抽取并计算了三个相关指标的得分，包括馆藏数量、馆藏国家和地区及馆藏分布。对三个评价指标得分的分析表明，图书通常会在三个评价指标中有不同程度的表现，三个评价指标能够从不同的视角判断图书的影响力。

第四部分
融合多源异构数据的图书综合传播影响力评价

通过对多源异构评价数据的多粒度分析，本部分得到了图书传播影响力评价的多维度评价指标。为满足用户多层次的评价需求，本部分将进行评价指标的科学融合，从而计算图书的综合传播影响力（以下简称"综合影响力"），并进行评价结果的多样化呈现与分析。

第八章

融合多源异构数据的图书综合影响力

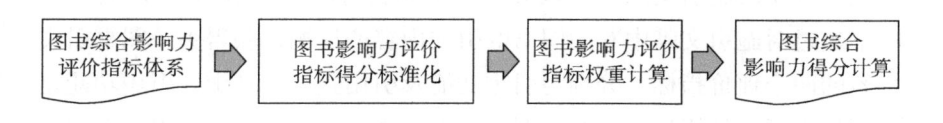

第一节 融合多源异构数据的图书综合影响力计算

图书的综合影响力评价依赖于科学的影响力评价指标体系，因此本章基于前文的影响力评价数据分析结果，进行影响力评价体系的融合构建。本章采用并联型数据融合方式，将学术影响力评价指标与社会影响力评价指标进行并联融合，从而建立多层次评价指标体系。在此基础上进行图书综合影响力的计算，包括图书影响力评价指标得分标准化、图书影响力评价指标权重计算，以及在此基础上的加权求和，从而得到图书综合影响力得分，计算过程如图 8.1 所示。

| 图书综合影响力评价指标体系 | ➡ | 图书影响力评价指标得分标准化 | ➡ | 图书影响力评价指标权重计算 | ➡ | 图书综合影响力得分计算 |

图 8.1 图书综合影响力计算

一 图书综合影响力评价指标体系

通过本书第二部分分析可知，图书学术影响力评价指标包括来自图书内容的评价指标，以及来自图书引用的评价指标。

本书第四章对图书目录进行了多层次深度与广度分析，包括主题层深度与广度分析，以及特征层深度与广度分析。其中，主题层深度与广度分析，通过识别图书目录中涉及的主题，并对主题分布进行分析，从而获得关于主题层评价指标，分别为主题层图书内容深度值与主题层图书内容广度值。特征层深度与广度分析，通过对图书目录特征抽取并进行特征的分布分析，从而获取图书目录在特征层的评价指标，即为特征层图书内容深度值与特征层图书内容广度值。

本书第五章对图书引用数据进行了多粒度的分析，共获取八个评价指标，包括图书的被引次数、引用深度值、引用广度值、引用收录、引用时间、引用领域多样性，以及图书的引用强度与引用功能。本书通过匹配图书的题名、作者，以及发表年份识别对应图书的被引信息，从而获得图书的被引次数。通过对施引文献进行深度与广度分析，识别施引文献标题中涉及的主题，以及主题分布，从而获得图书被引深度值与被引广度值。其中，深度值为图书施引文献反映出的图书涉及的深度，广度值为图书施引文献反映出的图书涉及的广度。数据库尤其是权威数据库对图书施引文献的索引可以有效地反映图书的影响程度。因此，本书提取图书施引文献的数据库收录信息，并统计每个数据库中收集的引文收录数，从而计算图书引用收录值。引用时间跨度指标是指图书的第一篇施引文献的发表年份与最新施引文献发表年份之间的时间跨度，可以揭示图书影响的可持续性。因此，本书提取图书和相应施引文献的出版时间，以计算引用时间值。引用领域多样性可以反映图书对研究领域的影响，并衡量图书影响的跨学科程度。本书提取和分析施引文献的领域信息，以反映施引文献的领域分布，从而获得图书的引用领域多样性。本书通过对施引文献中有关图书的引文内容的挖掘，获得关于图书引文内容的两个评价指标，分别为引用功能及引用强度。其中，引用功能是指用户出于何种用途而引用该图书。引用强度是指单篇文献引用图书的次数。

通过本书第三部分分析可知，图书社会影响力评价指标包括来自图书评论的评价指标，以及来自图书馆藏的评价指标。

本书第六章对图书评论数据进行了多粒度情感分析，得到关于图书评论数据的四个评价指标，分别为正面评论数、负面评论数、星级以及属性满意度。其中，正面评论数是指对图书给出正面评价的评论数量；

负面评论数是指对图书给出负面评价的评论数量;星级是指图书的星级得分,通过对该图书全部评论中的星级计算得到;属性满意度是指图书的属性得分,通过对图书全部评论中提及的属性及其情感倾向计算得到,包括内容、物流、包装、价格等属性。

本书第七章对图书馆藏数据进行了统计分析,关于图书利用的三个评价指标,分别为馆藏数量、馆藏国家和地区及馆藏分布。

因此,本书构建了一个多层次、多维度的图书影响力评价指标体系,如图 8.2 所示。评价体系中各项指标均可以量化,从而反映图书的特点,用于评价图书的多维度影响力。

二 图书影响力评价指标得分标准化

不同指标得分的量纲、单位等存在差别,因此首先需要对各个指标进行标准化处理,从而使各个指标存在可比性。数据标准化处理最为典型的就是将数据进行归一化,即将数据映射到 [0,1]。现有的归一化方法较多,如线性函数法、对数函数法、反余切函数法等,包括最大/最小归一化法、总和标准化、均值标准差标准化、极差标准化等方法。本节采用反正切函数[1]转换进行归一化计算,计算方法如式(8.1)所示。该归一化方法的优势是归一化过程不需要依赖数据集中其他指标的得分,以便后续研究的数据集扩展。

$$NorS_i = atan(Sco\_metric_i) \times 2/\pi \quad (8.1)$$

式中,$NorS_i$ 为归一化后的指标 i 的得分;Sco_metric_i 为指标 i 的原始得分。

图 8.3 为基于图书引用数据的影响力评价指标得分标准化结果,可见基于图书引用数据获取的八个评价指标其得分均映射到 [0,1],从而使不同评价指标之间存在可比性及整合的可能性。

同时,从图 8.3 可以看出,评价指标得分分布存在明显的差异。换言之,这些评价指标虽然均是从图书引用数据中获取,但是从不同角度进行了图书影响力的评价。因此,进行评价数据的多粒度挖掘以融合多维度评价结果是必要的。

---

[1] Chien-Lih H., "An Elementary Derivation of Euler's Series for the Arctangent Function", *The Mathematical Gazette*, Vol. 89, No. 516, 2005, pp. 469-470.

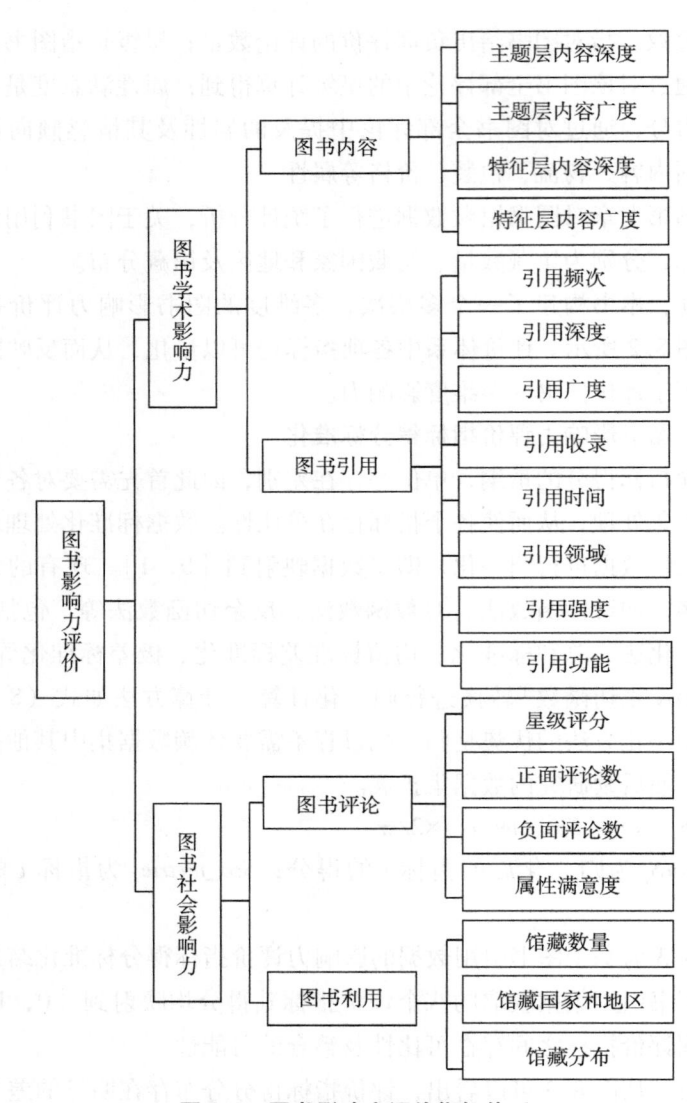

```
图书影响力评价
├─ 图书学术影响力
│  ├─ 图书内容
│  │  ├─ 主题层内容深度
│  │  ├─ 主题层内容广度
│  │  ├─ 特征层内容深度
│  │  └─ 特征层内容广度
│  └─ 图书引用
│     ├─ 引用频次
│     ├─ 引用深度
│     ├─ 引用广度
│     ├─ 引用收录
│     ├─ 引用时间
│     ├─ 引用领域
│     ├─ 引用强度
│     └─ 引用功能
└─ 图书社会影响力
   ├─ 图书评论
   │  ├─ 星级评分
   │  ├─ 正面评论数
   │  ├─ 负面评论数
   │  └─ 属性满意度
   └─ 图书利用
      ├─ 馆藏数量
      ├─ 馆藏国家和地区
      └─ 馆藏分布
```

图 8.2 图书影响力评价指标体系

三 图书影响力评价指标体系权重计算

我们利用熵权法计算各个指标的权重[①]，这是一种客观赋权方法。

---

① Nie H. Z. et al., "Comprehensive Fuzzy Evaluation for Transmission Network Planning Scheme Based on Entropy Weight Method", *Power System Technology*, Vol. 33, No. 11, 2009, pp. 278-281.

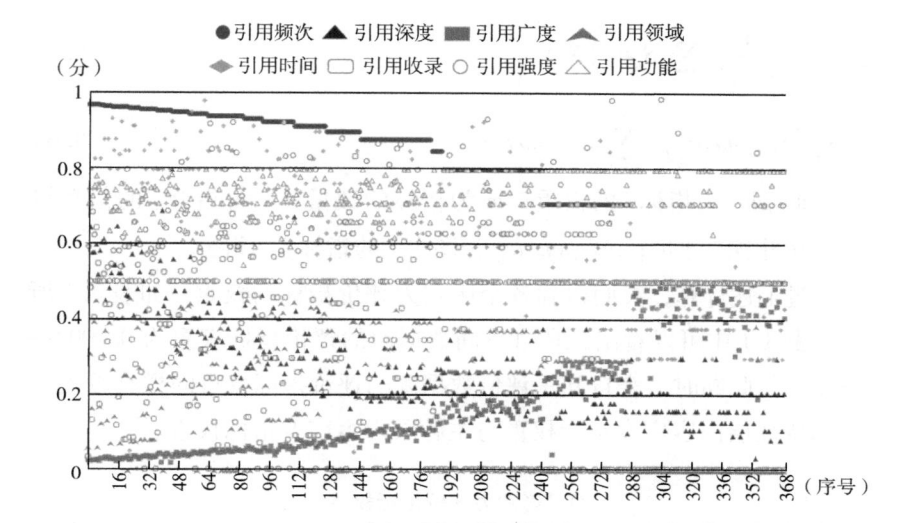

第八章 融合多源异构数据的图书综合影响力

图 8.3 基于图书引用数据的影响力评价指标得分标准化结果

根据信息熵的定义,信息熵可以判断某个评价指标的离散程度[①]。通常,较小的熵值意味着较大的离散程度。同时,指标的离散程度越大,其对综合影响力评价的作用越大,换言之,该指标的权重越高。

以极端情况为例,如果所有图书在某一评价指标的得分全都相等,那么该指标无法区分图书的影响力,此时该指标的信息熵值是较大的。相较于德尔菲法(专家调查法)[②]、层次分析法[③]等主观赋权法,熵权法更具有客观性,其利用信息之间的差异性进行指标赋权,能够更好地解释指标权重计算结果。因此,可以基于信息熵进行评价指标体系中对应指标权重。计算过程如式(8.2)至式(8.4)所示:

$$Weight_j = (1-e_j)/(m - \sum_{j=1}^{m} e_j) \qquad (8.2)$$

[①] Shannon L. E., "Prediction and Entropy of Printed English", *Bell System Technical Journal*, Vol. 30, No. 1, 1951, pp. 50-64.

[②] Okoli C., Pawlowski S. D., "The Delphi Method as a Research Tool: An Example, Design Considerations and Applications-Sciencedirect", *Information & Management*, Vol. 42, No. 1, 2004, pp. 15-29.

[③] Saaty R. W., "The Analytic Hierarchy Process—What It is and How It is Used", *Mathematical Modelling*, Vol. 9, No. 3-5, 1987, pp. 161-176.

$$e_j = -\frac{1}{\ln(n)} \sum_{i=1}^{n} S_{ij} \ln(S_{ij}) \tag{8.3}$$

$$S_{ij} = Sco\_metric_{ij} / \sum_{i=1}^{n} Sco\_metric_{ij} \tag{8.4}$$

式中，$Weight_j$ 为指标 j 的权重；m 为指标的数量；e_j 为指标 j 的信息熵值；n 为图书的数量；Sco_metric_{ij} 为图书 i 的指标 j 的得分。

经过上述计算，我们得到各个影响力评价指标的权重，如表 8.1 所示。从表 8.1 中可以看出，来自不同数据源的评价指标权重为 0.0002—0.1862。与此同时，来自同一评价数据源的评价指标权重同样有较大差别，如特征层内容广度指标权重与主题层内容广度指标权重。

表 8.1　　　　　　　　图书影响力评价指标权重

	评价数据源	评价指标	评价指标权重
图书影响力评价	图书内容	主题层内容深度	0.0206
		主题层内容广度	0.0084
		特征层内容深度	0.0335
		特征层内容广度	0.0787
	图书引用	引用频次	0.0288
		引用深度	0.0157
		引用广度	0.0353
		引用领域	0.0516
		引用时间	0.0324
		引用收录	0.0589
		引用强度	0.0345
		引用功能	0.0050
	图书评论	星级评分	0.0022
		正面评论数	0.1660
		负面评论数	0.1862
		属性满意度	0.0002
	图书利用	馆藏数量	0.1081
		馆藏国家和地区	0.0557
		馆藏分布	0.0782

经过排序后的图书影响力评价指标权重如图 8.4 所示。从图 8.4 中可以看出，负面评论数、正面评论数，以及馆藏数量三个指标的权重明显高于其他指标，属性满意度与星级评分指标的权重则相对较低。

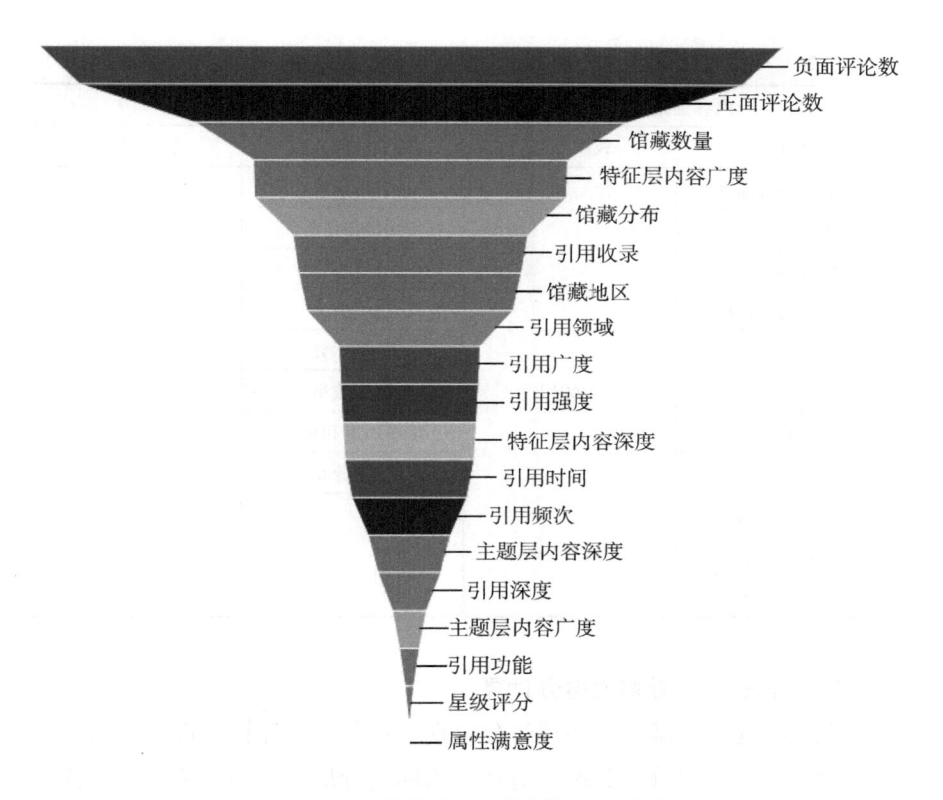

图 8.4　图书影响力评价指标权重排序

此外，我们分别统计了频次类指标与内容类指标的权重，如表 8.2 所示。其中，内容类指标即为通过自然语言处理等技术对图书评价相关的内容信息进行挖掘从而得到影响力评价指标，频次类指标为通过频次信息进行图书影响力评价的指标，如被引次数、馆藏数量等。从表 8.2 可以看出内容类指标权重总和明显高于频次类指标。可见，图书评价相关的频次类评价指标虽然是常用的评价依据（如引用频次），但是图书评价相关的内容类评价指标能够从不同的维度进行图书影响力的评价，并且为基于频次类指标的评价结果提供有效的补充。因此，进行图书内容类指标的挖掘与计算是非常有必要的，仅利用频次类指标进行图书影响力评价是不全面的，进行不同维度评价资源的挖掘与整合能够提供更加丰富、全面的评价结果。

表8.2　　　　　　图书影响力不同类型评价指标权重

内容类指标		频次类指标	
指标	权重总和	指标	权重总和
主题层内容深度	0.6012	引用频次	0.3988
主题层内容广度		引用时间	
特征层内容深度		引用收录	
特征层内容广度		引用强度	
引用深度		星级评分	
引用广度		馆藏数量	
引用领域		馆藏国家和地区	
引用功能		馆藏分布	
正面评论数			
负面评论数			
属性满意度			

四　图书综合影响力得分计算

我们首先对全部评价指标得分分别进行归一化计算，得到图书各个指标归一化后的得分。其次，对评价指标进行加权求和，从而得到各个图书的影响力得分。计算方法如式（8.5）所示：

$$score_i = \sum_{j=1}^{n} NorS_{ij} \times Weight_j \quad (8.5)$$

式中，$score_i$ 为图书 i 的综合影响力得分；$NorS_{ij}$ 为图书 i 指标 j 的得分；$Weight_j$ 为指标 j 的权重；n 为指标总数。

第二节　融合多源异构评价数据的图书综合影响力呈现

经过对多源图书评价数据的深入挖掘，我们基于构建的图书影响力评价体系进行图书综合影响力计算。同时，计算不同学科图书的影响力以及不同类型图书的影响力，从而分析图书影响力的学科差异与类型差异。

一 图书综合影响力

经过上述数据处理与分析，我们融合图书多源异构评价数据，包括图书内容、图书引用、图书评论以及图书利用数据，从而计算图书的综合影响力，计算结果如图 8.5 所示。其中横坐标为排序后的图书，纵坐标为图书的综合影响力得分。

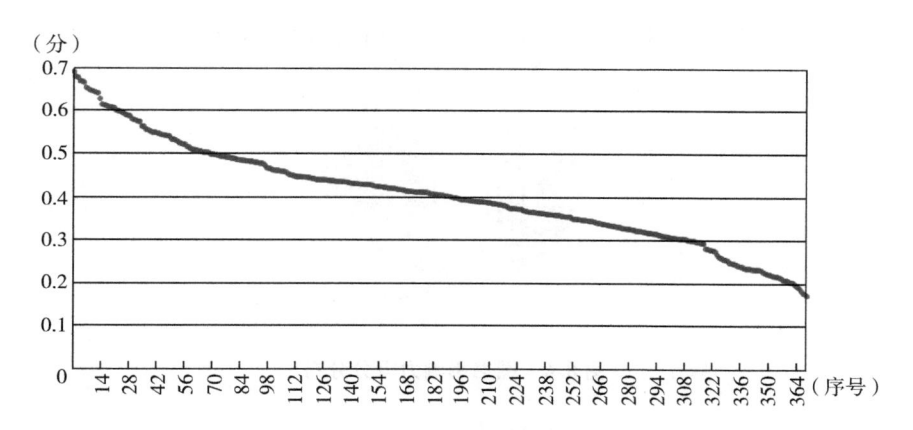

图 8.5 图书综合影响力得分

从图 8.5 可以看出，图书综合影响力得分分布在 0.1—0.7 分，多数图书的影响力得分低于 0.5 分。同时，我们可以发现综合影响力得分较高的图书基本为前 50 种图书。

我们依据图书的综合影响力得分，将图书划分为 3 个类别，如表 8.3 所示。当综合影响力得分低于 0.3 分时，图书属于低影响力图书集；当综合影响力得分在 0.3—0.5 分，图书属于中影响力图书集；当综合影响力得分高于 0.5 分时，图书属于高影响力图书集。

表 8.3　　　　　　　　图书影响力类别

类别	类别释义	图书综合影响力得分区间
类别 1	低影响力	(0.1, 0.3]

续表

类别	类别释义	图书综合影响力得分区间
类别2	中影响力	(0.3, 0.5]
类别3	高影响力	(0.5, 0.7]

图8.6为三类图书集对应的比例，可以看出低影响力图书集与高影响力图书集中的图书数量相当，中影响力图书集中的图书数量最多，超过低影响力图书集与高影响力图书集的总和。

高影响力图书集，17.57%　　低影响力图书集，16.49%

中影响力图书集，65.94%

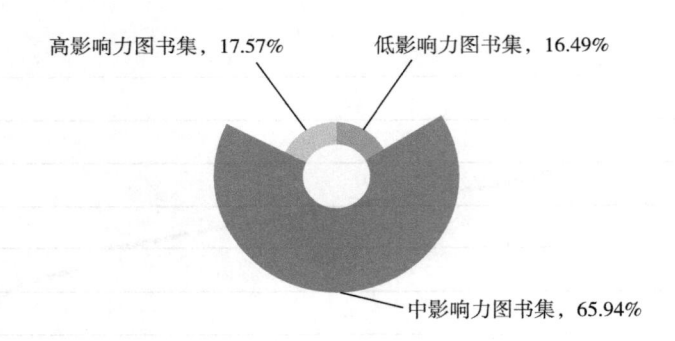

图8.6　图书影响力得分分布

基于以上分析结果可知，图书涉及的学者，以及多个机构需要进行有针对的资源分配。从图书作者的角度出发，需要致力于图书综合水平的提升，使其处于高影响力图书集，才能获得来自多方面的关注。但同时，图书作者应了解大多数的图书属于中等影响力集合，换言之，进入高影响力图书集是非常困难和具有挑战性的，作者需保持乐观的心态，不因图书影响力的高低而放弃图书的创作。

从出版行业的角度来看，出版单位需要有差异地投放出版资源，增加高影响力图书的出版数量、版次、版本（精装版、电子版等）。

对于图书馆而言，需要依据影响力评价结果做出合理的采购决策。高影响力图书需要增加馆藏数量、版本等，以供于借阅、收藏等，而低影响力图书可以适当减少馆藏数量等，从而合理地配置资源。

对于图书的销售商而言，可以针对图书的影响力结果进行高效的采购以及制定营销策略。在采购方面，高影响力图书需要保证充足的货源以及多样化的版本供消费者选择，而对于低影响力图书可以适量减少采购数量。在营销方面，保证高影响力图书良好的包装，以及高效的物流服务，而低影响力图书营销需要销售商增加宣传、适当调整价格等，以减少库存压力。此外，也可以进行图书组合优惠销售等。

对于用户（读者）而言，可以根据影响力评价结果进行图书的选择。

二 不同学科图书的综合影响力呈现

图 8.7 为各学科图书的综合影响力得分。从图 8.7 中可以看出，不同学科图书的影响力得分分布趋势基本一致。图书的综合影响力得分均为 0.1—0.7 分，其中，法学图书与计算机科学图书影响力得分高于 0.6 分的图书数量较少，且法学图书影响力得分低于 0.2 分的图书数量较少。

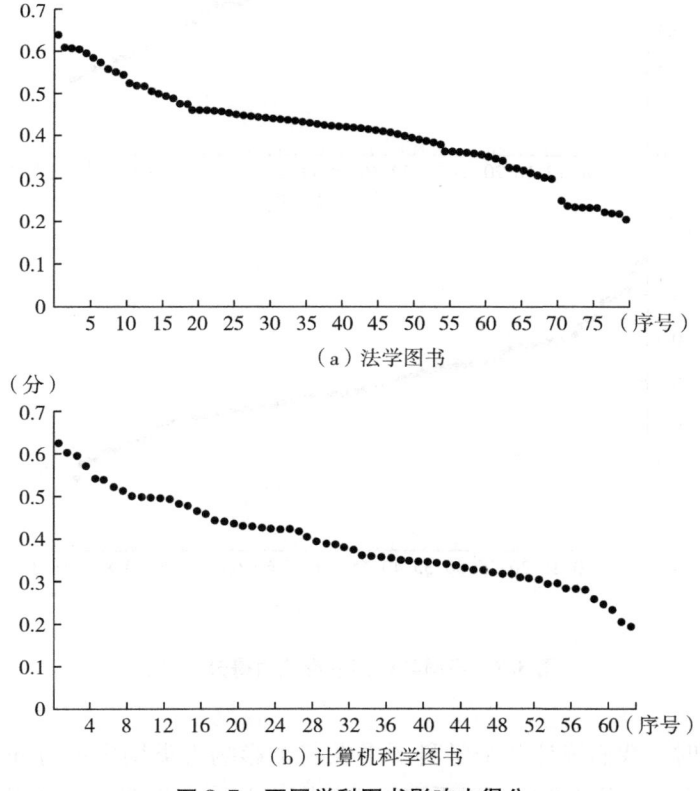

（a）法学图书

（b）计算机科学图书

图 8.7 不同学科图书影响力得分

(c)体育学图书

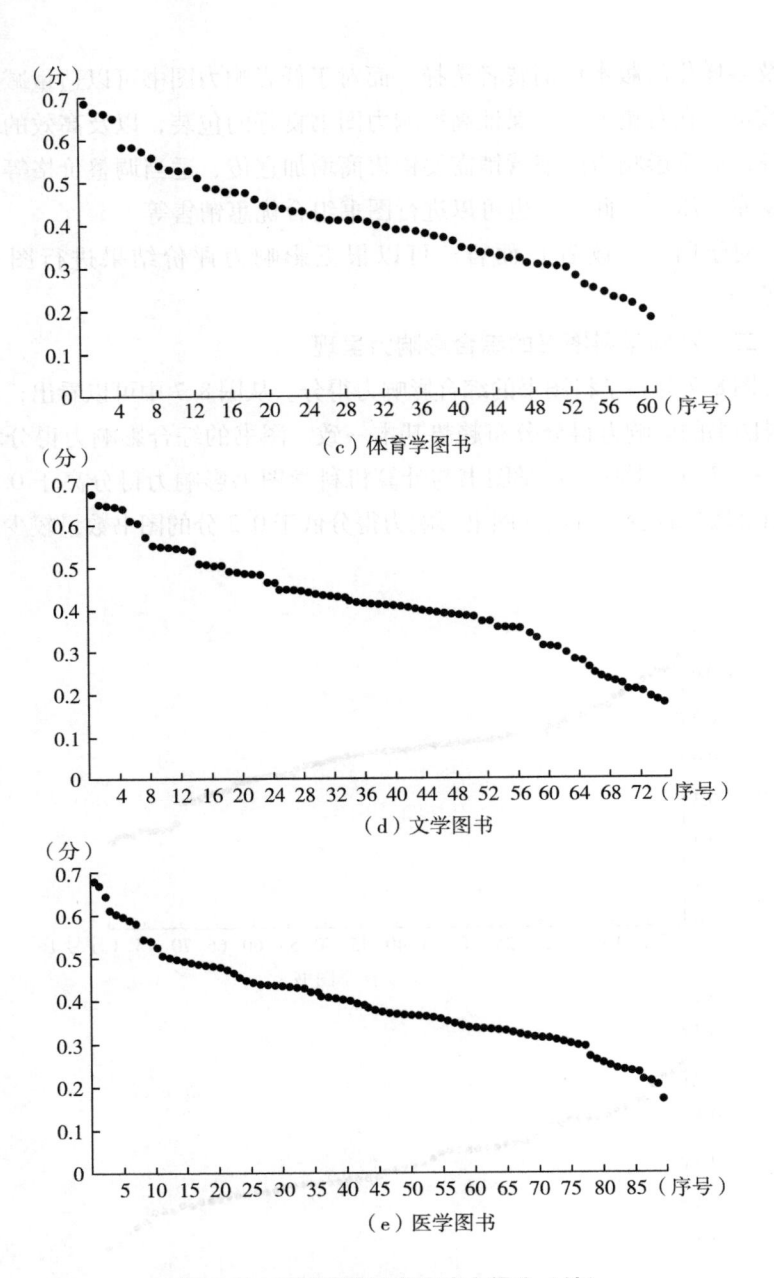

(d)文学图书

(e)医学图书

图 8.7 不同学科图书影响力得分（续）

同时，我们统计各个学科图书在三个影响力类别中的分布，如图 8.8 所示。从图 8.8 中可以看出，文学图书与体育学图书在高影响力与低影响力图书集的占比高于其他三个学科，这表明相较于其他三个学科，文学图书与体育学图书更易出现影响力两极分化的情况。法学图书在高影响力图书集与中影响力图书集的排名更加靠前。换言之，法学图书易获得较高的影响力。计算机科学图书与医学图书则在低影响力图书集与中影响力图书集的排名更加靠前，这表明这两类图书通常难以获得较高的影响力。

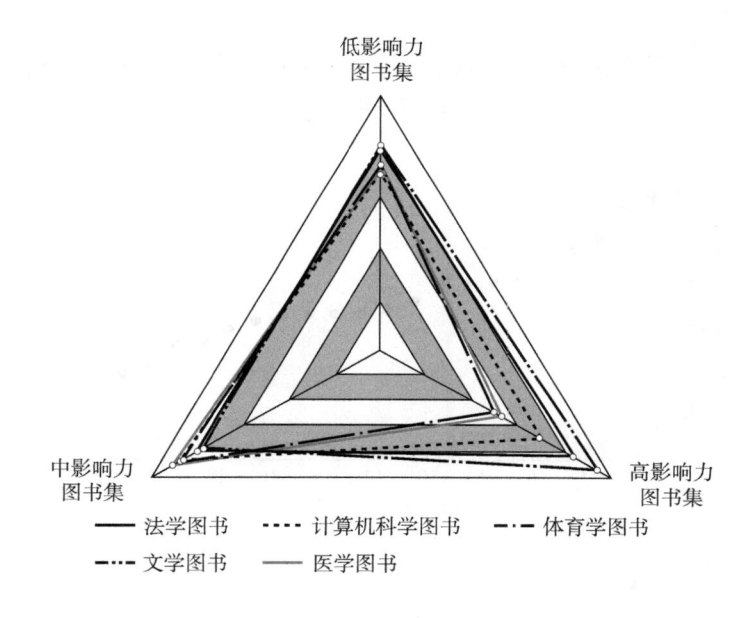

图 8.8 各学科图书影响力得分分布

三 不同类型图书的综合影响力呈现

本节将图书分为三个类型，包括学术类图书、教材类图书以及参考书类图书，图 8.9 为各类型图书的综合影响力得分。从图 8.9 可以看出，不同类型图书的影响力得分分布趋势基本一致。在影响力得分范围方面，学术类图书及教材类图书的综合影响力得分为 0.1—0.7 分，参考书类图书的综合影响力得分则在 0.2—0.6 分。

图 8.10 为各类型图书在三个影响力类别中的分布。从图 8.10 中可以看出，学术类图书在中影响力图书集的排名更加靠前，而在高影响力图书集及低影响力图书集的排名相对较低，这表明学术类图书更易获得

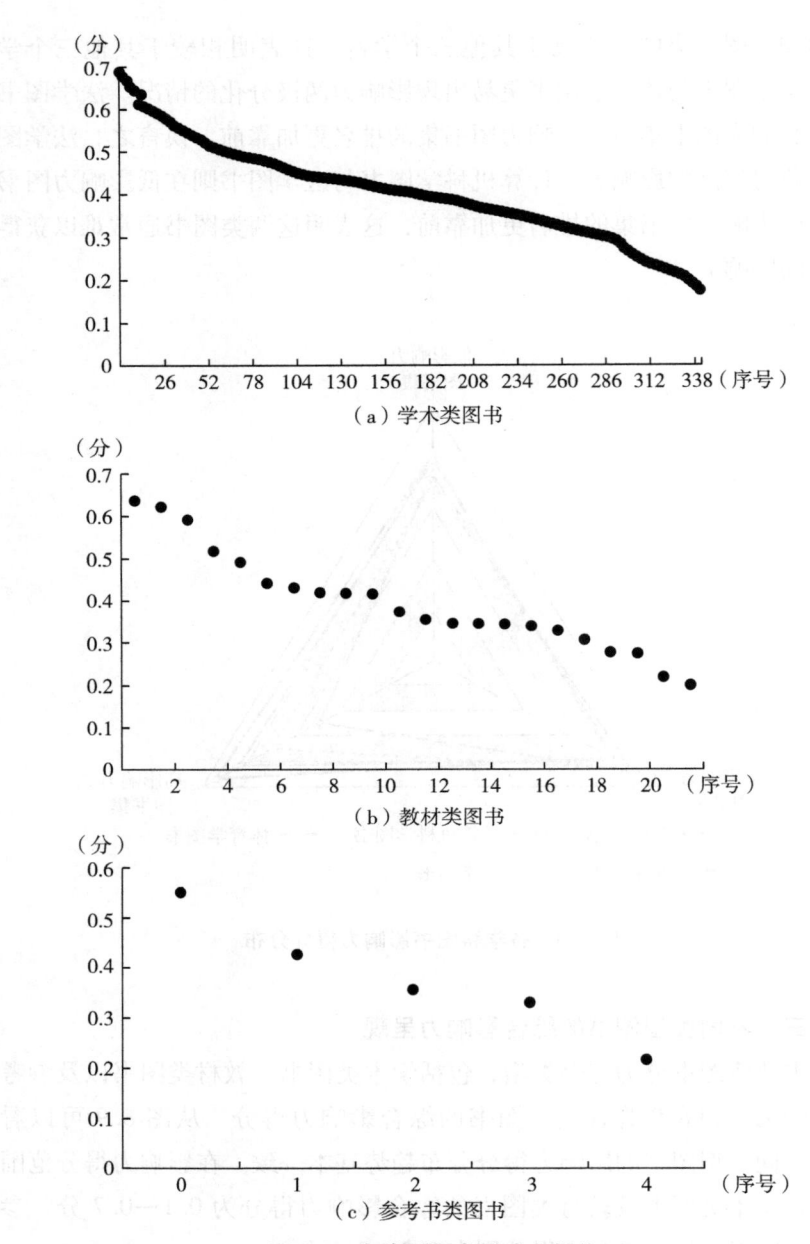

图 8.9　各类型图书影响力得分

居中的影响力，不同其他类型图书容易出现"爆款"。教材类图书与参考书类图书在高影响力图书集与低影响力图书集的占比高于其他两个类型，表明这两类图书更易出现影响力两极分化的情况。

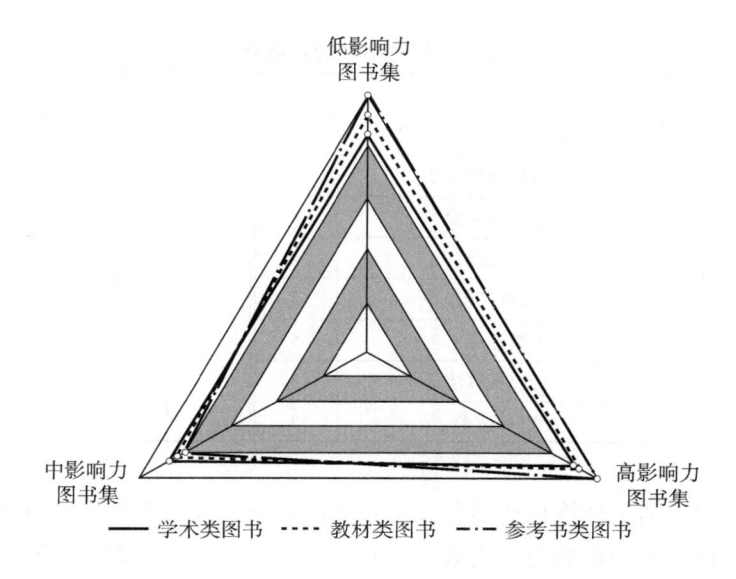

图 8.10　各类型图书影响力得分分布

第三节　融合多源异构评价数据的图书综合影响力评价结果分析

一　图书综合影响力评价结果评估

为了验证本节计算得到的图书综合影响力结果的可靠性，我们邀请领域专家对图书的综合影响力进行评分。我们以计算机科学和文学两个学科的图书为例，邀请专家对各个图书进行评价。其中，计算机科学选取八个研究方向的 48 种图书为例。八个研究方向包括计算机网络安全、数据库、操作系统、软件工程、编程与开发、计算机算法、计算机控制仿真与人工智能及 PLC 技术，其中计算机网络安全、数据库、操作系统、软件工程、编程与开发与计算机算法领域图书主要邀请计算机领域的专家以及相关从业人员进行评价，计算机控制仿真与人工智能以及 PLC 技术领域图书主要邀请自动控制等专业的学者进行评价。文学领域选取五个研究方向的 30 种图书为例。五个研究方向包括文学研究、诗歌与戏剧、散文、历史以及小说，如表8.4所示。

表8.4　　　　　专家评价图书领域及数量　　　　　单位：种

学科	研究方向	图书	学科	研究方向	图书
计算机科学	计算机控制仿真与人工智能	10	文学	诗歌与戏剧	9
	计算机网络安全	7		文学研究	7
	编程与开发	7			
	操作系统	6		小说	6
	软件工程	5			
	数据库	5		散文	5
	计算机算法	5			
	PLC技术	3		历史	3

我们邀请了计算机科学和文学领域的专家，采用5级量表由受调查人员评价图书的影响力，用数字"1""2""3""4""5"表示"影响力非常小"、"影响力比较小"、"影响力一般"、"影响力比较大"和"影响力非常大"。同时，我们还提供了亚马逊和豆瓣读书上图书相关的详细页面链接，让受访专家了解书籍。

从领域专家处收集了56份有效的计算机科学领域问卷和48份有效的文学领域问卷。

我们依据领域专家对图书影响力的评价结果进行统计分析，计算各个图书影响力评分的算术平均值，作为图书的专家评分结果。并将其与本节计算得到的图书综合影响力得分进行相关分析，结果如表8.5所示。

表8.5　　　　图书影响力得分与专家评价相关性

相关性			专家评分
图书影响力得分	计算机科学	相关系数	0.625**
		N	48
	文学	相关系数	0.704**
		N	30

注："**"在置信度（双侧）为0.01时，相关性是显著的。

从表8.5中可以看出，本节得到的图书影响力与专家评分结果具有较强的正相关关系，这表明本节的计算结果是可靠的。在当前开放科学背景下，来自学术界的科研人员以及来自社会界的众多读者能够获取的图书资源日益丰富，如何在海量的图书中快速获取目标图书则依赖于高效的图书评价系统。专家评价虽然准确性高，但是人工评价的效率显然已经无法满足当前的评价需求，因此借助人工智能等方法构建图书评价指标体系，从而批量、高效地进行图书评价研究是必要且迫切的。

二 图书综合影响力评价指标分布

为进一步了解图书在不同影响力评价指标的得分差异，表8.6展示了综合影响力得分最高的前五种图书各个评价指标的得分排名。

表8.6　综合影响力得分前五位的图书评价指标得分排名　　单位：位

评价维度	评价指标	图书1	图书2	图书3	图书4	图书5
图书内容	主题层深度值	202	6	237	291	55
	主题层广度值	222	367	109	112	327
	特征层深度值	125	364	4	33	109
	特征层广度值	130	47	250	280	330
图书引用	引用频次	28	192	170	356	109
	引用深度值	94	268	184	249	53
	引用广度值	326	137	210	2	299
	引用领域	210	46	178	222	60
	引用时间	72	58	193	325	59
	引用收录	67	73	274	4	127
	引用强度	135	181	60	143	216
	引用功能	247	269	261	304	80
图书评论	星级	314	145	186	202	205
	正面评论数	21	13	5	36	32
	负面评论数	9	14	5	34	33
	属性满意度	28	13	7	35	345
图书利用	馆藏数量	2	49	44	51	129
	馆藏国家和地区	6	34	33	58	90
	馆藏分布	143	91	77	21	48

从表 8.6 中可以看出，这五种图书在四个评价维度共计 19 个影响评价指标的得分排名是各有高低。这表明，即使是高影响力的图书也难以在各个评价维度均取得高分，所以图书的作者及相关机构需要合理进行资源分配，尽可能放大图书优势。

三　图书综合影响力学科分布

图 8.11 为影响力得分最高的 100 种图书与影响力得分最低的 100 种图书的学科分布。

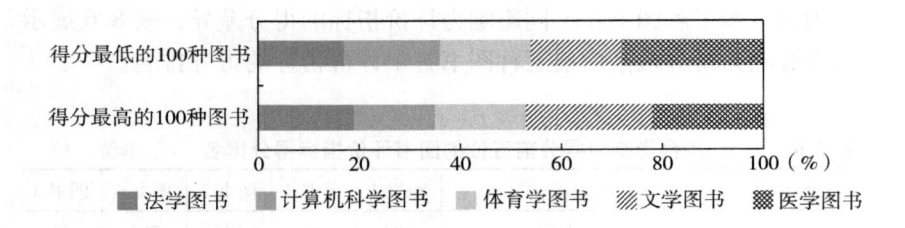

图 8.11　图书综合影响力得分最高和最低的 100 种图书

从图 8.11 中可以看出，在综合影响力得分最高的 100 种图书中，文学图书与医学图书所占比例较高。在综合影响力得分最低的 100 种图书中，医学图书占比明显高于其他学科。可见，文学图书易于获得较高的影响力，同时医学图书则比较容易出现影响力两极分化现象。因此，可以认为图书的影响力是存在明显的学科差异的。

本章小结

本章整合前文的多源异构数据分析结果进行图书的影响力评价，并对图书影响力评价结果进行呈现与分析。同时，我们通过与专家评分的相关性分析，验证了影响力评价结果的可靠性。

第九章

融合多源异构数据的图书影响力应用

通过对多源异构数据的挖掘与融合,我们得到了图书影响力的综合评价结果。这一结果是整合了多个数据源得到的图书综合影响力,能够为用户提供相对全面的评价结果。然而,在实际运用中,不同类型的用户可能会有不同的需求,因此我们需要针对不同的评价目的提供相应的评价结果。

第一节 图书多层次影响力评价应用

一 图书学术影响力与社会影响力

(一) 图书学术影响力评价

来自不同群体的用户通常会有关于图书影响力的差异化评价需求,如对于来自学术界的科研人员而言,通常更加关注图书的学术影响力,因此可以整合图书内容数据与图书引用数据计算图书的学术影响力结果,如图9.1所示。其中,横坐标为排序后的图书,纵坐标为图书的学术影响力得分。

从图9.1中可以看出,图书的学术影响力得分为0.06—0.21分,分布相对均匀。基于学术影响力计算结果,科研人员可以进行图书的快速选择,尤其是对于学术"新人"来说,能够帮助其高效地选择高质量图书。

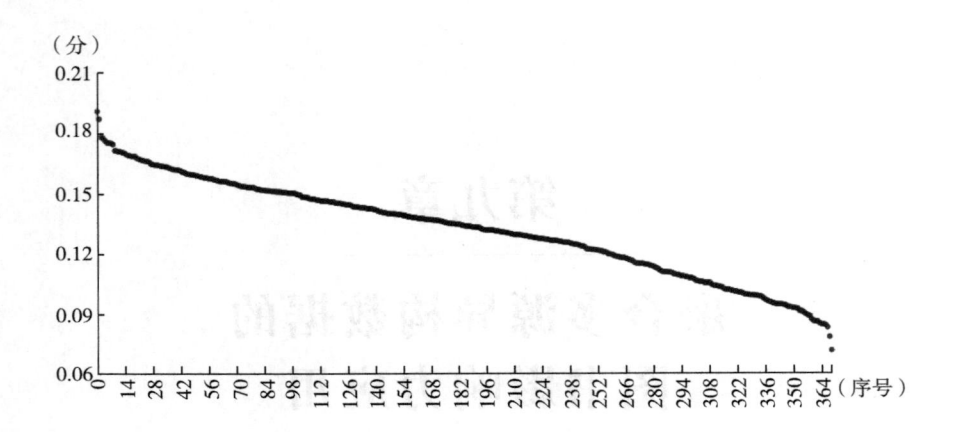

图 9.1　图书的学术影响力评价结果

（二）图书社会影响力评价

对于社会公众来说，图书的社会影响力通常是更受关注的。因此，可以整合图书评论数据与图书利用数据计算图书的社会影响力，计算结果如图 9.2 所示。其中，横坐标为图书，纵坐标为图书对应的社会影响力得分。

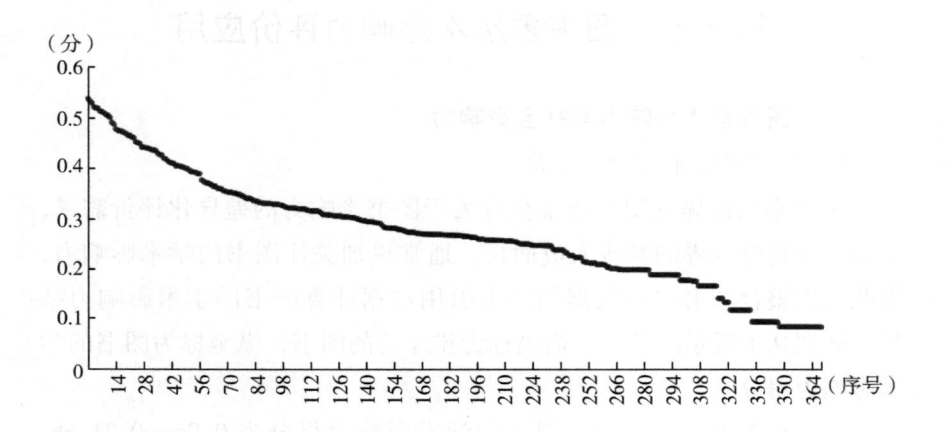

图 9.2　图书的社会影响力评价结果

从图 9.2 中可以看出，图书的社会影响力得分为 0—0.6 分，取值范围高于学术影响力。基于社会影响力计算结果，公众可以在大量的图书中快速选择其目标图书,节省图书选择的时间成本等。

(三)图书学术影响力与社会影响力相关性分析

在获取图书的学术影响力与社会影响力结果后,我们试图探究图书的学术影响力与社会影响力是否存在关联、高学术影响力的图书是否会有较高的社会影响力,换言之,在学术界得到高度认可的图书是否能够在社会界广泛传播。因此,我们计算了图书学术影响力与社会影响力的相关性,计算结果如表 9.1 所示。

表 9.1　　　　图书学术影响力与社会影响力相关性

学术影响力与社会影响力相关性		相关系数
不区分学科		0.04
区分学科	法学	0.164, $sig.=0.146$
	计算机科学	0.005, $sig.=0.972$
	体育学	0.011, $sig.=0.933$
	文学	0.201, $sig.=0.081$
	医学	0.076, $sig.=0.474$

从表 9.1 中可以看出,无论是不区分图书的学科,以图书集整体进行分析,还是对图书进行分学科计算,图书的学术影响力与其社会影响力均没有显著的相关性。这表明,图书的学术影响力并不会影响其社会影响力,换言之,图书具有较高的学术价值并不代表其可以获得较高的社会价值。这也进一步表明了当前学术界与社会界存在一定的圈层壁垒,在学术界或者社会界具有较高影响力的图书想要"破圈"是不容易的。这也反映了当前的学术评价标准需要优化,现有的学术出版物其价值往往通过同行评议等度量其学术价值,但出版物尤其是图书,其社会流通也是重要的衡量标准,公众的认可与传播是出版物价值的重要体现。因此,融合学术认可与公众传播以优化当前的出版物评价标准是很有必要的。

二　图书其他维度影响力

在学术影响力或社会影响力之外,不同类型的用户通常也会有更加明确的评价偏好,如对于大众读者而言,在其进行购买决策时,需要考虑现有读者对图书的观点与态度。因此，可以为其提供基于图书评论数据的图书使用影响力结果，如图 9.3 所示。

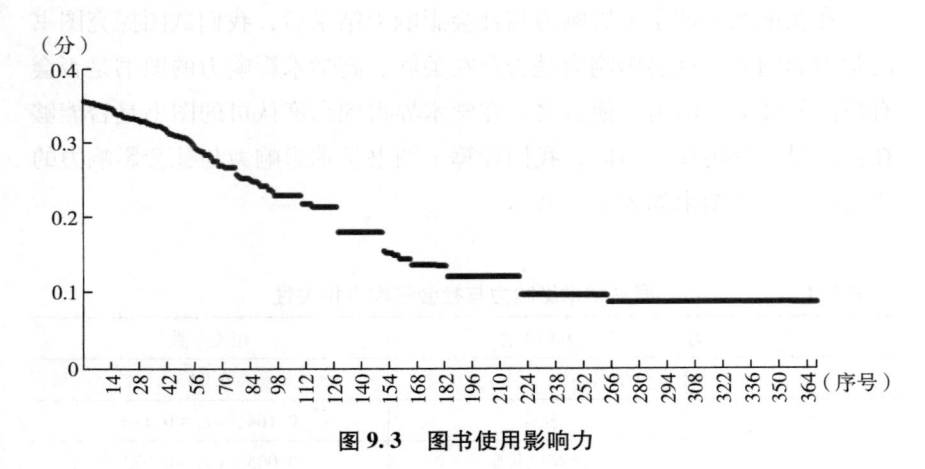

图 9.3　图书使用影响力

对于学术机构用户而言，在其进行图书评奖评优时，需要考虑图书的学术扩散能力。因此，可以为其提供基于图书引用的影响力评价结果，如图 9.4 所示。

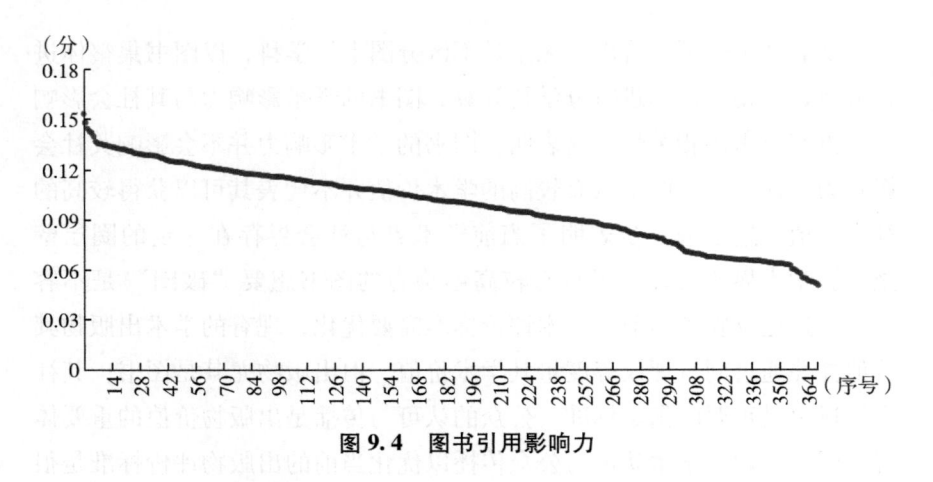

图 9.4　图书引用影响力

对于图书馆用户而言，在其进行馆藏决策时，需要考虑图书的全球馆藏情况。因此，可以为其提供基于图书利用的影响力评价结果，如图 9.5 所示。

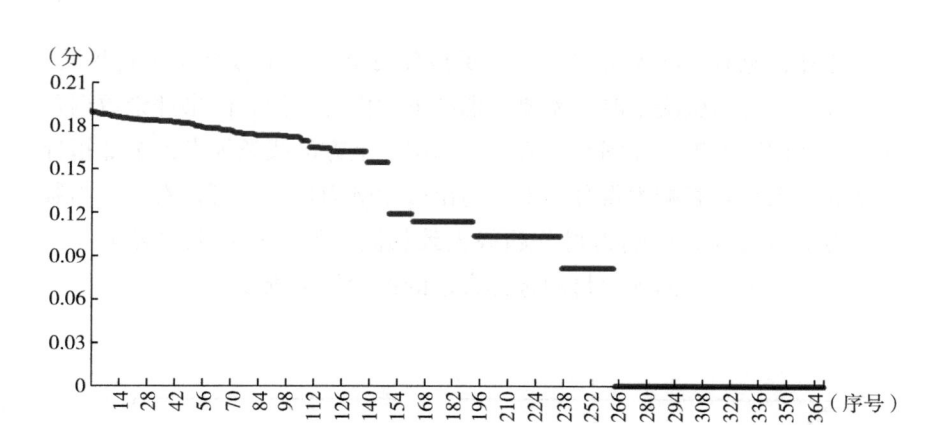

图 9.5　图书利用影响力

在多数情况下，图书多个维度的评价资源是丰富的，然而某些情况下会出现图书外在评价资源缺失的情况，如新出版的图书，其引用数据、评论数据等相对稀疏，难以据此进行图书的影响力评价。因此，图书的内在评价资源，如图书的内容维度数据则能够保障图书的影响力得到度量。所以，在外在评价资源不足，或者对于关注图书内在信息的用户而言，在其进行图书推荐时，需要考虑图书内容信息，为其提供基于图书内容的影响力评价结果，如图 9.6 所示。

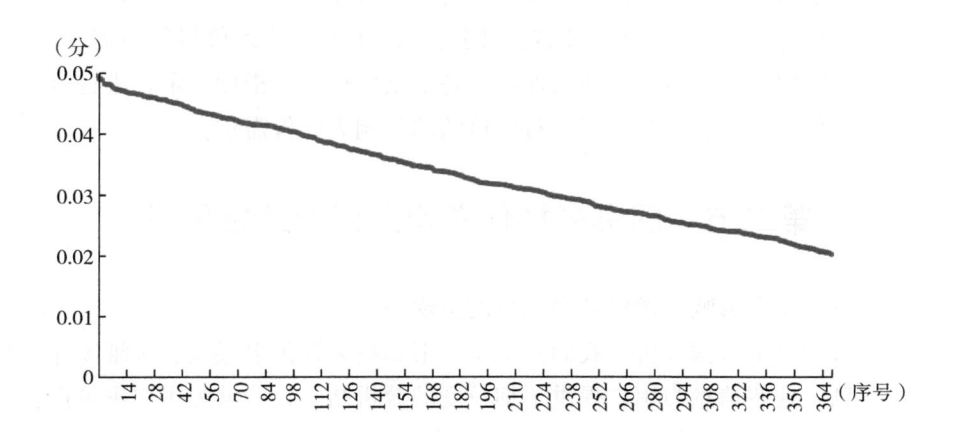

图 9.6　图书内容影响力

此外，也有一些评价需求，需要整合两个或多个数据源进行评价，如出版社进行出版决策时，需要考虑图书的内容数据、图书评论数据及图书的利用数据等，如图9.7所示。其中，上方的线条为考虑全部指标维度的图书综合影响力得分，下方为出版影响力得分。可以看出，出版影响力虽然与综合影响力得分趋势大致相同，但仍存在明显差异。因此，需要根据不同的评价目的选择合适的评价指标维度。

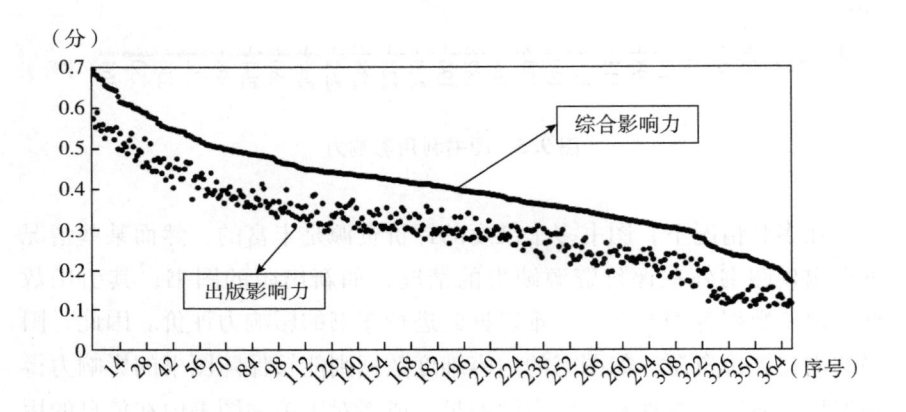

图9.7 图书出版评价结果

综上所述，本节提供了一个综合的影响力评价结果，用户可以根据评价结果进行图书的选择与比较。同时，由于不同的评价目的与需求，用户可以根据本章得到的图书评价的各个指标得分与指标权重，进行合理的评价结果计算，从而用于对应目的的影响力评价需求。

第二节 图书多样化影响力评价结果呈现

一 图书影响力评价结果细粒度呈现

基于以上数据分析，我们获得了图书影响力评价多层次、多维度评价信息，这些信息为用户提供了细粒度的分析结果，能够为用户决策提供更多的依据。我们以图书《法律文化三人谈》为例，细粒度的指标分析结果如表9.2所示。

表 9.2　图书《法律文化三人谈》影响力得分细粒度呈现

ISBN	标题	学科	综合影响力得分排名
9787301162293	法律文化三人谈	法律	18

学术影响力 排名：227	排名：169	图书内容维度				
		排名：321	主题层深度	排名：169	主题层广度	排名：87
			特征层深度	排名：320	特征层广度	排名：25
		图书引用维度				
		排名：169	被引次数	排名：128	引用收录	排名：118
			引用深度	排名：167	引用功能	排名：249
			引用广度	排名：238		
			引用领域	排名：352		
			引用时间	排名：99		
			引用领域	排名：352		
社会影响力 排名：15	排名：57	图书评论维度				
			正面评论数	排名：37	负面评论数	排名：62
			属性	排名：48	最满意属性	内容
	排名：11	图书利用维度				
			馆藏数量	排名：27	馆藏国家和地区	排名：27
			馆藏分布	排名：107		

引用功能饼图：使用引用 33.33%，比较引用 0%，背景引用 66.67%

正面评论饼图：负面评论 13.33%，正面评论 86.67%

负面评论星级柱状图：5颗星、4颗星、3颗星、2颗星、1颗星

馆藏国家柱状图：美国、中国、加拿大

从表 9.2 中可以看出，图书《法律文化三人谈》在全部图书集中影响力排序为 18。图书的学术影响力明显低于其社会影响力，具体体现在图书内容维度与引用维度的影响力排名均明显低于图书评论与图书

219

利用维度的影响力排名。具体而言，在图书内容方面，无论是主题层还是特征层，图书的内容广度排名均高于内容深度排名，说明该图书的深度一般，但内容涵盖的范围较大。在图书引用方面，除图书引用时间指标外，其他引用相关评价指标的排序均比较靠后。同时，该图书多数是作为背景引用而被引用。在图书评论方面，该图书的正面评论数量较高，且排序明显高于其负面评论指标，其中，正面评论数约占该图书全部评论的87%，可见多数用户对该图书持正面态度。同时，多数用户对该图书给出了4星与5星评级，评价较高。此外，用户最满意的属性为内容，属性满意度指标排序相对靠前。在图书利用方面，该图书的馆藏数量多，且被3个国家和地区的图书馆收藏。

二 图书影响力评价结果个性化呈现

不同用户群体通常具有差异化的影响力评价结果需求，本节基于图书的学术影响力评价结果生成了图书的学术画像，基于图书的社会影响力评价结果生成了图书的社会画像，同时融合两者生成了图书影响力的综合画像，以响应不同用户群体的个性化需求。

具体而言，本节从五个学科分别抽取了60本图书，从而构建300本图书影响力的学术、社会及综合画像，如图9.8所示。用户可以通过图书标题进行图书画像的检索，也可以通过设置标题、ISBN、学科等实现图书画像的高级检索。

图9.8 融合多源异构数据的图书画像

第九章 融合多源异构数据的图书影响力应用

以《世界文学简史》为例，如图 9.9 所示。用户可以通过单击对应的画像选项获取图书影响力画像。

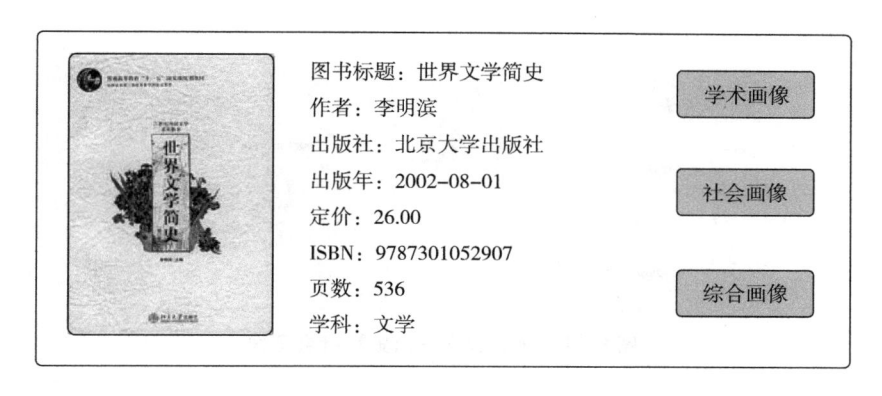

图 9.9 《世界文学简史》画像

学者用户或关注图书的学术画像，如图 9.10 所示，包括图书内容维度，以及图书引用维度的评价结果。其中，内容维度通过仪表盘形式呈现图书的内容深度与广度，包括其在全部图书集中的排名以及其在本学科的排名。同时，通过饼图、仪表盘等进行引用指标的呈现。

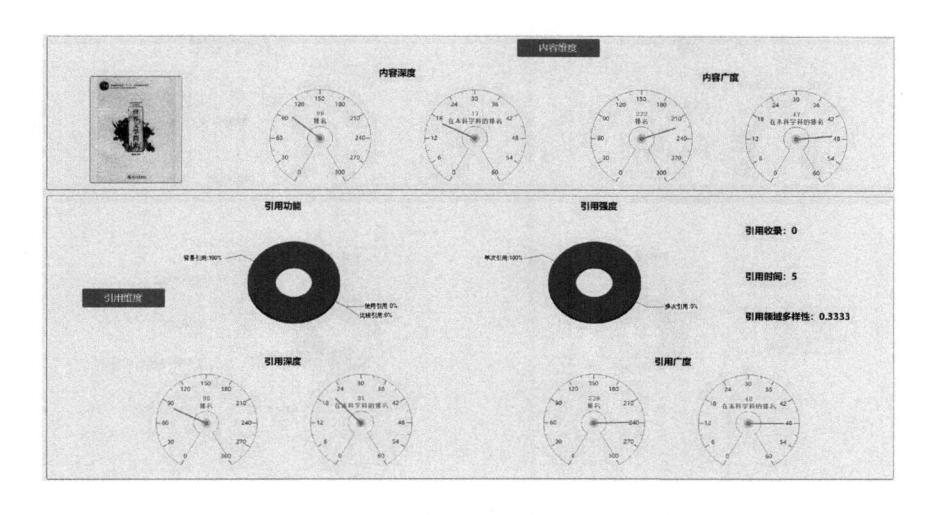

图 9.10 《世界文学简史》学术画像

大众用户或关注图书的社会画像，如图 9.11 所示，包括图书评论维度以及图书使用维度的评价结果，主要利用柱状图显示其各项指标得分情况。

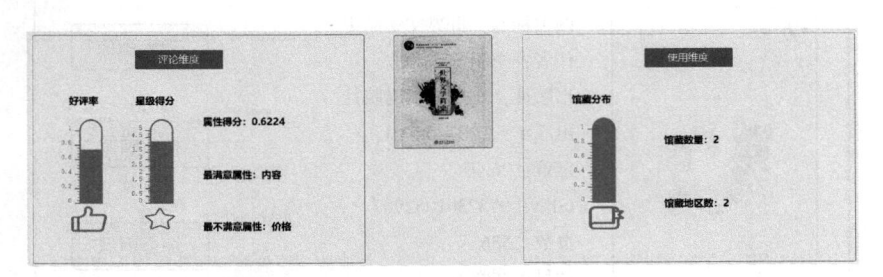

图 9.11　《世界文学简史》社会画像

此外，或有用户关注图书影响力的整体情况，如图 9.12 所示。用户可以通过综合画像来获取图书各个维度的评价结果。

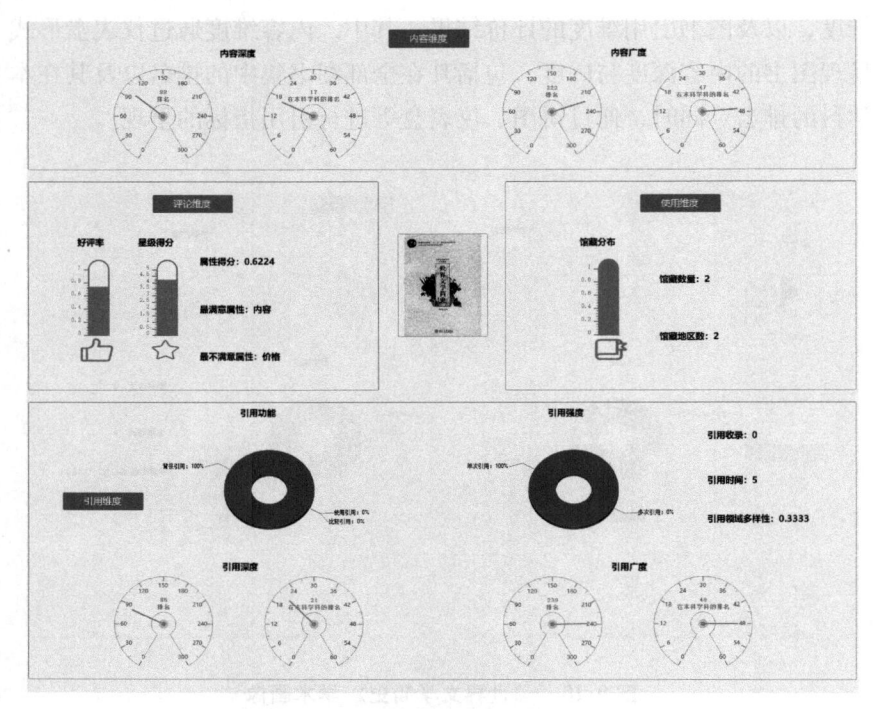

图 9.12　《世界文学简史》综合画像

本节将图书影响力评价结果以可视化的方式进行呈现，能够为不同需求的用户提供个性化的评价结果展示，提升用户的使用体验。后续将持续进行呈现效果与性能的优化，如根据用户的需求进行更多维度的交叉组合等。

本章小结

本章对图书多层次、多维度的影响力分别进行了计算与呈现，以满足用户多样的影响力评价需求。同时，通过细粒度的评价结果呈现，以及个性化的评价结果呈现，能够为不同用户的信息需求提供更加丰富的决策支持。

第十章

研究总结、不足与展望

第一节 研究总结

图书的传播影响力评价作为科研人员、出版机构、图书馆等共同关心的话题，对于科研人员与机构的绩效评估、学术资源的合理配置，以及图书出版与采购的高效决策都是不可或缺的。然而，图书的传播影响力评价是一项复杂的研究问题，涉及海量的出版数量、难以统计的相关数据等，导致相关的研究相对滞后，且研究不够深入，尚未形成系统的理论与高效的实践体系，亟须进一步挖掘。

本书首先对国内外图书影响力评价相关工作进行了系统全面的综述，表明基于单一数据源的图书影响力评价难以充分全面地评价图书的影响力，指出仅仅依靠频次信息进行图书影响力评价存在的问题，我们认为在获取图书评价的频次相关信息（如被引频次、馆藏数量等）的同时，需要分析图书相关的内容信息（如目录、引文、评论等），避免虚假引用等，从而挖掘用户的真实意图与动机，最终获得全面高效的图书影响力评价结果。

同时，我们根据现有研究在内容挖掘方面的不足，提出融合多源数据与自然语言处理技术进行图书评价的研究思路。我们对图书相关的多源评价资源进行了深入挖掘。具体而言，在图书学术影响力方面，首先，我们对图书目录进行多层次深度与广度分析，获取主题层与特征层深度与广度评价结果。其次，我们对图书引用数据进行了多粒度挖掘，包括统计图书被引频次，挖掘施引文献元数据获取包括引用领域多样性在内的多个浅层引用评价指标，挖掘图书引文内容识别引用强度并通过比较不同文本表示方法识别图书的引用功能。在图书社会影响力方面，我们首先对图书评论进行多粒度挖掘，包括比较几种不同的文本表示方法进行图书评论的情感分析，提升情感判断的性能。同时，结合深度学习与聚类算法获取并聚集图书的同义属性，从而全面挖掘图书属性。此外，根据连词关系构建基于图书语料的情感词典，正确识别属性的情感倾向，并考虑模糊情感词对情感判断的影响。其次对图书的全球馆藏数据进行分析，判断图书利用评价结果。

随后，本书基于并联融合的方式，科学融合多源数据资源，选择了科学的、可量化的评价指标，包含内容相关的语义级指标与频次指标，借助熵权法进行指标权重的确定，最终构建了图书影响力评价指标体系并对图书多维度传播影响力进行评价。同时，通过与专家对图书的评分进行相关分析验证了本书方法的可靠性。在此基础上，进行图书多维度影响力评价结果的多层次应用分析与多样化呈现。

实验结果表明，挖掘图书的内容类指标（如图书目录、引文内容等）用于图书影响力评价是非常有必要的，仅仅依靠频次类评价指标（如被引次数等）难以全面评价图书的影响力。在图书的影响力评价研究中，需要根据用户需求进行评价维度与指标的科学融合，从而进行图书影响力的计算与呈现。

此外，对本书的关键内容的实验分析结果表明：

（1）在本书的语料中，基于One-hot的文本表示方法用于引用功能分类及篇章级情感分析时，明显优于基于LSA矩阵分解模型的文本表示、基于LDA文档生成模型的文本表示，以及基于Doc2Vec模型的文本表示方法。

（2）结合深度学习与聚类算法的属性抽取方法能够更加全面地识别图书属性。

（3）构建基于语料的领域情感词典能够有效提升情感分类的性能。

（4）正确识别模糊情感词（如高、低、快、慢等）在不同文本中的情感倾向有助于提升情感分析性能。

总而言之，融合多源数据能够提供更加全面的图书评价结果，识别出不同评价资源的评价指标之间是互补关系，而非替代关系。对图书内容、引文,以及评论等数据的多粒度挖掘能够有效获取图书语义级评价指标,从而丰富影响力评价研究的思路、对象与研究方法。同时,不同学科的图书在不同维度的影响力存在明显差异,在图书影响力评价实践中需要考虑图书所属的学科。此外,图书的影响力评价结果是基于评价体系得到的综合结果,用户在面向具体的评价任务时,需要根据需求调节评价体系中的指标及其权重,从而得到更加精准的评价结果。

第二节 研究不足与展望

本书致力于图书的多维传播影响力评价,通过融合多源异构评价数据尝试进行图书影响力的综合评价,以期为用户提供合理的评价结果,从而为图书出版、人才评价等决策提供科学的依据。由于主观能力与客观条件的限制,本书仍存在一些需要解决及完善的工作,主要包括以下几个方面。

在数据方面:本书采用了图书的广义定义,即包含了参考书、教材等类型的图书。本书仅根据教材、参考书及学术图书进行图书类型分析,没有进行更细化的分类。后续将根据不同的分类标准,进行不同类别图书的分别评价,从而获得更加全面、多样化的评价结果。同时,本书仅分析了计算机科学、文学、法学、医学和体育学五个领域的图书,在后续研究中将要增加更多的领域及更大量的样本,并尝试为不同学科/领域的图书设置差异化的评价指标体系。

在技术方面:本书在进行图书内容数据及图书引用数据分析时,虽然比较了不同主题数对于主题抽取结果的影响,用于选择最佳的主题抽取结果。然而,本书中我们仅基于经典的 LDA 进行主题建模,没有比较不同的主题模型方法。在今后的工作中,将采用更多的主题抽取方法,进一步提升主题分析结果的可靠性。同时,为了保证引文内容抽取的准确性,本书采用了人工方法进行引文内容的标注,这导致最终只能获取少量图书的引文内容,减少了图书引用评价的样本数量。后续将结合规则与机器学习方法进行引文内容的自动获取,保证大规模引文内容的获取,从而能进行海量图书的高效评价。此外,本书在进行图书评论分析时,未进行虚假评论的识别。在后续研究中,将致力于评论质量的识别,从而提高评论分析结果的可信度。

参考文献

中文文献
著作
冯平:《评价论》,东方出版社 1997 年版。
康耀红:《数据融合理论与应用》(第二版),西安电子科技大学出版社 1997 年版。
罗紫初:《图书发行学概论》,武汉大学出版社 1992 年版。
邱均平等:《科学计量学》,科学出版社 2016 年版。
滕召胜等编著:《智能检测系统与数据融合》,机械工业出版社 2000 年版。
王兰敬:《基于创新测度的人文社会科学图书评价研究》,中国经济出版社 2017 年版。
王绍平等编著:《图书情报词典》,汉语大词典出版社 1990 年版。
王岩镔、徐炯主编:《出版物发行知识词典》,上海辞书出版社 2016 年版。
中国大百科全书总编辑委员会《本卷》编辑委员会、中国大百科全书出版社编辑部编:《中国大百科全书·图书馆学 情报学·档案学》,中国大百科全书出版社 1993 年版。
中国大辞典编纂处编:《国语辞典》(影印本),商务印书馆国际有限公司 2011 年版。
期刊文章
白云:《马克思主义中国化理论成果对艺术学研究的影响力分析——基于 CSSCI(1998—2020 年)引用毛泽东著作论文的研究》,《北京联合大学学报》（人文社会科学版）2021年第3期。

毕崇武等：《引文内容分析视角下图书情报领域知识计量研究刍议》，《图书情报工作》2021年第21期。

车黎莎、许光鹏：《对我国心理学研究最有影响的国外学术著作分析——基于CSSCI（2000—2007年度）数据》，《西南民族大学学报》（人文社科版）2010年第2期。

陈颖芳、马晓雷：《基于引用内容与功能分析的科学知识发展演进规律研究》，《情报杂志》2020年第3期。

崔腾宇等：《中文体育类图书学术影响力研究——基于CNKI中国引文数据库》，《运动》2014年第23期。

代大明等：《基于情绪词的非监督中文情感分类方法研究》，《中文信息学报》2012年第4期。

丁翼：《法学图书学术影响力分析（国内学术著作）——基于CSSCI（2000—2007）》，《东岳论丛》2009年第11期。

高全学等：《融合局部结构和差异信息的监督特征提取算法》，《自动化学报》2010年第8期。

郭倩影等：《基于引文网络的学术传承性文献识别方法研究——以2017年诺贝尔生理学或医学奖为例》，《情报杂志》2019年第4期。

何剑斌等：《数据融合与数据挖掘的集成研究》，《计算机工程与应用》2002年第18期。

何峻：《我国图书评价现状分析》，《大学图书馆学报》2012年第3期。

何友等：《多传感器数据融合模型综述》，《清华大学学报》（自然科学版）1996年第9期。

胡玥：《对我国哲学研究最有影响的国外学术著作——基于CSSCI的分析》，《东岳论丛》2009年第12期。

胡志刚等：《从基于引文到基于引用——一种统计引文总被引次数的新方法》，《图书情报工作》2013年第21期。

黄慕萱：《人文社会科学研究评鉴特性及指标探讨》，《清华大学学报》（哲学社会科学版）2010年第5期。

贾洁：《我国"图书馆、情报与文献学"图书学术影响力报告——

基于 CSSCI 的分析》，《中国图书馆学报》2010 年第 2 期。

姜春林等：《中文高被引期刊论文的参考文献也倾向于高被引吗？——以图书情报学为例》，《情报杂志》2015 年第 1 期。

姜春林：《国外人文社会科学学术图书评价研究进展》，《西南民族大学学报》（人文社会科学版）2019 年第 2 期。

蒋颖：《中文学术图书评价的瓶颈与突破——基于图书生命周期视角的分析》，《中国社会科学评价》2022 年第 4 期。

金洁琴、冯婷婷：《中文人文社会科学学术图书的学术影响力与社会影响力评价研究——以省哲学社会科学优秀成果奖为例》，《情报理论与实践》2023 年第 3 期。

金贤日、欧石燕：《无监督引用文本自动识别与分析》，《数据分析与知识发现》2021 年第 1 期。

金贞燕等：《Altmetrics 数据整合分析工具的现状特点及相关问题研究》，《情报理论与实践》2019 年第 4 期。

兰雪、韩毅：《Altmetrics 评价视域下社会化阅读平台图书评分数据可用性研究——以豆瓣读书为例》，《农业图书情报学报》2021 年第 11 期。

雷声伟等：《学术文献引文上下文自动识别研究》，《图书情报工作》2016 年第 17 期。

雷顺利：《教育学学术著作影响力分析——基于 google Scholar 引文数据》，《图书情报知识》2013 年第 4 期。

雷天骄等：《基于引文内容分析的图书学术影响研究——以〈小科学，大科学〉为例》，《图书与情报》2021 年第 2 期。

李本阳等：《基于单层标注级联模型的篇章情感倾向分析》，《中文信息学报》2012 年第 4 期。

李平、初景利：《国内外电子图书评价研究进展》，《图书馆建设》2006 年第 2 期。

李寿山、黄居仁：《基于 Stacking 组合分类方法的中文情感分类研究》，《中文信息学报》2010 年第 5 期。

李雁翎等：《五维图书评价体系及分析模型的建构》，《情报科学》2013 年第 8 期。

李卓等：《基于引文内容的图书被引动机研究》，《图书与情报》2019年第3期。

梁春慧等：《高被引论文的参考文献特征研究——以化学领域为例的实证分析》，《科技与出版》2014年第7期。

林穗芳：《"编辑"和"著作"概念及有关问题》，《编辑学刊》1994年第1期。

林穗芳：《关于"着作"概念和着作方式的历史发展》，《编辑学刊》1996年第5期。

刘恩涛等：《Altmetrics工具比较研究》，《图书馆杂志》2015年第8期。

刘江船：《社会影响力——传播学的新视角》，《河南社会科学》2010年第1期。

刘利、袁曦临：《外文学术图书质量评价实证研究》，《图书情报工作》2011年第21期。

刘浏、王东波：《引用内容分析研究综述》，《情报学报》2017年第6期。

刘盛博等：《基于引用内容的论文影响力研究——以诺贝尔奖获得者论文为例》，《图书情报工作》2015年第24期。

刘盛博等：《基于引用内容性质的引文评价研究》，《情报理论与实践》2015年第3期。

刘盛博等：《引文分析的新阶段：从引文著录分析到引用内容分析》，《图书情报知识》2015年第3期。

刘盛博等：《引用内容分析的理论与方法》，《情报理论与实践》2015年第10期。

刘盛博等：《引用内容获取与分析机制研究》，《图书情报工作》2013年第19期。

刘晓娟、马梁：《基于BKCI的学术著作引文分布研究》，《图书情报工作》2017年第24期。

刘晓娟等：《全文引文分析方法在Altmetrics中的衍化与应用——以博文为例》，《信息资源管理学报》2021年第3期。

刘兴帮等：《基于多标签分类的引文全局功能识别研究》，《数字图书馆论坛》2016年第3期。

刘洋、崔雷：《引文上下文在文献内容分析中的信息价值研究》，《图书情报工作》2014年第6期。

刘洋、崔雷：《引文上下文在文献内容分析中的应用》，《情报科学》2015年第5期。

刘宇等：《知识启迪与权威尊崇：基于重复发表的引文动机研究》，《图书馆论坛》2018年第4期。

刘运梅、马费成：《面向全文本内容分析的文献三角引用现象研究》，《中国图书馆学报》2021年第3期。

刘运梅等：《基于内容标注的三角引用动机研究方法探析》，《图书情报工作》2021年第10期。

刘志明、刘鲁：《基于机器学习的中文微博情感分类实证研究》，《计算机工程与应用》2012年第1期。

卢垚等：《基于主题分析的交叉学科科技文献资源遴选方法研究——以蜜蜂学为例》，《数学图书馆论坛》2020年第11期。

陆伟等：《面向引用关系的引文内容标注框架研究》，《中国图书馆学报》2014年第6期。

路永和、曹利朝：《基于关联规则综合评价的图书推荐模型》，《现代图书情报技术》2011年第2期。

罗木华：《国内Altmetrics研究进展述评与思考》，《情报资料工作》2016年第2期。

马凤、武夷山：《关于论文引用动机的问卷调查研究——以中国期刊研究界和情报学界为例》，《情报杂志》2009年第6期。

马巧珍：《高校图书馆专著采访的困惑》，《农业图书情报学刊》2006年第7期。

马野等：《基于UKF的神经网络自适应全局信息融合方法》，《电子学报》2005年第10期。

毛大胜、周菁菁：《参考文献数量与论文质量的关系》，《中国科技期刊研究》2003年第1期。

孟凯等：《马克思著作引用和我国马克思主义理论研究——基于CSSCI（1998—2016）引文数据分析》，《中南大学学报》（社会科学版）

2018年第6期。

欧石燕、凌洪飞：《引用文本自动分类及其应用研究》，《图书情报工作》2022年第16期。

庞磊等：《基于情绪知识的中文微博情感分类方法》，《计算机工程》2012年第13期。

彭秋茹等：《中文人文社会科学学术图书的影响力评价——以图书馆情报与文献学为例》，《图书情报工作》2021年第21期。

彭泽等：《引文内容视角下的引文网络知识流动路径分析》，《情报理论与实践》2020年第12期。

齐东峰、陈文珏：《图书引文索引（BKCI）——新的图书评价及参考工具》，《图书馆杂志》2013年第4期。

钱爱兵：《对我国外国文学研究最有影响的国内学术著作分析——基于CSSCI（2000—2007年度）数据》，《西南民族大学学报》（人文社会科学版）2009年第12期。

邱均平等：《科研人员论文引用动机及相互影响关系研究》，《图书情报工作》2015年第9期。

任红娟：《我国档案学高影响力学术著作研究》，《档案管理》2016年第3期。

阮选敏等：《题名标点对我国人文社会科学学术图书被引的影响研究》，《情报学报》2019年第5期。

阮选敏等：《我国人文社会科学学术图书被引影响因素研究》，《图书馆论坛》2019年第5期。

石泽顺、肖明：《基于本体和关联数据的全文引文分析方法研究》，《图书馆杂志》2021年第4期。

宋雯斐、刘晓娟：《基于BKCI的图书半衰期分析——以图书情报学学科为例》，《图书情报工作》2016年第12期。

苏新宁：《我国人文社会科学图书被引概况分析——基于CSSCI数据库》，《东岳论丛》2009年第7期。

苏新宁：《中文社会科学引文索引（CSSCI）的设计与应用价值》，《中国图书馆学报》2012年第5期。

孙立媛等：《基于CSSCI的马克思著作对宗教学影响力探究》，《西南民族大学学报》（人文社科版）2019年第1期。

孙勇中等：《外文核心学术图书模糊综合评价体系的建立》，《图书情报工作》2007年第6期。

唐慧丰等：《基于监督学习的中文情感分类技术比较研究》，《中文信息学报》2007年第6期。

王景周、崔建英：《基于稿件引文内容分析的同行评审专家遴选方法》，《编辑学报》2020年第5期。

王兰敬、叶继元：《中文人文社会科学学术图书评价的瓶颈因素及对策研究》，《图书与情报》2014年第6期。

王露、乐小虬：《科技论文引用内容分析研究进展》，《数据分析与知识发现》2022年第4期。

王露荷等：《图书情报领域期刊全文本引文特征研究——基于被引参考文献深度分析功能》，《图书情报工作》2023年第9期。

王小平：《"编辑"与"著作"概念辨析》，《湖南大学学报》（社会科学版）1999年第2期。

王勇等：《基于极性词典的中文微博客情感分类》，《计算机应用与软件》2014年第1期。

魏佳文、韩毅：《中文学术图书的Altmetrics数据生成动机及数据可用性探析——以豆瓣读书平台"短评"为例》，《图书情报工作》2021年第2期。

魏明坤：《学术论文影响力评价指标相关性及次生影响力系数研究》，《情报理论与实践》2020年第5期。

魏晓俊等：《语句层共被引关系内容抽取与分类及其应用研究——以athar引用语料库为例》，《情报理论与实践》2023年第2期。

吴涵等：《引用位置视角下数据论文引用行为特征分析——以scientific Data为例》，《图书馆杂志》2022年第6期。

熊回香等：《基于篇章结构和引用动机的引文推荐研究》，《图书情报工作》2023年第8期。

熊霞等：《外文电子图书学术影响力评价方法探讨——基于BKCI、Scopus Article Metrics、Bookmetrix的实例比较》，《现代情报》2016年第10期。

徐琳宏等：《基于机器学习算法的引文情感自动识别研究——以自然语言处理领域为例》，《现代情报》2020年第1期。

徐琳宏等：《施引文献视角下正面引用论文的影响力及其影响因素的研究——以自然语言处理领域为例》，《情报学报》2021年第4期。

颜端武等：《基于引文主路径和时序主题的科学发现知识演进分析》，《情报理论与实践》2020年第6期。

杨鼎、阳爱民：《一种基于情感词典和朴素贝叶斯的中文文本情感分类方法》，《计算机应用研究》2010年第10期。

杨秦：《对我国教育学研究最有影响的国内学术著作分析——基于CSSCI（2000—2007年度）数据》，《西南民族大学学报》（人文社会科学版）2010年第2期。

杨思洛等：《基于引文分析的档案学领域图书影响力研究》，《档案与建设》2014年第5期。

杨思洛等：《基于引文分析的图书影响力研究——以图书情报领域为例》，《情报资料工作》2010年第1期。

叶继元：《人文社会科学评价体系探讨》，《南京大学学报》（哲学·人文科学·社会科学版）2010年第1期。

叶继元：《学术图书、学术著作、学术专著概念辨析》，《中国图书馆学报》2016年第1期。

叶继元：《中文人文社会科学学术图书质量评价体系再探讨》，《现代出版》2020年第5期。

语和：《我国历史上的第一部著作权法——〈大清著作权律〉简论》，《历史教学》1995年第6期。

岳修志：《基于问卷调查的高校阅读推广活动评价》，《大学图书馆学报》2012年第5期。

张海营：《基于RFM模型的图书馆图书评价系统研究》，《图书馆》2012年第3期。

张金柱等：《基于引用内容聚类的文献被引主题识别及其演化分析》，《情报科学》2023年第2期。

张金柱等：《基于专利科学引文内容表示学习的科学技术主题关联分析研究》，《现代图书情报技术》2019年第12期。

张汝昊、袁军鹏：《融合引用语义和语境特征的作者引文耦合分析法》，《情报学报》2022年第8期。

张艺蔓等：《融合引文内容和全文本引文分析的知识流动研究》，《情报杂志》2015年第11期。

章成志等：《基于引文内容的中文图书被引行为研究》，《中国图书馆学报》2019年第3期。

章成志等：《学术专著引用行为研究——基于引文内容特征分析的视角》，《情报学报》2017年第3期。

赵蓉英等：《基于位置的共被引分析实证研究》，《情报学报》2016年第5期。

赵蓉英等：《全文本引文分析——引文分析的新发展》，《图书情报工作》2014年第9期。

周冰清：《对我国语言学研究最有影响的国外学术著作分析——基于CSSCI（2000—2007年度）数据》，《西南民族大学学报》（人文社科版）2010年第10期。

周志超：《基于机器学习技术的自动引文分类研究综述》，《数据分析与知识发现》2021年第12期。

祝清松、冷伏海：《基于引文内容分析的高被引论文主题识别研究》，《中国图书馆学报》2014年第1期。

邹志仁：《中文社会科学引文索引（CSSCI）的新进展》，《南京大学学报》（哲学·人文科学·社会科学版）2002年第5期。

学位论文

张玉：《中文科技图书学术影响力评价指标体系实证研究》，硕士学位论文，中国科学技术信息研究所，2014年。

外文文献

Abrizah A., Thelwall M., "Can the Impact of Non-Western Academic Books Be Measured? An Investigation of Google Books and Google Scholar for Malaysia", *Journal of the Association for Information Science & Technology*, Vol. 65, No. 12, 2014.

Akhtar M. S. et al., "Multi-Task Learning for Aspect Term Extraction and Aspect Sentiment Classification", *Neurocomputing*, Vol. 398, 2020.

Alesia Z. et al., "A Machine-Learning Approach to Coding Book Reviews as Quality Indicators: Toward a Theory of Megacitation", *Journal of the Association for Information Science & Technology*, Vol. 65, No. 11, 2014.

Alesia Z., Thed V. L., "Book Reviews in Humanities Research Evaluations", *Journal of the American Society for Information Science & Technology*, Vol. 62, No. 10, 2011.

Aljuaid H. et al., "Important Citation Identification Using Sentiment Analysis of In-Text Citations", *Telematics and Informatics*, Vol. 56, No. Jan., 2021.

An J. et al., "Exploring Characteristics of Highly Cited Authors According to Citation Location and Content", *Journal of the American Society for Information Science and Technology*, Vol. 68, No. 8, 2017.

Baccianella S. et al., "Sentiwordnet 3.0: An Enhanced Lexical Resource for Sentiment Analysis and Opinion Mining", Proceedings of the International Conference on Language Resources and Evaluation, Sponsored by the European Language Resources Association, Valletta, Malta, May 17-23, 2010.

Bafna K., Toshniwal D., "Feature Based Summarization of Customers' Reviews of Online Products", *Procedia Computer Science*, Vol. 22, 2013.

Bagheri A. et al., "An Unsupervised Aspect Detection Model for Sentiment Analysis of Reviews", Proceedings of the 18th International Conference on Applications of Natural Language to Information Systems, Sponsored by University of Salford, Manchester, UK, June 19-21, 2013.

Bagheri A. et al., "Care More about Customers: Unsupervised Domain-Independent Aspect Detection for Sentiment Analysis of Customer Reviews", *Knowledge-Based Systems*, Vol. 52, No. 6, 2013.

Balahur A., Montoyo A., "Opal: Applying Opinion Mining Techniques for the Disambiguation of Sentiment Ambiguous Adjectives in Semeval-2 Task 18", Proceedings of the International Workshop on Semantic Evaluation, Sponsored by the Association for Computational Linguistics, Uppsala, Sweden, July 11-16, 2010.

Bancken W. et al., "Automatically Detecting and Rating Product

Aspects from Textual Customer Reviews", Proceedings of 1st International Conference on Interactions between Data Mining and Natural Language Processing, Sponsored by the IEEE Computer Society, Nancy France, September 15, 2014.

Barilan J., "Citations to the 'Introduction to Informetrics' Indexed by Wos, Scopus and Google Scholar", *Scientometrics*, Vol. 82, No. 3, 2010.

Basiri M. E. et al., "Abcdm: An Attention-Based Bidirectional Cnn-Rnn Deep Model for Sentiment Analysis", *Future Generation Computer Systems*, Vol. 115, No. 3, 2021.

Batooli Z. et al., "Evaluation of Scientific Outputs of Kashan University of Medical Sciences in Scopus Citation Database Based on Scopus, Researchgate, and Mendeley Scientometric Measures", *Electronic Physician*, Vol. 8, No. 2, 2016.

Bhuvaneshwari P. et al., "Sentiment Analysis for User Reviews Using Bi-Lstm Self-Attention Based Cnn Model", *Multimedia Tools and Applications*, Vol. 81, No. 9, 2022.

Blair-Goldensohn S. et al., "Building a Sentiment Summarizer for Local Service Reviews", Proceedings of the WWW2008 Workshop: NLP in the Information Explosion Era, Sponsored by the WWW Conference, Beijing, China, April 22-22, 2008.

Blei D. M. et al., "Latent Dirichlet Allocation", *Journal of Machine Learning Research*, Vol. 3, No. 1, 2003.

Boiy E., Moens M. F., "A Machine Learning Approach to Sentiment Analysis in Multilingual Web Texts", *Information Retrieval*, Vol. 12, No. 5, 2009.

Bornmann L., "Validity of Altmetrics Data for Measuring Societal Impact: A Study Using Data from Altmetric and F1000 prime", *Journal of Informetrics*, Vol. 8, No. 4, 2014.

Bornmann L., Daniel H. D., "What do Citation Counts Measure? A Review of Studies on Citing Behavior", *Journal of Documentation*, Vol. 64, No. 1, 2008.

Campbell R. et al., *Academic and Professional Publishing*, Oxford: Chandos Publishing, 2012.

Cano V., "Citation Behavior: Classification, Utility, and Location", *Journal of the Association for Information Science & Technology*, Vol. 40, No. 4, 1989.

Cao Y. et al., "Sentiment Analysis Based on Expanded Aspect and Polarity-Ambiguous Word Lexicon", *International Journal of Advanced Computer Science & Applications*, Vol. 6, No. 2, 2015.

Carroll C., "Measuring Academic Research Impact: Creating a Citation Profile Using the Conceptual Framework for Implementation Fidelity as a Case Study", *Scientometrics*, Vol. 109, No. 2, 2016.

Chang Y. W., "A Comparison of Citation Contexts between Natural Sciences and Social Sciences and Humanities", *Scientometrics*, Vol. 96, No. 2, 2013.

Chen C., Ibekwe-Sanjuan F., Hou J., "The Structure and Dynamics of Cocitation Clusters: A Multiple-Perspective Cocitation Analysis", *Journal of the Association for Information Science & Technology*, Vol. 61, No. 7, 2010.

Chen G. et al., "P-Norm Broad Learning for Negative Emotion Classification in Social Networks", *Big Data Mining and Analytics*, Vol. 5, No. 3, 2022.

Chen L. et al., "Comparison of Feature-Level Learning Methods for Mining Online Consumer Reviews", *Expert Systems with Applications*, Vol. 39, No. 10, 2012.

Chen L. et al., "Extracting Diverse Sentiment Expressions with Target-Dependent Polarity from Twitter", Proceedings of the 6th International AAAI Conference on Weblogs and Social Media, Sponsored by the Association for the Advancement of Artificial Intelligence, Dublin, Ireland, June 4-8, 2012.

Chen Z. et al., "Aspect Extraction with Automated Prior Knowledge Learning", Proceedings of the International Conference on Computational Linguistics, Sponsored by the Association for Computational Linguistics, Baltimore, MD, USA, June 22-27, 2014.

Chen Z. et al. , "Exploiting Domain Knowledge in Aspect Extraction", Proceedings of the 2013 Conference on Empirical Methods in Natural Language Processing, Sponsored by the Association for Computational Linguistics, Seattle, Washington, USA, October 18-21, 2013.

Chien-Lih H. , "An Elementary Derivation of Euler's Series for the Arctangent Function", *The Mathematical Gazette*, Vol. 89, No. 516, 2005.

Chinsha T. C. , Joseph S. , "A Syntactic Approach for Aspect Based Opinion Mining", Proceedings of the IEEE International Conference on Semantic Computing, Sponsored by the IEEE Computer Society, Anaheim, CA, USA, February 7-9, 2015.

Choi Y. , Cardie C. , "Hierarchical Sequential Learning for Extracting Opinions and Their Attributes", Proceedings of the Meeting of the Association for Computational Linguistics, Sponsored by the Association for Computational Linguistics, Uppsala, Sweden, July 11-16, 2010.

Cortes C. , Vapnik V. , "Support-Vector Networks", *Machine Learning*, Vol. 20, No. 3, 1995.

Cruz F. L. et al. , " 'Long Autonomy or Long Delay?' The Importance of Domain in Opinion Mining", *Expert Systems with Applications*, Vol. 40, No. 8, 2013.

Deerwester S. , "Indexing by Latent Semantic Analysis", *Journal of the Association for Information Science & Technology*, Vol. 41, No. 6, 1990.

Ding X. et al. , "A Holistic Lexicon-Based Approach to Opinion Mining", Proceedings of the International Conference on Web Search and Data Mining, Sponsored by the ACM Special Interest Group on Information Retrieval, California, USA, February 11-12, 2008.

Ding Y. et al. , "Content-Based Citation Analysis: The Next Generation of Citation Analysis", *Journal of the Association for Information Science & Technology*, Vol. 65, No. 9, 2014.

Ding Y. et al. , "The Distribution of References across Texts: Some Implications for Citation Analysis", *Journal of Informetrics*, Vol. 7, No. 3,

2013.

Dong Y. et al. , "Multi-Task Learning Network Based on Attention for Aspect-Based Sentiment Analysis", *Journal of Physics: Conference Series*, Vol. 1827, No. 1, 2021.

Donovan C. , Butler L. , "Testing Novel Quantitative Indicators of Research 'Quality', Esteem and 'User Engagement': An Economics Pilot Study", *Research Evaluation*, Vol. 16, No. 4, 2007.

Donovan C. , Butler L. , "Testing Novel Quantitative Indicators of Research 'Quality', Esteem and 'User Engagement': An Economics Pilot Study", *Research Evaluation*, Vol. 16, No. 4, 2007.

Du J. et al. , "Bidirectional Edge-Enhanced Graph Convolutional Networks for Aspect-Based Sentiment Classification", Proceedings of the IEEE Annual Computers, Software, and Applications Conference, Sponsored by the IEEE Computer Society, Madrid, Indonesia, July 12-16, 2021.

Duric A. , Song F. , "Feature Selection for Sentiment Analysis Based on Content and Syntax Models", *Decision Support Systems*, Vol. 53, No. 4, 2012.

Eclevia M. R. , Janio R. V. , "Analysing and Mapping Cited Works: Citation Behaviour of Filipino Faculty and Researchers", *Qualitative and Quantitative Methods in Libraries*, Vol. 5, No. 2, 2016.

Egghe L. , Rousseau R. , *Introduction to Informetrics. Quantitative Methods in Library, Documentation and Information Science*, New York: Elsevier Science Publisher, 1990.

Eirinaki M. et al. , "Feature-Based Opinion Mining and Ranking", *Journal of Computer & System Sciences*, Vol. 78, No. 4, 2012.

Enger K. B. , "Using Citation Analysis to Develop Core Book Collections in Academic Libraries", *Library & Information Science Research*, Vol. 31, No. 2, 2009.

Falagas M. et al. , "Comparison of Pubmed, Scopus, Web of Science, and Google Scholar: Strengths and Weaknesses", *Faseb Journal Official Publication of the Federation of American Societies for Experimental Biology*,

Vol. 22, No. 2, 2008.

Fang J., Chen B., "Incorporating Lexicon Knowledge into SVM Learning to Improve Sentiment Classification", Proceedings of the Workshop on Sentiment Analysis Where AI Meets Psychology Sponsored by the Asian Federation of Natural Language Processing, Chiang Mai, Thailand, November 8-13, 2011.

Frey B. J., Dueck. D., "Clustering by Passing Messages between Data Points", *Science*, Vol. 315, No. 5814, 2007.

Fu X. et al., "Aspect and Sentiment Extraction Based on Information-Theoretic Co-Clustering", Proceedings of the 9th International Conference on Advances in Neural Networks, Sponsored by the NSF of China, Shenyang, China, July 11-14, 2012.

Fu X. et al., "Multi-Aspect Sentiment Analysis for Chinese Online Social Reviews Based on Topic Modeling and Hownet Lexicon", *Knowledge-Based Systems*, Vol. 37, No. 2, 2013.

Garfield E., "Can Citation Indexing Be Automated", *Essayy of an Inforamtion Scientist*, Vol. 1, 1965.

Giuffrida C. et al., "Are All Citations Worth the Same? Valuing Citations by the Value of the Citing Items", *Journal of Informetrics*, Vol. 13, No. 2, 2019.

Glänzel W., Moed H. F., "Journal Impact Measures in Bibliometric Research", *Scientometrics*, Vol. 53, No. 2, 2002.

Goertzen M., "Weak Correlation between Circulation and Citation Numbers Suggests That Both Data Points Should Be Considered When Deselecting Print Monographs", *Evidence Based Library and Information Practice*, Vol. 14, No. 4, 2019.

Hai Z. et al., "Identifying Features in Opinion Mining via Intrinsic and Extrinsic Domain Relevance", *IEEE Transactions on Knowledge & Data Engineering*, Vol. 26, No. 3, 2014.

Hai Z. et al., "One Seed to Find Them All: Mining Opinion Features via Association", Proceedings of the ACM International Conference on Information and Knowledge Management, Sponsored by the Association for Computing Machinery, Maui, USA, October 29-November 2, 2012.

Hajmohammadi M. S. et al., "Graph-Based Semi-Supervised Learning for Cross-Lingual Sentiment Classification", Proceedings of the Asian Conference on Intelligent Information and Database Systems, Sponsored by Universiti Kebangsaan Malaysia, Kuala Lumpur, Malaysia, March 16-18, 2015.

Hall D. L., Llinas J., "An Introduction to Multisensor Data Fusion", *Proceedings of the IEEE*, Vol. 85, No. 1, 1997.

Hammarfelt B., "Interdisciplinarity and the Intellectual Base of Literature Studies: Citation Analysis of Highly Cited Monographs", *Scientometrics*, Vol. 86, No. 3, 2011.

Harzing A., Van D., "Google Scholar as a New Source for Citation Analysis", *Ethics in Science & Environmental Politics*, Vol. 8, No. 1, 2008.

Haustein D. S., "Altmetrics for the Humanities: Comparing Goodreads Reader Ratings with Citations to History Books", *Aslib Proceedings*, Vol. 67, No. 3, 2015.

Haustein S., Sugimoto C., "Guest Editorial: Social Media Metrics in Scholarly Communication", *Guest Editorial: Social Media Metrics in Scholarly Communication-ResearchGate*, Vol. 67, No. 3, 2015.

Herlach G., "Can Retrieval of Information from Citation Indexes Be Simplified? Multiple Mention of a Reference as a Characteristic of the Link between Cited and Citing Article", *Journal of the American Society for Information Science & Technology*, Vol. 29, No. 6, 1978.

Hernández-Alvarez M. et al., "Citation Function, Polarity and Influence Classification", *Natural Language Engineering*, Vol. 23, No. 4, 2017.

Hicks D., "The Difficulty of Achieving Full Coverage of International Social Science Literature and the Bibliometric Consequences", *Scientometrics*, Vol. 44, No. 2, 1999.

Hoogervorst R. et al., "Aspect-Based Sentiment Analysis on the Web Using Rhetorical Structure Theory", Proceedings of the 16th International Conference on Web Engineering, Sponsored by the USI Faculty of Informatics, Lugano, Switzerland, June 6-9, 2016.

Hou W. R. et al., "Counting Citations in Texts Rather than Reference Lists to Improve the Accuracy of Assessing Scientific Contribution", *Bioessays News & Reviews in Molecular Cellular & Developmental Biology*, Vol. 33, No. 10, 2011.

Htay S. S., Lynn K. T., "Extracting Product Features and Opinion Words Using Pattern Knowledge in Customer Reviews", *Scientific World Journal*, Vol. 2013, No. 6, 2013.

Hu M., Liu B., "Mining and Summarizing Customer Reviews", Proceedings of the Tenth International Conference on Knowledge Discovery and Data Mining, Sponsored by the Special Interest Group on Management of Data, Seattle, Washington, USA, August 22-25, 2004.

Hu M., Liu B., "Mining Opinion Features in Customer Reviews", Proceedings of the 19th National Conference on Artifical Intelligence, Sponsored by the American Association for Artificial Intelligence, San Jose California, USA, July 25-29, 2004.

Hu Y., Li W., "Document Sentiment Classification by Exploring Description Model of Topical Terms", *Computer Speech & Language*, Vol. 25, No. 2, 2011.

Hu Z. et al., "Where are Citations Located in the Body of Scientific Articles? A Study of the Distributions of Citation Locations", *Journal of Informetrics*, Vol. 7, No. 4, 2013.

Huang M. H., Chang Y. W., "Characteristics of Research Output in Social Sciences and Humanities: From a Research Evaluation Perspective", *Journal of the American Society for Information Science & Technology*, Vol. 59, No. 11, 2008.

Huang S. et al., "Fine-Grained Citation Count Prediction via a Transformer-Based Model with among-Attention Mechanism", *Information Processing & Management*, Vol. 59, No. 2, 2022.

Huang S. et al., "Fine-Grained Product Features Extraction and Categorization in Reviews Opinion Mining", Proceedings of the IEEE International Conference on Data Mining Workshops, Sponsored by the IEEE Computer Society, Brussels, Belgium, December 10-10, 2012.

Islam S. et al., "A Review on Recent Advances in Deep Learning for Sentiment Analysis: Performances, Challenges and Limitations", *An International Journal of Advanced Computer Technology*, Vol. 9, No. 7, 2020.

Jakob N., Gurevych I., "Extracting Opinion Targets in a Single-and Cross-Domain Setting with Conditional Random Fields", Proceedings of the Conference on Empirical Methods in Natural Language Processing, Sponsored by the Association for Computational Linguistics, Massachusetts, USA, October 9-11, 2010.

Jebari C. et al., "The Use of Citation Context to Detect the Evolution of Research Topics: A Large-Scale Analysis", *Scientometrics*, Vol. 126, No. 4, 2021.

Jiang B. et al., "Aspect-Level Sentiment Classification via Location Enhanced Aspect-Merged Graph Convolutional Networks", *The Journal of Supercomputing*, Vol. 79, No. 9, 2023.

Jiang L. et al., "Target-Dependent Twitter Sentiment Classification", Proceedings of the Meeting of the Association for Computational Linguistics: Human Language Technologies, Sponsored by the Association for Computational Linguistics, Portland, Oregon, USA, June 19-24, 2011.

Jiang T. Q. et al., "A Sentiment Classification Model Based on Bi-Directional Lstm with Positional Attention for Fresh Food Consumer Reviews", Proceedings of the 20th International Conference on Software Quality, Reliability and Security Companion, Sponsored by the IEEE Computer Society, Macau, China, December 11-14, 2020.

Jiang X., Chen J., "Contextualised Segment-Wise Citation Function Classification", *Scientometrics*, Vol. 128, No. 9, 2023.

Jin W., Ho H. H., "A Novel Lexicalized Hmm-Based Learning Framework for Web Opinion Mining", Proceedings of the 26th International Conference on Machine Learning, Sponsored by the International Machine Learning Society, Montreal, Canada, June 14-18, 2009.

Jo Y. , Oh A. H. , "Aspect and Sentiment Unification Model for Online Review Analysis", Proceedings of the Fourth ACM International Conference on Web Search and Data Mining, Sponsored by the Association for Computing Machinery, Hong Kong, China, February 9-12, 2011.

Jones T. H. et al. , "Tracing the Wider Impacts of Biomedical Research: A Literature Search to Develop a Novel Citation Categorisation Technique", *Scientometrics*, Vol. 93, No. 1, 2012.

Kajikawa Y. et al. , "Academic Landscape of Technological Forecasting and Social Change through Citation Network and Topic Analyses", *Technological Forecasting and Social Change*, Vol. 182, 2022.

Kang H. et al. , "Senti-Lexicon and Improved Naïve Bayes Algorithms for Sentiment Analysis of Restaurant Reviews", *Expert Systems with Applications*, Vol. 39, No. 5, 2012.

Kennedy A. , Inkpen D. , "Sentiment Classification of Movie Reviews Using Contextual Valence Shifters", *Computational Intelligence*, Vol. 22, No. 2, 2012.

Khan A. et al. , "Sentiment Classification from Online Customer Reviews Using Lexical Contextual Sentence Structure", Proceedings of the International Conference on Software Engineering and Computer Systems, Sponsored by the Faculty of Computer Systems & Software Engineering, Valletta, Malta, June 27-29, 2011.

Kim S. et al. , "A Hierarchical Aspect-Sentiment Model for Online Reviews", Proceedings of the 27th AAAI Conference on Artificial Intelligence, Sponsored by the Association for the Advancement of Artificial Intelligence, Bellevue, Washington, USA, July 14-18, 2013.

Kobayashi N. et al. , "Extracting Aspect-Evaluation and Aspect-of Relations in Opinion Mining", Proceedings of the Joint Conference on Empirical Methods in Natural Language Processing and Computational Natural Language Learning, Sponsored by the Association for Computational Linguistics, Prague, Czech Republic, June 28-30, 2007.

Kota V. R. , Munisamy S. D. , "High Accuracy Offering Attention

Mechanisms Based Deep Learning Approach Using CNN/Bi-LSTM for Sentiment Analysis", *International Journal of Intelligent Computing and Cybernetics*, Vol. 15, No. 1, 2022.

Kousha K. et al., "Assessing the Citation Impact of Books: The Role of Google Books, Google Scholar, and Scopus", *Journal of the American Society for Information Science & Technology*, Vol. 62, No. 11, 2011.

Kousha K. et al., "Goodreads Reviews to Assess the Wider Impacts of Books", *Journal of the Association for Information Science and Technology*, Vol. 68, No. 8, 2017.

Kousha K., Thelwall M., "Can Amazon.Com Reviews Help to Assess the Wider Impacts of Books?", *Journal of the Association for Information Science & Technology*, Vol. 67, No. 3, 2014.

Kousha K., Thelwall M., "Alternative Metrics for Book Impact Assessment: Can Choice Reviews Be a Useful Source?", Proceedings of the 15th International Conference on Scientometrics and Informetrics, Sponsored by the International Society of Scientometrics and Informetrics, Istanbul, Turkey, June 29-July 4, 2015.

Kousha K., Thelwall M., "An Automatic Method for Assessing the Teaching Impact of Books from Online Academic Syllabi", *Journal of the Association for Information Science and Technology*, Vol. 67, No. 12, 2016.

Kousha K., Thelwall M., "An Automatic Method for Extracting Citations from Google Books", *Journal of the Association for Information Science & Technology*, Vol. 66, No. 2, 2015.

Kousha K., Thelwall M., "Assessing the Impact of Disciplinary Research on Teaching: An Automatic Analysis of Online Syllabuses", *Journal of the American Society for Information Science and Technology*, Vol. 59, No. 13, 2008.

Kousha K., Thelwall M., "Can Amazon.Com Reviews Help to Assess the Wider Impacts of Books?", *Journal of the Association for Information Science & Technology*, Vol. 67, No. 3, 2014.

Kousha K., Thelwall M., "Google Book Search Citation as Impact Indicator: A Case Study on Imformation and Library Science Journal Articles", Proceedings of 12th International Conference of the International Society for Scientometrics and Informetrics, Sponsored by International Society of Scientometrics and Informetrics, Brazi, July 14-21. 2009.

Kousha K., Thelwall M., "Google Book Search: Citation Analysis for Social Science and the Humanities", *Journal of the American Society for Information Science & Technology*, Vol. 60, No. 60, 2009.

Kousha K., Thelwall M., "Google Scholar Citations and Google Web/Url Citations: A Multi-Discipline Exploratory Analysis", *Journal of the Association for Information Science & Technology*, Vol. 58, No. 7, 2010.

Krampen G. et al., "On the Validity of Citation Counting in Science Evaluation: Content Analyses of References and Citations in Psychological Publications", *Scientometrics*, Vol. 71, No. 2, 2007.

Lawani S. M., "Bibliometrics: Its Theoretical Foundations, Methods and Applications", *Libri*, Vol. 31, No. 1, 1981.

Le Q., Mikolov T., "Distributed Representations of Sentences and Documents", Proceedings of the International Conference on Machine Learning, Sponsored by the International Machine Learning Society, Beijing, China, June 21-26, 2014.

Lee J. et al., "The Effect of Negative Online Consumer Reviews on Product Attitude: An Information Processing View", *Electronic Commerce Research & Applications*, Vol. 7, No. 3, 2008.

Leeuwen T. N. V, Moed H. F., "Development and Application of Journal Impact Measures in the Dutch Science System", *Scientometrics*, Vol. 53, No. 2, 2002.

Leydesdorff L., Felt U., "Edited Volumes, Monographs, and Book Chapters in the Book Citation Index (Bkci) and Science Citation Index (SCI, SSCI, A&Hci)", *Computer Science*, Vol. 1, No. 1, 2012.

Li J., Sun M., "Experimental Study on Sentiment Classification of Chinese Review Using Machine Learning Techniques", Proceedings of the International Conference on Natural Language Processing and Knowledge Engineering, Sponsored by the Chinese Association for Artificial Intelligence, Beijing, China, August 30-September 1, 2007.

Li N. et al., "Seml: A Semi-Supervised Multi-Task Learning Framework for Aspect-Based Sentiment Analysis", *IEEE Access*, Vol. 8, 2020.

Li S. et al., "Opinion Target Extraction Using a Shallow Semantic Parsing Framework", Proceedings of the AAAI Conference on Artificial Intelligence, Sponsored by the Association for the Advancement of Artificial Intelligence, Toronto, Ontario, Canada, July 22-26, 2012.

Li X. et al., "Towards Fine-Grained Citation Function Classification", Proceedings of the International Conference Recent Advances in Natural Language Processing, Sponsored by the Bulgarian Academy of Sciences, Brno, Czech Republic, September 7-13, 2013.

Li Y. et al., "A Holistic Model of Mining Product Aspects and Associated Sentiments from Online Reviews", *Multimedia Tools & Applications*, Vol. 74, No. 23, 2015.

Li Y. et al., "Confidence Estimation and Reputation Analysis in Aspect Extraction", Proceedings of the International Conference on Pattern Recognition, Sponsored by International Association of Pattern Recognition, Sweden, August 24-28, 2014.

Li Y. et al., "Unsupervised Sentiment-Bearing Feature Selection for Document-Level Sentiment Classification", *Ieice Transactions on Information & Systems*, Vol. E96.D, No. 12, 2013.

Li Z. et al., "Automatic Extraction for Product Feature Words from Comments on the Web", Proceedings of the 5th Asia Information Retrieval Symposium on Information Retrieval Technology, Sponsored by the Information Retrieval Symposium, Sapporo, Japan, October 21-23, 2009.

Liang B. et al., "Aspect-Based Sentiment Analysis via Affective Knowledge Enhanced Graph Convolutional Networks", *Knowledge-based Systems*, Vol. 235, 2022.

Liang B. et al., "Aspect-Invariant Sentiment Features Learning: Adversarial Multi-Task Learning for Aspect-Based Sentiment Analysis",

Proceedings of the 9th ACM International Conference on Information and Knowledge Management, Sponsored by the Association for Computing Machinery, Virtual Event Ireland, October 19-23, 2020.

Lin C. S. et al. , "Citation Functions in Social Sciences and Humanities: Preliminary Results from a Citation Context Analysis of Taiwan's History Research Journals", *Proceedings of the American Society for Information Science and Technology*, Vol. 50, No. 1, 2013.

Lin X. M. et al. , "Sentiment Analysis of Low-Carbon Travel App User Comments Based on Deep Learning", *Sustainable Energy Technologies and Assessments*, Vol. 44, No. 3, 2021.

Lin Z. et al. , "A Cross-Lingual Joint Aspect/Sentiment Model for Sentiment Analysis", Proceedings of the 23rd ACM International Conference on Information and Knowledge Management, Sponsored by the Association for Computing Machinery, Shanghai, China, November 3-7, 2014.

Liu B. , *Sentiment Analysis and Opinion Mining*, California: Morgan & Claypool Publishers, 2012.

Liu B. , *Sentiment Analysis: Mining Opinions, Sentiments, and Emotions*, Cambridge: Cambridge University Press, 2020.

Liu K. et al. , "Opinion Target Extraction Using Partially-Supervised Word Alignment Model", Proceedings of the International Joint Conference on Artificial Intelligence, Sponsored by the Chinese Association of Automation, Beijing, China, August 3-9, 2013.

Liu K. et al. , "Opinion Target Extraction Using Word-Based Translation Model", Proceedings of Joint Conference on Empirical Methods in Natural Language Processing and Computational Natural Language Learning, Sponsored by the Association for Computational Linguistics, Jeju Island, Korea, July 12-14, 2012.

Liu K. et al. , "Syntactic Patterns Versus Word Alignment: Extracting Opinion Targets from Online Reviews", Proceedings of the Meeting of the Association for Computational Linguistics, Sponsored by the Association for Computational Linguistics, Sofia, Bulgaria, August 4-9, 2013.

Liu M., "Study of Citing Motivation of Chinese Scientists", *Journal of Information Science*, Vol. 19, No. 1, 1993.

Zou L. et al., "Citation Context-Based Topic Models: Discovering Cited and Citing Topics from Full Text", *Library Hi tech*, Vol. 39, No. 4, 2021.

Lu C. et al., "Understanding the Impact Change of a Highly Cited Article: A Content-Based Citation Analysis", *Scientometrics*, Vol. 112, No. 2, 2017.

Lu X., Zhang H., "An Emotion Analysis Method Using Multi-Channel Convolution Neural Network in Social Networks", *Computer Modeling in Engineering & Sciences*, Vol. 125, No. 1, 2020.

Ma B. et al., "An Lda and Synonym Lexicon Based Approach to Product Feature Extraction from Online Consumer Product Reviews", *Journal of Electronic Commerce Research*, Vol. 14, No. 4, 2013.

Ma T., Wan X., "Opinion Target Extraction in Chinese News Comments", Proceedings of the International Conference on Computational Linguistics, Sponsored by the Association for Computational Linguistics, Beijing, China, August 23-27, 2010.

Maričić S. et al., "Citation Context Versus the Frequency Counts of Citation Histories", *Journal of the American Society for Information Science*, Vol. 49, No. 6, 1998.

Marresetaylor E. et al., "Opinion Zoom: A Modular Tool to Explore Tourism Opinions on the Web", Proceedings of the IEEE/WIC/ACM International Joint Conferences on Web Intelligence, Sponsored by the IEEE Computer Society, Atlanta, USA, November 17-20, 2013.

Mccain K. W., Salvucci L. J., "How Influential is Brooks' Law? A Longitudinal Citation Context Analysis of Frederick Brooks' the Mythical Man-Month", *Journal of Information Science*, Vol. 32, No. 3, 2006.

Meho L. I., Yang K., "Impact of Data Sources on Citation Counts and Rankings of Lis Faculty: Web of Science vs. Scopus and Google Scholar", *Journal of the American Society for Information Science & Technology*, Vol. 58,

No. 13, 2007.

Meng R. et al. , "Automatic Classification of Citation Function by New Linguistic Features", Proceedings of the iConference 2017 Proceeding, Sponsored by Wuhan University, Wuhan, China, March 22-25, 2017.

Meng X. , Wang H. , "Mining User Reviews: From Specification to Summarization", Proceedings of the Meeting of the Association for Computational Linguistics and the International Joint Conference on Natural Language Processing of the AFNLP, Sponsored by the Association for Computational Linguistics, Suntec, Singapore, August 4, 2009.

Mikolov T. et al. , "Distributed Representations of Words and Phrases and Their Compositionality", *Advances in Neural Information Processing Systems*, Vol. 26, 2013.

Moghaddam S. , Ester M. , "Opinion Digger: An Unsupervised Opinion Miner from Unstructured Product Reviews", Proceedings of ACM Conference on Information and Knowledge Management, Sponsored by the Association for Computing Machinery, Toronto, ON, Canada, October 25-29, 2010.

Moraes R. et al. , "Document-Level Sentiment Classification: An Empirical Comparison between SVM and ANN", *Expert Systems with Applications*, Vol. 40, No. 2, 2013.

Moravcsik M. J. , Murugesan P. , "Some Results on the Function and Quality of Citations", *Social Studies of Science*, Vol. 5, No. 1, 1975.

Morman E. T. , "Citation Indexing: Its Theory and Application in Science, Technology, and Humanities by Eugene Garfield", *Technology & Culture*, Vol. 21, No. 4, 1980.

Mukherjee A. , Liu B. , "Aspect Extraction through Semi-Supervised Modeling", Proceedings of the Meeting of the Association for Computational Linguistics, Sponsored by the the Association for Computational Linguistics, Jeju Island, Korea, July 8-14, 2012.

Muppidi S. et al. , "An Approach for Bibliographic Citation Sentiment Analysis Using Deep Learning", *International Journal of Knowledge-Based and Intelligent Engineering Systems*, Vol. 24, No. 4, 2021.

Nguyen T. H., Shirai K., "Aspect-Based Sentiment Analysis Using Tree Kernel Based Relation Extraction", Proceedings of the International Conference on Intelligent Text Processing and Computational Linguistics, Sponsored by the Association for Computational Linguistics, Cairo, Egypt, April 14-20, 2015.

Nicolaisen J., "The Scholarliness of Published Peer Reviews: A Bibliometric Study of Book Reviews in Selected Social Science Fields", *Research Evaluation*, Vol. 11, No. 3, 2002.

Nie H. Z. et al., "Comprehensive Fuzzy Evaluation for Transmission Network Planning Scheme Based on Entropy Weight Method", *Power System Technology*, Vol. 33, No. 11, 2009.

Noruzi A., "Google Scholar : The New Generation of Citation Indexes", *Libri*, Vol. 55, No. 4, 2005.

Oberst U., Studiecentrum A., "Measuring the Societal Impact of Research with Altmetrics: An Experiment", *Journal for Library Culture*, Vol. 5, No. 1, 2017.

Okoli C., Pawlowski S. D., "The Delphi Method as a Research Tool: An Example, Design Considerations and Applications-Sciencedirect", Information & Management, Vol. 42, No. 1, 2004.

Omar N. et al., "A Comparative Study of Feature Selection and Machine Learning Algorithms for Arabic Sentiment Classification", Proceedings of the 10th Asia Information Retrieval Societies Conference, Sponsored by the Asia Information Retrieval Society, Kuching, Malaysia, December 3-5, 2014.

Oppenheim C., Renn S. P., "Highly Cited Old Papers and the Reasons Why They Continue to Be Cited", *Journal of the American Society for Information Science & Technology*, Vol. 29, No. 5, 1978.

Pak C. M. et al., "A Study on the Citation Situation within the Citing Paper: Citation Distribution of References According to Mention Frequency", *Scientometrics*, Vol. 114, No. 3, 2018.

Palaniappan R. et al., "A Comparative Study of the Svm and K-Nn

Machine Learning Algorithms for the Diagnosis of Respiratory Pathologies Using Pulmonary Acoustic Signals", *BMC Bioinformatics*, Vol. 15, No. 1, 2014.

Paltoglou G., Thelwall M., "Twitter, Myspace, Digg: Unsupervised Sentiment Analysis in Social Media", *ACM Transactions on Intelligent Systems & Technology*, Vol. 3, No. 4, 2012.

Pandarachalil R. et al., "Twitter Sentiment Analysis for Large-Scale Data: An Unsupervised Approach", *Cognitive Computation*, Vol. 7, No. 2, 2015.

Pang B. et al., "Thumbs Up? Sentiment Classification Using Machine Learning Techniques", Proceedings of the Empirical Methods in Natural Language Processing, Sponsored by the Association for Computational Linguistics, Philadelphia, PA, USA, July 6-7, 2002.

Peng S. et al., "A Survey on Deep Learning for Textual Emotion Analysis in Social Networks", *Digital Communications and Networks*, Vol. 8, No. 5, 2022.

Phu V. N., Tuoi P. T., "Sentiment Classification Using Enhanced Contextual Valence Shifters", Proceedings of the International Conference on Asian Language Processing, Sponsored by the IEEE Computer Society, Kuching, Malaysia, October 20-22, 2014.

Pons-Porrata A. et al., "Topic Discovery Based on Text Mining Techniques", *Information Processing & Management*, Vol. 43, No. 3, 2007.

Popescu A. M., Etzioni O., "Extracting Product Features and Opinions from Reviews", Proceedings of the HLT/EMNLP on Interactive Demonstrations, Sponsored by the Association for Computational Linguisticsc, Vancouver, British Columbia, Canada, October 6-8, 2005.

Poria S. et al., "A Rule-Based Approach to Aspect Extraction from Product Reviews", Proceedings of the 2nd Workshop on Natural Language Processing for Social Media, Sponsored by Association for Computational Linguistics, Dublin, Irelan, August 23-29, 2014.

Prabha C. G., "Some Aspects of Citation Behavior: A Pilot Study in

Business Administration", Journal of the American Society for Information Science & Technology, Vol. 34, No. 3, 1983.

Pritchard A. , "Statistical Bibliography or Bibliometrics?", *Journal of Documentation*, Vol. 25, No. 4, 1969.

Prytherch R. J. , *Harrod's Librarians' Glossary and Reference Book: A Directory of over 10,200 Terms, Organizations, Projects and Acronyms in the Areas of Information Management, Library Science, Publishing and Archive Management*, London: Routledge, 2005.

Qiu G. et al. , "Opinion Word Expansion and Target Extraction through Double Propagation", *Computational Linguistics*, Vol. 37, No. 1, 2011.

Raan A. , "Scientometrics: State-of-the-Art", *Scientometrics*, Vol. 38, No. 1, 1997.

Radoulov R. , *Exploring Automatic Citation Classification*, Canada, MS dissertation, University of Waterloo, 2008.

Rajesh P. et al. , "Book Impact Assessment: A Quantitative and Text-Based Exploratory Analysis", *Journal of Intelligent & Fuzzy Systems*, Vol. 34, No. 5, 2018.

Raju S. et al. , "An Unsupervised Approach to Product Attribute Extraction", Proceedings of the 31th European Conference on IR Research on Advances in Information Retrieval, Sponsored by the Institut de Recherche en Informatique de Toulouse, Toulouse, France, April 6-9, 2009.

Ramesh A. et al. , "Weakly Supervised Models of Aspect-Sentiment for Online Course Discussion Forums", Proceedings of the Annual Meeting of the Association for Computational Linguistics, Sponsored by the Association for Computational Linguistics, Beijing, China, July 26-31, 2015.

Saaty R. W. , "The Analytic Hierarchy Process—What It is and How It is Used", *Mathematical Modelling*, Vol. 9, No. 3-5, 1987.

Salton G. , "A Vector Space Model for Automatic Indexing", *Communications of the ACM*, Vol. 18, No. 11, 1974.

Salton G. , Mcgill M. J. , *Introduction to Modern Information Retrieval*, New York: McGraw-Hill, 1983.

Samha A. K. et al. , "Aspect-Based Opinion Extraction from Customer Reviews", Proceedings of the IEEE International Conference on Computational Science and Engineering, Sponsored by the IEEE Computer Society, Chengdu, China, December 19-21, 2014.

Schneider J. W. , "Concept Symbols Revisited: Naming Clusters by Parsing and Filtering of Noun Phrases from Citation Contexts of Concept Symbols", *Scientometrics*, Vol. 68, No. 3, 2006.

Sebastiani F. , "Machine Learning in Automated Text Categorization", *ACM Computing Surveys*, Vol. 34, No. 1, 2002.

Sengupta I. N. , "Bibliometrics, Informetrics, Scientometrics and Librametrics: An Overview", *Libri*, Vol. 42, No. 2, 1992.

Shannon L. E. , "Prediction and Entropy of Printed English", *Bell System Technical Journal*, Vol. 30, No. 1, 1951.

Sharma A. , Dey S. , "A Comparative Study of Feature Selection and Machine Learning Techniques for Sentiment Analysis", Proceedings of the ACM Research in Applied Computation Symposium, Sponsored by the Association for Computing Machinery, San Antonio, TX, USA, October 23-26, 2012.

Sharma A. , Dey S. , "A Document-Level Sentiment Analysis Approach Using Artificial Neural Network and Sentiment Lexicons", *ACM Sigapp Applied Computing Review*, Vol. 12, No. 12, 2012.

Shema H. et al. , "Do Blog Citations Correlate with a Higher Number of Future Citations? Research Blogs as a Potential Source for Alternative Metrics", *Journal of the Association for Information Science & Technology*, Vol. 65, No. 5, 2014.

Simpson E. H. , "Measurement of Diversity", *Nature*, Vol. 163, No. 4148, 1949.

Singh V. et al. , "Sentiment Analysis of Movie Reviews: A New Feature-Based Heuristic for Aspect-Level Sentiment Classification", Proceedings of the International Multi-Conference on Automation, Computing, Communication, Control and Compressed Sensing, Sponsored by the IEEE Computer Society, Kottayam, India, March 22-23, 2013.

Small H., "Citation Context Analysis", *Progress in Communication Sciences*, Vol. 3, 1982.

Small H., "Interpreting Maps of Science Using Citation Context Sentiments: A Preliminary Investigation", *Scientometrics*, Vol. 87, No. 2, 2011.

Tahamtan I., Bornmann L., "What do Citation Counts Measure? An Updated Review of Studies on Citations in Scientific Documents Published between 2006 and 2018", *Scientometrics*, Vol. 121, No. 3, 2019.

Teufel S. et al., "Automatic Classification of Citation Function", Proceedings of the Empirical Methods in Natural Language Processing, Sponsored by the Association for Computational Linguistics, Sydney, Australia, July 22-23, 2006.

Thelwall M., "Interpreting Correlations between Citation Counts and Other Indicators", *Scientometrics*, Vol. 108, No. 1, 2016.

Thet T. T. et al., "Aspect-Based Sentiment Analysis of Movie Reviews on Discussion Boards", *Journal of Information Science*, Vol. 36, No. 6, 2010.

Thompson J. W., "The Death of the Scholarly Monograph in the Humanities? Citation Patterns in Literary Scholarship", *Libri*, Vol. 52, No. 3, 2002.

Thompson W. D., Walter S. D., "A Reappraisal of the Kappa Coefficient", *Journal of Clinical Epidemiology*, Vol. 41, No. 10, 1988.

Toh Z., Wang W., "Dlirec: Aspect Term Extraction and Term Polarity Classification System", Proceedings of the International Workshop on Semantic Evaluation, Sponsored by the Association for Computational Linguistics, Dublin, Ireland, August 23-24, 2014.

Tomov D. T., Mutafov H., "Comparative Indicators of Interdisciplinarity in Modern Science", *Scientometrics*, Vol. 37, No. 2, 1996.

Torres-Salinas D. et al., "Analyzing the Citation Characteristics of Books: Edited Books, Book Series and Publisher Types in the Book Citation Index", *Scientometrics*, Vol. 98, No. 3, 2014.

Torres-Salinas D., Moed H. F., "Library Catalog Analysis as a Tool in

Studies of Social Sciences and Humanities: An Exploratory Study of Published Book Titles in Economics", *Journal of Informetrics*, Vol. 3, No. 1, 2009.

Torres-Salinas D., "Mapping Citation Patterns of Book Chapters in the Book Citation Index", *Journal of Informetrics*, Vol. 7, No. 2, 2013.

Tsay M. Y., "Citation Type Analysis for Social Science Literature in Taiwan", Proceedings of the 15th International Conference on Scientometrics and Informetrics, Sponsored by the International Society of Scientometrics and Informetrics, Istanbul, Turkey, June 29-July 4, 2015.

Turney P. D., "Thumbs up or Thumbs Down? Semantic Orientation Applied to Unsupervised Classification of Reviews", Proceedings of the Annual Meeting of the Association for Computational Linguistics, Sponsored by the Association for Computational Linguistics, Philadelphia, Pennsylvania, USA, July 8-10, 2002.

Uan A. et al., "An Emotion Analysis Scheme Based on Gray Wolf Optimization and Deep Learning", *Concurrency and Computation Practice and Experience*, Vol. 33, No. 13, 2021.

Uyttenhove C. et al., "Mining Consumer's Opinion Target Based on Translation Model and Word Representation", Proceedings of the Wavelet Active Media Technology and Information Processing, Sponsored by the IEEE Computer Society, Chengdu, China, December 18-20, 2015.

Van Houten B. A. et al., "Evaluating Scientific Impact", *Environ Health Perspect*, Vol. 108, No. 9, 2000.

Voos H., Dagaev K. S., "Are All Citations Equal? Or, Did We Op. Cit. Your Idem?", *Journal of Academic Librarianship*, Vol. 1, No. 6, 1976.

Wagner C. S. et al., "Approaches to Understanding and Measuring Interdisciplinary Scientific Research (IDR): A Review of the Literature", *Journal of Informetrics*, Vol. 5, No. 1, 2011.

Wang H. et al., "Latent Aspect Rating Analysis on Review Text Data: A Rating Regression Approach", Proceedings of the 16th ACM SIGKDD International Conference on Knowledge Discovery and Data Mining, Sponsored by the Association for Computing Machinery, Washington, DC, USA, July 25-28, 2010.

Wang H. et al., "Text Feature Selection for Sentiment Classification of Chinese Online Reviews", *Journal of Experimental & Theoretical Artificial Intelligence*, Vol. 25, No. 4, 2013.

Wang W. et al., "Research on Citation Mention Times and Contributions Using a Neural Network", *Scientometrics*, Vol. 125, 2020.

Wasserman M., "Reprint: How Much does It Cost to Publish a Monograph and Why?", *Journal of Electronic Publishing*, Vol. 4, No. 1, 1998.

Wei C. P. et al., "Understanding What Concerns Consumers: A Semantic Approach to Product Feature Extraction from Consumer Reviews", *Information Systems and e-Business Management*, Vol. 8, No. 2, 2010.

Wei W. et al., "Enhancing Negation-Aware Sentiment Classification on Product Reviews via Multi-Unigram Feature Generation", Proceedings of the 6th International Conference on Advanced Intelligent Computing Theories and Applications: Intelligent Computing, Sponsored by the National Science Foundation of China, Changsha, China, August 18-21, 2010.

Wei W., Gulla J. A., "Sentiment Learning on Product Reviews via Sentiment Ontology Tree", Proceedings of the 48th Annual Meeting of the Association for Computational Linguistics, Sponsored by the Association for Computational Linguistics, Uppsala, Sweden, July 11-16, 2010.

White B., "Citations and Circulation Counts: Data Sources for Monograph Deselection in Research Library Collections", *College & Research Libraries*, Vol. 78, No. 1, 2017.

White H. D. et al., "Libcitations: A Measure for Comparative Assessment of Book Publications in the Humanities and Social Sciences", *Journal of the American Society for Information Science & Technology*, Vol. 60, No. 6, 2009.

White H. D. et al., "Libcitations: A Measure for Comparative Assessment of Book Publications in the Humanities and Social Sciences", *Journal of the American Society for Information Science & Technology*, Vol. 60, No. 6,

2014.

Wiebe J. M. et al., "Development and Use of a Gold-Standard Data Set for Subjectivity Classifications", *Pediatric Clinics of North America*, Vol. 13, No. 3, 2002.

Wu H. et al., "Big Data Management and Analytics in Scientific Programming: A Deep Learning-Based Method for Aspect Category Classification of Question-Answering-Style Reviews", *Scientific Programming*, Vol. 2020, No. 1, 2020.

Wu H. et al., "Multi-Task Learning Based on Question-Answering Style Reviews for Aspect Category Classifcation and Aspect Term Extraction", Proceedings of the International Conference on Advanced Cloud and Big Data, Sponsored by the IEEE Computer Society, Suzhou, China, September 21-22, 2019.

Wu Y. et al., "Phrase Dependency Parsing for Opinion Mining", Proceedings of the Conference on Empirical Methods in Natural Language Processing, Sponsored by the the Association for Computational Linguistics, Singapore, August 6-7, 2009.

Wu Y., Wen M., "Disambiguating Dynamic Sentiment Ambiguous Adjectives", Proceedings of the 23rd International Conference on Computational Linguistics, Sponsored by the Association for Computational Linguistics, Beijing, China, August 23-27, 2010.

Xia R. et al., "Feature Ensemble Plus Sample Selection: Domain Adaptation for Sentiment Classification", *Intelligent Systems IEEE*, Vol. 28, No. 3, 2013.

Xiang Y. et al., "Hybrid Node-Based Tensor Graph Convolutional Network for Aspect Category Sentiment Classification of Microblog Comments", *Concurrency and Computation Practice and Experience*, Vol. 33, No. 21, 2021.

Xiao L. et al., "Exploring Fine-Grained Syntactic Information for Aspect-Based Sentiment Classification with Dual Graph Neural Networks", *Neurocomputing*, Vol. 471, No. 1, 2022.

Xiao Y., Zhou G., "Syntactic Edge-Enhanced Graph Convolutional Networks for Aspect-Level Sentiment Classification with Interactive Attention", *IEEE Access*, Vol. 8, 2020.

Xu K. et al., "Mining Comparative Opinions from Customer Reviews for Competitive Intelligence", *Decision Support Systems*, Vol. 50, No. 4, 2011.

Xu L. et al., "Mining Opinion Words and Opinion Targets in a Two-Stage Framework", Proceedings of the Meeting of the Association for Computational Linguistics, Sponsored by the Association for Computational Linguistics, Sofia, Bulgaria, August 4-9, 2013.

Xu X. et al., "Towards Jointly Extracting Aspects and Aspect-Specific Sentiment Knowledge", Proceedings of the International Conference on Information and Knowledge Management, Sponsored by the Association for Computing Machinery, Maui, USA, October 29-November 2, 2012.

Yan E. et al., "Authors' Status and the Perceived Quality of Their Work: Measuring Citation Sentiment Change in Nobel Articles", *Journal of the Association for Information Science and Technology*, Vol. 71, No. 3, 2020.

Yan Z. et al., "Exprs: An Extended Pagerank Method for Product Feature Extraction from Online Consumer Reviews", *Information & Management*, Vol. 52, No. 7, 2015.

Yang B., Cardie C., "Joint Inference for Fine-Grained Opinion Extraction", Proceedings of the Meeting of the Association for Computational Linguistics, Sponsored by the Association for Computational Linguistics, Sofia, Bulgaria, August 4-9, 2013.

Yang H. et al., "A Multi-Task Learning Model for Chinese-Oriented Aspect Polarity Classification and Aspect Term Extraction", *Neurocomputing*, Vol. 419, 2020.

Yang Y., Pedersen J. O., "A Comparative Study on Feature Selection in Text Categorization", Proceedings of the International Conference on Machine Learning, Sponsored by the International Machine Learning Society, Nashville, Tennessee, July 8-12, 1997.

Yaniasih Y., Budi I., "Systematic Design and Evaluation of a Citation

Function Classification Scheme in Indonesian Journals", *Publications*, Vol. 9, No. 3, 2021.

Ye J., "Development, Significance and Background Information about the 'Chinese Book Citation Index' (CBKCI) Demonstration Database", *Scientometrics*, Vol. 98, No. 1, 2014.

Yousefpour A. et al., "Ordinal-Based and Frequency-Based Integration of Feature Selection Methods for Sentiment Analysis", *Expert Systems with Applications*, Vol. 75, 2017.

Yousif A. et al., "Multi-Task Learning Model Based on Recurrent Convolutional Neural Networks for Citation Sentiment and Purpose Classification", *Neurocomputing*, Vol. 335, No. 28, 2019.

Yu J. et al., "Aspect Ranking: Identifying Important Product Aspects from Online Consumer Reviews", Proceedings of the Meeting of the Association for Computational Linguistics: Human Language Technologies, Sponsored by the Association for Computational Linguistics, Portland, Oregon, USA, June 19-24, 2011.

Zafra S. M. J. et al., "Sinai: Syntactic Approach for Aspect Based Sentiment Analysis", Proceedings of the International Workshop on Semantic Evaluation, Sponsored by the Association for Computational Linguistics, Denver, Colorado, USA, June 4-5, 2015.

Zeng B. et al., "Multi-Task Learning Model for Aspect Term Extraction and Aspect Polarity Classification Based on Dual-Labels", *Journal of Intelligent and Fuzzy Systems*, Vol. 39, No. 7, 2020.

Zhang F. et al., "Ecnu: A Combination Method and Multiple Features for Aspect Extraction and Sentiment Polarity Classification", Proceedings of the International Workshop on Semantic Evaluation, Sponsored by the Association for Computational Linguistics, Dublin, Ireland, August 23-24, 2014.

Zhang G. et al., "Citation Content Analysis (CCa): A Framework for Syntactic and Semantic Analysis of Citation Content", *Journal of the American Society for Information Science & Technology*, Vol. 64, No. 7, 2014.

Zhang G. et al., "Citation Content Analysis: A Framework for Syntactic and Semantic Analysis of Citation Content", *Journal of the Association for Information Science & Technology*, Vol. 64, No. 7, 2013.

Zhang L. et al., "Deep Learning for Sentiment Analysis: A Survey", *Wiley Interdisciplinary Reviews: Data Mining and Knowledge Discovery*, Vol. 8, No. 4, 2018.

Zhang L. et al., "Extracting and Ranking Product Features in Opinion Documents", Proceedings of the International Conference on Computational Linguistics, Sponsored by the Association for Computational Linguistics, Beijing, China, August 23-27, 2010.

Zhang R., Yuan J., "Enhanced Author Bibliographic Coupling Analysis Using Semantic and Syntactic Citation Information", *Scientometrics*, Vol. 127, No. 12, 2022.

Zhang Y. et al., "Conciseness is Better: Recurrent Attention Lstm Model for Document-Level Sentiment Analysis", *Neurocomputing*, Vol. 462, 2021.

Zhang Z. et al., Document-Level Sentiment Classification Based on Behavior-Knowledge Space Method", Proceedings of the International Conference on Advanced Data Mining and Applications, Sponsored by the IEEE Computer Society, Nanjing, China, December 15-18, 2012.

Zhao D. et al., "Corpus Construction and Mining for Citation Context Analysis", *Data Science and Informetrics*, Vol. 1, No. 1, 2021.

Zhao D. et al., "Functions of Uni-and Multi-Citations: Implications for Weighted Citation Analysis", *Journal of Data and Information Science*, Vol. 2, No. 1, 2017.

Zhao L. et al., "Clustering Aspect-Related Phrases by Leveraging Sentiment Distribution Consistency", Proceedings of the Conference on Empirical Methods in Natural Language Processing, Sponsored by the the Association for Computational Linguistics, Doha, Qatar, October 25-29, 2014.

Zhao M. et al., "A Multi-Task Learning Model with Graph Convolutional Networks for Aspect Term Extraction and Polarity Classification", *Applied Intelligence*, Vol. 53, No. 6, 2022.

Zhao M. et al., "Aggregated Graph Convolutional Networks for Aspect-Based Sentiment Classification", *Information Sciences*, Vol. 600, 2022.

Zhao P. et al., "Semi-Supervised Aspect-Based Sentiment Analysis for Case-Related Microblog Reviews Using Case Knowledge Graph Embedding", *International Journal of Asian Language Processing*, Vol. 30, No. 3, 2021.

Zhao Q. et al., "A Bootstrapping Based Refinement Framework for Mining Opinion Words and Targets", Proceedings of the ACM International Conference on Information and Knowledge Management, Sponsored by the Association for Computing Machinery, Shanghai, China, November 3-7, 2014.

Zhao W. X. et al., "Jointly Modeling Aspects and Opinions with a Maxent-Lda Hybrid", Proceedings of the Conference on Empirical Methods in Natural Language Processing, Sponsored by the Association for Computational Linguistics, Uppsala, Sweden, July 11-16, 2010.

Zhou Q. et al., "Measuring Book Impact Based on the Multi-Granularity Online Review Mining", *Scientometrics*, Vol. 107, No. 3, 2016.

Zhou Q., Zhang C., "Using Citation Contexts to Evaluate Impact of Books", Proceedings of the 17th International Conference on Scientometrics and Informetrics, Sponsored by the International Society for Scientometrics and Informetrics, Rome, Italy, September 2-5, 2019.

Zhu J. et al., "Aspect-Based Opinion Polling from Customer Reviews", *IEEE Transactions on Affective Computing*, Vol. 2, No. 1, 2011.

Zhu X. et al., "Measuring Academic Influence: Not All Citations are Equal", *Journal of the Association for Information Science & Technology*, Vol. 66, No. 2, 2015.

Zou H. et al., "Sentiment Classification Using Machine Learning Techniques with Syntax Features", Proceedings of the International Conference on Computational Science and Computational Intelligence, Sponsored by the IEEE Computer Society, Las Vegas, NV, USA, December 7-9, 2015.

Zuccala A. et al., "A Machine-Learning Approach to Coding Book

Reviews as Quality Indicators: Toward a Theory of Megacitation", *Journal of the Association for Information Science & Technology*, Vol. 65, No. 11, 2014.

Zuccala A., Leeuwen T. V., "Book Reviews in Humanities Research Evaluations", *Journal of the American Society for Information Science & Technology*, Vol. 62, No. 10, 2014.